青年教师专业成长的自我修炼

QINGNIAN JIAOSHI
ZHUANYE CHENGZHANG DE
ZIWO XIULIAN

袁　成
林光辉
王慧茹

著

项目策划：梁　平　王　静
责任编辑：王　静
责任校对：罗永平
封面设计：璞信文化
责任印制：王　炜

图书在版编目（CIP）数据

青年教师专业成长的自我修炼 / 袁成，林光辉，王慧茹著．— 成都：四川大学出版社，2021.9（2022.9重印）
ISBN 978-7-5690-4961-9

Ⅰ．①青… Ⅱ．①袁… ②林… ③王… Ⅲ．①青年教师—师资培养 Ⅳ．① G451.2

中国版本图书馆CIP数据核字（2021）第176838号

书　名	青年教师专业成长的自我修炼
著　者	袁　成　林光辉　王慧茹
出　版	四川大学出版社
地　址	成都市一环路南一段24号（610065）
发　行	四川大学出版社
书　号	ISBN 978-7-5690-4961-9
印前制作	四川胜翔数码印务设计有限公司
印　刷	成都市新都华兴印务有限公司
成品尺寸	170mm×240mm
印　张	15.5
字　数	291千字
版　次	2021年12月第1版
印　次	2022年9月第2次印刷
定　价	78.00元

◆ 版权所有 ◆ 侵权必究 ◆

◆ 读者邮购本书，请与本社发行科联系。
　电话：(028)85408408/(028)85401670/(028)86408023　邮政编码：610065
◆ 本社图书如有印装质量问题，请寄回出版社调换。
◆ 网址：http://press.scu.edu.cn

四川大学出版社
微信公众号

本书系 2021 年度四川省哲学社会科学重点研究基地——西华师范大学四川省教育发展研究中心立项项目"'三全育人'视域下中小学思政课青年教师专业成长策略研究"（项目编号：CJF21034）阶段性成果

本书系 2021 年度四川省高校人文社会科学重点研究基地·四川中小学教师师德研究中心课题"社会主义核心价值观视域下中小学班主任师德建设策略研究"（项目编号：CJSD21－5）阶段性成果

序一　青年教师要学会自我修炼

黄明超[①]

教师发展是一个可持续进步变化、从量到质不断突围更新的过程。青年教师站上讲台需要不断历练，首先得从认真备课、认真上课、认真布置和批改作业、认真辅导、认真组织考试、认真组织课外活动做起，这是青年教师的教学基本功。

青年教师又称教坛新手，他们大多刚从高校毕业。青年教师面临三大知识障碍，需要突破边界才能实现转变。这三大障碍指教学知识障碍、师德涵养障碍和能量存储障碍，青年教师需要超过常人十倍甚至百倍努力才能突破边界壁垒。青年教师需要不断增知、积德、储能。增知方面，需要不断增加专业知识、条件知识和实践知识，学习现代教育技术、人工智能技术，学习5G乃至量子技术，为构建智慧教育储备技术能力。积德方面，需要累积一心德性、真善美德行与知行合一德品。教育教学是一种积德行为学，青年教师要身体力行、心到口到、说到做到，才是拥有良好德品的表现。青年教师能够一心一意传播知识，塑造新人，方能具备"正能量"。青年教师从初级阶段向高级阶段发展，必须经过量变到质变的过程，"储能"即存储正能量是质变基础。储能是青年教师提高能力的过程，只有拥有足够强大的正能量，方能"冲天一举"，即努力生成并源源不断凝聚精气神，才能冲破知识边界障碍。

青年教师至少需要三年到五年历练，方能站稳讲台，完成教育教学任务，参与或独立承担教育科研课题研究，提出教学主张，逐渐活跃教学思维。教师培训机构会针对青年教师开设一些培训课程，青年教师能在那里继续充电，但培训课程不能解决青年教师成长过程中的所有问题，他们需要加强自我修炼才能不断成长。青年教师成长需要有清晰愿景，不仅要成为一名合格教师，还应

[①] 黄明超，重庆市教师教育学会会长，重庆华夏国学研究院院长，重庆华夏师资建设研究院院长。

该有更远大的目标，比如，树立当名师、当未来教育家的愿景。只有站得高看得远，他们方才深知自身知识、品德与能量的不足，才能不断涌现进取的激情、勇气与毅力，才有动力去夯实基础，储备更多正能量，突破阻碍成长进步的藩篱与边界，承担起为党育人、为国育才、立德树人根本任务。这么有意义的事情、这么艰巨的任务是青年教师成长进步的动力基础。青年教师必须结合多种元素助推自学研修，才能更快更好向上发展。愿景、筑基、正德、树人是青年教师职业规划不可或缺的四大要素。

《青年教师专业成长的自我修炼》便是这样一本好书。该书作者之一袁成老师，是本书的策划者、组织者和撰写者，他是《班主任》2016年第2期封面人物，曾获成都市优秀青年老师、成都市优秀班主任、成都市优秀德育工作者荣誉称号，曾任四川省微课决赛评委，一直担任"成都市未来教育家基地校"指导专家、阿坝师范学校外聘教师和成都师范学院马克思主义学院思想政治教育师范专业校外兼职教师，在赛课、教科研成果等方面硕果累累，还受全国各地邀请做示范课、专题讲座数十场。他本身是一名优秀的青年教师，也是青年教师专业发展的范例。该书另外两位作者，一位是林光辉教师，另一位是王慧茹老师，和袁成老师一样都是成都棠湖外国语学校优秀教师。三位作者均来自教学一线，成长经历丰富。他们的著作在以独特视角帮助青年教师树立成长愿景方面具有指导意义。

本书围绕青年教师教育教学研究与专业成长的关键问题展开论述，从"做个会备课的青年教师""做个会教学的青年教师""做个会育人的青年教师"和"做个会成长的青年教师"四个方面来指导青年教师专业成长。在教学一线中，青年教师在备课、教学、育人和成长方面存在许多问题，而这些问题若不加以思考、研究与解决，会一直困扰和阻碍他们的成长与发展。三位作者以自身专业成长为背景，比较好地或恰好回答了这些问题。他们与读者分享了教育教学经验，分析了青年教师发展的有效途径，可为青年教师的发展提供参考。

这是一本凝聚了三位作者多年心血的好书，作者对青年教师教育教学有独特的研究和思考。本书是为青年教师解答专业成长问题，进而助推青年教师自我突围的专业成长著作。该书学术视野广阔，为青年教师专业成长的研究提供了新的视角，内容翔实、语言生动、叙事清楚、可读性强，非常适合教育工作者特别是青年教师、师范生借鉴。

序二　唤醒生命内力　实现专业成长

汪　洋[①]

教师是一种职业，从教师这个职业的特点来看，教师是运用现代教育技术的专业工作者。《中华人民共和国教师法》明确规定："教师是履行教育教学职责的专业人员。"国家颁布和实施《教师资格条例》，规定教师必须像医生、律师一样取得从业执照，只有取得教师资格证书的人，才能从事学校的教育教学工作。这表明教师是专业工作者，所以，教师的社会角色定位是专业技术人员、人力资源的开发者，也是社会工作者。这一定位要求教师必须向专业化方向发展。

随着社会生活的变革不断深化，学校的功能不断拓展，教育成为社会关注的热点。目前，学生及家长对教育教学的要求越来越高，要求教师提高专业能力，实现教师专业化发展。

从教师职业劳动的特点来看，其性质是脑力劳动，既需要知识也需要智慧。其劳动对象——学生既是客观存在的个体，又是有主观能动性的千差万别的人。在这一劳动关系中，教师和学生都是主体，相互平等、相互影响、共同成长。这是由教师和全体学生共同参与的劳动，教师要尊重个体差异，因材施教。这是创造性劳动，着重培养学生的创新精神、创新能力和创新素质。这种劳动必须建立在师生高度自觉的基础上。教师的言行举止是学生仿效的对象，是为学生立的标杆，起着示范作用。从这些劳动特点来看，只有具有一定专门技能和德行的人才能从事此项劳动。我们要科学把握教师职业劳动的特点，遵循教师职业的要求，实现专业化发展。

教师的专业成长是新课程稳步推进带来的必然议题。教师生命的崇高意义和价值在于不断超越自我，不断焕发生命活力。奠定专业成长基础、设计专业成长路线、承担自我专业成长的主要责任是教育工作者面临的重大问题。在新

[①]　汪洋，湖北省咸宁市教育科学研究院书记、副院长，中学政治教研员。

一轮课改向纵深推进的过程中，青年教师如何能实现专业成长呢？

一、注重积累，在勤奋学习中成长

青年教师要注意从多方面日积月累，让自己在学习中成长。

（1）紧紧跟随理论前沿。理论来源于实践又指导实践，所以，作为青年教师，必须跟踪教育学、心理学、学习论、教学论、课程论、德育理论的最新成果，用它们来武装自己的头脑，用它们来破解实践中的迷津。有时，青年教师在教学中感到山重水复的时候，缺乏的往往就是理性的视野和高度。可以说，扎实的理论功底、先进的教育理念正是引领他们专业成长的指路明灯。

（2）不断提升专业素养。课程内容的经常更新，需要教师不断补充大脑中的知识存储，一方面，是学科专业理论本身的新进展，如法律、道德、心理、政治、经济、哲学等；另一方面，是课程发展涉及的新领域，如初中道德与法治课中的"生命教育"，高中新课程中的"中国特色社会主义"等。因此，要教好思想政治（道德与法治）这门课，在专业上啃"老本"是绝对不行的，必须要有与时俱进的学科素养。

（3）熟练掌握时事政策。保持政治敏感性也是青年教师特有的品格。所以，我们必须以自己的学科视角来关注、理解国内外大事以及党和国家的路线、方针、政策。只有这样，青年教师才能体现"国家意志""党的理念"与"社会主义方向"。因此，青年教师必须建好自己的信息库，及时补充和整理国内国际政治、经济、教育、科技、文化、体育等各方面的最新时讯。

（4）时刻关注社会现实。对现实的关注既是课程的本质要求，也是青年教师向社会学习的表现。可以说，社会现实是课堂的血肉，或者说是书本理论知识的注脚。所以，青年教师必须关注、记录、提炼社会现实中典型的人和事。

二、勤于思考，在不断反思中成长

教学反思是教师对教育教学实践的再认识、再思考，是对自己教育行为乃至教学细节的一种追问、审视、推敲。教学反思是教师专业成长的必要环节，是实施新课程教学的一个不可或缺的技能要求，是教师专业发展和自我成长的核心因素。因此，青年教师要适应新课程改革的需要，熟悉和掌握教学反思的方法和途径，养成良好的反思习惯，促进自身专业素质的提高与进步。

（1）从学生的角度来反思教学。学生听课过程中表现出来的精神状态、行

唤醒生命内力 实现专业成长 序

为及学生对教师的期待，都会反映出教师课堂教学过程中的相关状态。因此，仔细观察学生的课堂表现是教师教学反思的重要途径。

（2）从日常的教学实践中反思教学。教师在每堂课结束后，要进行认真的自我反思，思考哪些教学设计取得了预期的教学效果，哪些精彩片断值得回味，哪些突发问题让人措手不及，哪些环节的掌握有待今后改进等。教师在教学过程中要注意记录有关数据，收集素材，坚持写反思日记，做学生进步档案，根据教学情况及时反思教学行为。

（3）勤思多记，持之以恒。教师的反思行为不是一朝一夕的事情，要持之以恒，贯穿教学活动始终。对教学的反思，贵在及时与坚持，以写促思，以思促教。写作不仅是积累经验的一种方式，更是倒逼自己勤于阅读和思考的强劲动力。教师虽工作辛劳，但仍要坚持用文字记录，让忙碌的"我"不断与宁静的"我"对话，让冲动的"我"不断接受理智的"我"的批判。

三、合作交流，在互鉴共享中成长

在教学中，对于学习后的心得，对于观察后的思考，对于实践后的体会，对于研究后的成果，教师之间应该互相交流，在智慧的共享中实现自我成长。第一是教育故事，面对同行或在教研活动中，青年教师应分享自己教学的内容、方式及资源等，供同行们借鉴，形成一种互帮互助的氛围。第二是对待教学的态度，这体现在教学内容、模式以及对象（学生）的对应关系之中。交流与分享这种态度，研究相关的问题与对策，对于改进教学是非常有必要的。第三是学生的状态，这是交流的重点和中心问题。课堂上，学生学习有哪些表现，教师要与学生平和交谈，促成双方彼此理解。第四是教学的困难，教学过程中遇到困难自己又找不到解决办法，如果不和同事们交流，往往就会累积问题。青年教师对于教学的困难应记住并反思，更应在交流和研讨中分享。第五是教学的乐趣，富于激情和智慧的教学本身就是快意的。哪怕平淡的课堂也不乏有趣的片断。所以，教学过程中的趣事、惊喜与收获，都值得与同行们共同分享、共同进步、共同成长。

四、潜心教研，在自我修炼中成长

教师做一些研究是提升自身素质、促进自身专业成长的必由之路。教学研究是中学教师自我修炼的重要手段。青年教师应如何做好教学研究呢？

（1）善于从细节入手，培养关注细节、小中见大的意识。能从日常工作中敏锐地捕捉细节，对此需要有意识地培养。从如何做一名好教师到如何上好课，再到如何上好某一堂具体的课，最后细化到如何设计该堂课中的某一个环节，如新课如何导入、问题如何设计、情境如何创设、材料如何处理、学生活动如何组织等。我们会发现，随着研究问题的细化，我们的研究也越来越具可操作性。关注细节，并非简单地记录细节，更不能纠缠于细节，而是要求教师能跳出细节看细节，挖掘出细节所蕴含的指导意义或教育教学价值，又不被细节束缚。

（2）要立足实践，结合实际，讲求实效。立足实践，一要研究实践中的问题，即对教育教学实践自觉开展分析和思考；二要反思实践中的得失，即对自己教育教学实践中碰到的问题与困难进行深入追问并做出自己的回答。结合实际，就是青年教师要考虑自己的实际情况，扬长避短。从自己的优势入手进行研究，往往更容易出成绩。讲求实效，就是说青年教师不能为了研究而研究，研究要服务于教育教学，讲求实效。为此，研究要始终围绕两个目标：改进教师的教学方式和学生的学习方式。

（3）要敢于研究新问题，敏于找出新角度，善于提出新观点。要敢于将教育教学实践中所遇到的新问题纳入研究视野。当然，研究问题并不是只研究新问题，毕竟青年教师日常面临、需要解决的更多还是一些具有共性的、已有很多教师做了或正在研究的问题，对此类问题的研究，青年教师更要开动脑筋，寻找新的研究角度。

心理研究相关结果表明，每个人的身体里都有两股力量：一个是我们表面上看得到的肢体力量，叫作生命外力；另一个是我们表面上看不到的心理力量，叫作生命内力。人的肢体力量是弱小的，即使是大力士，他所能举起的重量也是有限的。而人的心理力量一旦被唤醒，就可能无坚不摧、势不可挡。这种生命内力就像无比巨大的核能一样，存在于每个人的身体中。

青年教师的自我修炼就是在激活和唤醒人体内的这个巨大核能，从而实现其专业成长。波斯纳有一个著名的公式：成长＝经验＋反思。教师在教学实践中会积累一些行之有效的经验，形成自己的"经验理性"，通过反思把自己的经验与理论对接，从而使有效的经验上升为规律，变成一种明确而稳定的认识。这种认识可超越经验的局限性，成为指导教学行为的理论。经验形成后就有一定的稳定性，会影响到教师行为的方方面面，这样的修炼可以激发青年教师们的生命内力，实现自身专业成长。

袁成老师是四川省成都市"80后"初中道德与法治教师、班主任，教育

唤醒生命内力　实现专业成长 序

教学成果丰硕，是青年教师专业成长的楷模和典范。他带领两位青年教师撰写的《青年教师专业成长的自我修炼》一书，围绕青年教师教学研究与专业成长的关键问题展开，凝聚了三位作者对青年教师教育教学的思考和研究，既有前沿理论学习，也有教学经验分享，还有其深刻反思，是一本带领青年教师更新教育理念、唤醒生命内力，指导青年教师专业成长的好书。

谨以此文，为青年教师的专业成长鼓与呼，为袁成老师带领的团队新作推与赞。

序三　向前走，才会更美好

姚　平[①]

百年大计，教育为本；教育大计，教师为本。党和国家历来高度重视教育事业和教师工作。我们知道，青年教师是教师群体中的重要组成部分，其专业发展在很大程度上影响着教育的发展水平。

《中共中央　国务院关于全面深化新时代教师队伍建设改革的意见》指出："全面提高中小学教师质量，建设一支高素质专业化的教师队伍。"可见，国家要大力振兴教师教育，不断提升教师专业素质能力。每位教师自大学毕业成为教师那一刻起，就必须明确其承担着教书育人、培养社会主义事业建设者和接班人的使命。我们每位教师从初入职就开始了对教育教学的探索，也开启了自己的成长之路。可以说，青年教师的发展就是学校教育的发展，也是国家教育事业的发展。

成都棠湖外国语学校自2003年建校以来，坚持"以人为本，为师生的发展创造和谐环境，帮助每位师生走向成功"的办学理念。学校重视教师的发展，关注不同成长阶段的教师发展需求，通过系统的专业引领和个人自我发展的强化培养，打造了一支师德高尚、业务精湛、结构合理、充满活力的师资队伍。我校青年教师较多，作为学校的后备力量，青年教师的成长关系着学校的未来和发展，可以促进学校的可持续发展。可以说，青年教师的发展就是学校未来发展的关键力量。学校一直致力于教师培养，在提高教育教学质量的同时，不断加强对青年教师的培养。学校结合青年教师发展需求，通过"师徒结队""青蓝工程"等师培项目大力培养青年教师，还搭建各种平台鼓励教师外出学习。

我很高兴看到成都棠湖外国语学校一批批年轻教师成长起来，甚至获得不少成绩。他们中的很多人逐渐成熟，已成为教育教学骨干教师、学科带头人、

[①] 姚平，成都棠湖外国语学校初中部校长，中小学高级教师。成都市高中历史学科带头人。

优秀班主任等,受到了广大学生和家长的好评。那么,青年教师成长的路上会遇到哪些困难?如何解决这些发展困难呢?有没有更好更快的专业成长方法呢?这也是我作为初中部校长一直思考和探索的问题。本书的三位作者将厚厚的书稿交到我手中时,我为之惊喜、感动和期待。惊喜的是袁成老师又有新著要出版了,而且是带着两位青年教师一起完成的研究成果;最让我感动的是2021年1月27日下午,那时已放寒假,师生都已离校。我路过东区一栋一楼大办公室时,发现这个办公室门开着,一看是袁成、林光辉、王慧茹三位老师正围在一起讨论问题。我走进办公室和他们聊了几句,不忍心打扰他们继续讨论,就没多问。原来,这三位老师是在加班加点修改书稿啊!阅读书稿后,我陷入了深思,这些不就是青年教师常遇到的教育教学问题吗?这些不就是专业成长的方法参考吗?因此我特别期待广大青年教师能从中汲取三位作者专业成长中的经验与智慧。

每个人都是独立的生命个体,其成长过程和成长结果也是不同的。正是如此,每个教师的成长方法、成长空间和成长速度都不一样。袁成老师是2008年大学毕业来到成都棠湖外国语学校的,至今已13年了。这13年,他一直在教育教学路上探索与实践。据我了解,他也曾迷茫,也曾遇到诸多困难与压力,但他积极面对、勇敢前行,一步一步靠着踏实与努力不断成长起来!袁成老师能在这么短的时间里取得如此丰硕的成绩和认可,作为校长,我为他感到高兴。我鼓励更多青年教师向他学习,明确发展方向,踏踏实实走好每一步,成为集"德育—教学—科研"一体式全面发展的新时代教师。同时,我也希望我们的青年教师多努力,但别焦虑。每个人的成功都是无法复制的,但我们可以学习,可以给自己多一点时间,或许成长有点慢,但你会走得更稳。袁老师能在自己成长的路上带领一大批教师一起前行,我为他的"抱团成长"理念而感到欣慰!这么多年,袁老师不但带领和指导初中政治组教师发展,还跨学科、跨学校指导和帮助其他教师成长。这些教师有的赛课获省市区级一等奖,有的课题立项,有的论文获省市区一、二等奖,有的论文发表在报纸杂志上,有的联合出版著作,有的获评市区学科带头人、优秀班主任、教坛新秀等。这些教师也很感恩袁老师无私的帮助和指导。

这本《青年教师专业成长的自我修炼》是袁老师带领我校初中部两位青年教师总结成长的成果。王慧茹老师自工作以来,工作踏实、勤奋,特别是近年来,在教学上取得了巨大进步,教学赛课多次获得省市区级一等奖,她的多个课例入选"成都市中小学教师继续教育网",供其他教师参考学习。王老师热爱学习,清楚知道自己的短板和提升自己的方法,而且近一年里她的科研成果越来越多。每个人都是有潜质的,每个老师在工作中都能成长,关键是你要能认识自己、提升自己和发展自己。林光辉老师是2020年8月底到我校就职的青年教师,他充满阳光、积极乐观。林老师在成都棠湖外国语学校工作近一年以来,很努力也很踏实,积极听课、积极教研、积极做事,很快就融入了成都棠湖外国语学校这个大家庭。近一年以来,他成长很快,积极承担区、市级公开课、讲座,到师范大学给师范生、民族地区教师开展教学专题培训,还取得了一系列教科研成果。这些成果一方面源于他的主动成长,另一方面源于教研组的培养。我见证了他的成长,他在袁成老师的指导下,在课程设计、授课方法、板书设计等方面都找到了改善方法,并从袁成老师待人接物的过程中,进一步加深了对学校文化的认同。成都棠湖外国语学校的师父们就是这样,把经验和智慧无私分享给徒弟,帮助青年教师发现自己更多的可能。这样,青年教师就有希望成为名优教师,成都棠湖外国语学校创百年名校就有希望。

  在写这篇序时,我深深感受到这三位青年教师是教育教学的有心人,他们积极进取、自主提升,随时保持着教育教学的敏锐性,将自身成长中的点点滴滴总结、提炼,最终形成了这本具有指导意义的著作。他们热爱教育工作,也很热爱生活,找到教育的发展方向,一起研究、一起分享、一起成长,遇见了闪闪发光的自己。祝福三位教师未来更加精彩!

  希望我们的青年教师热爱生活、热爱教育事业,不沉迷过去成绩、不过分焦虑现在、不空想未来发展,不断提升专业水平,敢于走出舒适区,昂首挺胸、大步向前、奋力拼搏,静下心来思考与研究,日积月累、厚积薄发,因努力而遇见更好的自己。

奋斗，是青年教师应有的底色
（代前言）

教师是学生成长路上的引路人，承担着教书育人的重要职责。作为青年教师，我们是教师队伍中重要的组成部分，无论时代如何变化，奋斗是永恒不变的成长主题。因此，奋斗是青年教师应有的底色。青年教师应充分发挥优势，自觉承担新时代伟大使命，不断提高师德修养和专业水平，努力成为学生爱戴、家长信赖、领导认可和社会满意的"四有"好老师。

我们三位作者虽然年轻，但都有着同样的教育热情及颇多的教育教学感悟。因为教育热情一样，我们选择了教师职业；因为教育情怀一样，我们坚持了教育事业；因为教育梦想一样，我们立志做特色教师。就这样，三个年轻人聚在了一起，并决定将这些年来自身教育教学的经验及感悟分享给一线青年教师，让更多的青年教师从中有所思、有所悟、有所得。

2019年8月底，我搬进了袁成老师所在的办公室。在此之前我和袁成老师几乎没有交集，我总以为有如此之多荣誉与成就的他应是孤傲高冷的，相处后才发现，他不仅平易近人，还特别愿意向大家分享教育教学经验，总是帮助他人解决教育教学中的困惑和困难，还鼓励着身边的很多人将自己的所思、所想和所感写成论文，并指导大家修改。可能是因为我们在同一个办公室，也可能是因为我们对教育有着相同的信念，我们常常一起交流在教育教学中遇到的问题及解决的方案。其实，更多时候是我单方面向他请教，希望能得到他的帮助，他每次都热心帮助。另外，袁成老师性格特别好，很容易相处，甚至还很幽默，经常让办公室充满欢声笑语。原来，人与人之间真的需要相处与了解，我们才能更好、更全面地认识一个人。

或许是他看到了我的努力与认真，或许是他看出了我希望在科研上有所突破，他总是鼓励我大胆写作。2020年疫情时，袁成老师主动邀请我一起撰写一篇关于疫情的文章，希望能给全国教师线上教学带来一些启发。我和他线上沟通，把我们在线教育的方法一一梳理，分别撰写了一部分内容。当提交时，我心里是没底的。后来，他把修改的文章发给我，我才发现自己与他的差距，

但他总是耐心地鼓励我、指导我。最终，我们撰写的这篇文章发表于《未来教育家》杂志，成了我人生中第一篇公开发表的文章。

2020年3月13日中午1点25分，午饭后我和袁成老师又回到办公室交流起教育教学的心得，与以往的交流不同的是，我们交流了关于"成长"的话题，内容包括备课、课堂管理、组织教学、教师自我培养等。他突然对我说："其实，你很优秀，也很有想法，你有没有想过把你这些年来的教育教学感悟和经验分享给更多的人？""我可以吗？我行吗？"我不自信地回答道。"我们一起做！我们要相信幸运属于奋斗者！"就这样，袁成老师一边说想法，我一边兴奋地拿起纸和笔做好记录。我清楚地记得那天中午我们讨论了接近两个小时，我的记录写了满满四页纸。几天后，袁成老师告诉我，新招聘的政治老师林光辉8月底就会到成都棠湖外国语学校工作，他是一位积极上进的青年教师，也希望能得到培养和指导，想和我们一起做。由于林老师那时候还不在成都棠湖外国语学校工作，我们三人就多次进行线上教研，拟好初步成果方案，分配好任务，随后开始撰写各自负责的文稿。

2020年7月，由于疫情而延迟了一个月的中考结束了。暑假，我们开启了疯狂的"加班"模式，开始一篇一篇讨论框架、一篇一篇继续撰写、一篇一篇修改完善。在那个日日加班的暑假里，是我们相互的鼓励与督促支撑着我们一直走下去。其间，袁成老师一直鼓舞着大家，并为大家提建议、指方向。直到在键盘上敲下最后一个字，我舒了一口气，整体内容终于写完了。在这个特别的暑假，袁成老师和林老师也是这样，在繁忙中度过了整个假期。

2020年8月，林光辉老师正式来到了成都棠湖外国语学校，我们三个终于有了面对面交流的机会。很快，我们再次进行了讨论、审稿、修改、再审稿、再修改。在2020年9月至2021年1月这段时间里，由于大家平时的教学工作都很忙，我们常常是找下班后的时间、周末及节假日打磨稿件。2020年，我们为了这本书付出了太多，终于在2021年1月的寒假进入了校稿阶段。

2021年1月22日，是学生期末考试结束的日子。我们从1月23日批改完试卷后，就开启了"闭关"模式，每天早上9点准时在袁成老师办公室集合，直到晚上10点以后才离开。可以说，我们扎根于办公室，从日出到日落再到华灯初上，直到整个校园里只剩下星星灯火，我们才依依不舍地离开寂静的校园。这期间，我们又开始了新一轮的集中讨论与修改，包括书名、目录、每一个标题、每一句话等，甚至推敲每一个用词是否合理，就这样一点一点修改着每一篇文章，一点点新的突破和成果就能令我们欢呼雀跃。1月31日那天，当袁成老师将那本装订成册的书稿放在我们面前时，我热泪盈眶，光辉老师也激动得语无伦次。看着这一沓厚厚的书稿，我们深深感动，也感叹着这是多少个日日夜夜才得以换来的成果啊。"越努力越幸运，我们要感谢一直努力的自己！"袁成老师对我和光辉说道。"稿子还需要再次打磨，希望我们给读者呈现出了成长经验，这个寒假，我们继续最后的校稿工作。"袁成老师补充说道。"对！对！对，同意。"我和光辉不约而同回答道。

2021年2月至4月，我们又开始了多轮的审稿、讨论、修改、再审稿、再讨论、再修改，这种看似重复又单调的工作却让我们异常兴奋，因为我们知道"成功是百分之九十九的勤奋加百分之一的灵感"，我们需要做好最后一步，让这本书发挥最大价值。

在修改工作接近尾声的时候，袁成老师问我："这本书完成了以后，如果再写一本，你还想写吗？"我不假思索地回答道："要。"他诧异地看着我，疑惑地问我："是什么让你有如此的热情？""因为，梦想吧！因为，这样的氛围让我很想成长！当有机会时，我会非常珍惜！"当时我都不知道为什么脱口而出这句话。后来，我还在想，我觉得作为青年教师还有很多可能，自己还能学习更多知识、锻炼更多能力，不愧于青春。

在《青年教师专业成长的自我修炼》一书即将出版之际，我的内心反而变得平静，回想这一年多的点点滴滴，心里有说不完的感激。首先，我想感谢袁成老师，是他带我走上了科研的道路，也是他给了我为之奋斗的目标，更是在他的带动和鼓励下才有了这本有我参与的著作。他不仅是我的科研师父，还是生活中的益友。其次，我想代表我们三人感谢学校。感谢成都棠湖外国语学校始终致力于教师的培养，大力开展"师徒结对""青蓝工程"等师培项目。感谢成都棠湖外国语学校培养了一批批像袁成老师一样优秀的青年教师，给更多的年轻教师提供榜样和指导。感谢成都棠湖外国语学校给青年教师们提供了多路径的学习方式及多元发展的平台。我们还要感谢那些曾经指导过、帮助过我们的师父、同事，谢谢你们的帮助。最后，我们还应该感谢努力的自己。从想法到落地，是一路的坚持与勤奋，才有了这本书的出版，也才有了如今的些许成绩。

或许，因我们的水平有限，本书并不完美。苹果手机的价值理念就是追求完美，但它的Logo却是一个被咬了一口的苹果。正是这样残缺不全的苹果，在向我们表达世界上没有绝对的完美，因为完美本身就是一种不完美。我们会不断加强学习来提高自己，也期待遇见更好的自己！

王慧茹

2021年5月

目 录

第一部分 做个会备课的青年教师

基于教材解读	深化教学立意	(003)
依托学情分析	让学习真发生	(009)
落实目标叙写	促进学力提升	(015)
优化教学方法	指向核心素养	(021)
美化课堂语言	构建魅力课堂	(025)
精心设计板书	启迪学生思维	(029)
巧用思维导图	提升教学成效	(036)
借助信息技术	助力教师备课	(043)
站学历案视角	促学生真学习	(048)
借助集体力量	优化个人备课	(055)

第二部分 做个会教学的青年教师

竞选学科代表	协助教学管理	(065)
重视课前准备	打造有序课堂	(071)
科学制定规则	规范课堂管理	(076)
凸显学生主体	提高课堂参与	(081)
发挥小组优势	形成学习合力	(086)
整合信息技术	焕发课堂活力	(091)
创新教学理念	转变教学行为	(097)
多种措施并举	促进高效课堂	(102)
重视习题设计	落实课程理念	(108)

创新教学模式　助力线上教学…………………………………………（114）

第三部分　做个会育人的青年教师

运用教育机智　处理突发事件…………………………………………（121）
融合协同育人　有效处理问题…………………………………………（127）
巧妙化解矛盾　构建和谐班级…………………………………………（132）
根据疫情背景　做好在线教育…………………………………………（137）
勇担教师使命　自觉承担重任…………………………………………（142）
迎接学生返校　做好四个准备…………………………………………（145）
讲好战"疫"故事　丰富课程教学………………………………………（147）
重视危机事件　加强情绪管理…………………………………………（152）
树立榜样人物　引领学生前行…………………………………………（157）
情绪锦囊相助　青春时期无忧…………………………………………（160）

第四部分　做个会成长的青年教师

做好职业规划　突破职业瓶颈…………………………………………（167）
运用"三抓三放"　助新教师成长………………………………………（172）
主动寻找师父　榜样引领成长…………………………………………（177）
学会借备课组　缩短成长周期…………………………………………（182）
找准评课问题　助教研更实效…………………………………………（187）
反思课堂教学　聚焦关键问题…………………………………………（193）
正视表扬批评　明确发展方向…………………………………………（197）
沟通从心开始　构筑家校桥梁…………………………………………（202）
分析考差原因　提高学习效果…………………………………………（207）
拥抱美好生活　追求职业幸福…………………………………………（212）
附录　专家及同行评价……………………………………………………（219）
人生最好的摆渡人，就是自己（代后记）………………………………（223）

第一部分 做个会备课的青年教师

青年教师是学校教师队伍的重要力量,关系着学校发展的未来,也关系着教育事业的未来,需要探讨和回答"培养什么人、怎样培养人、为谁培养人"这一核心教育问题。作为一线青年教师,我们要切实履行岗位职责,加强师德修养,提高专业水平,推进全员育人、全程育人、全方位育人,有效实现思政课程对课程思政的关键性作用,把立德树人根本任务落到实处。因此,新时代青年教师需要有新教育理念,把立德树人贯穿教育教学全过程,使思想政治工作体系贯通学科之中、教学之中、德育管理之中等,遵循"三全育人"鲜明导向的行动共识,做学生创新思维的引路人。

教师备课质量是学校提高教学质量的关键,也是教师实现专业发展的前提。对一名青年教师而言,要深知备课不仅是整个教学的基础和起点,更是课堂上教师"教"和学生"学"发挥效益最大化的关键因素。教师不仅是学生学习的指导者,更是学生成长的引路人。青年教师更不能用昨天的知识教今天的学生适应明天的社会,更不应该简单地将教师备课等同于写教案。

本部分从思政课程对课程思政的作用出发,把思想政治工作体系融入学科备课之中,分析教材解读,依托学情分析,通过落实目标叙写、优化教学方法、美化课堂语言、精心设计板书、绘制思维导图、借助信息技术、巧用学历案等方式优化教学目标、优化教学结构和优化教学过程与方法,让目的更明确、要求更具体、措施更落实,做到与教、学、评相结合,处理好"主导"与"主体"的关系,认识到备课是有效的课堂教学的前提,这样才能讲出有特色、有个性、有成效的课,从而提高教师的备课质量,促进知识教育与价值观引领、学科素养培养有机结合。

基于教材解读　深化教学立意

【导语】教材是教师教学的重要载体，解读教材是用好教材的前提。教材解读是为教师教学和学生学习服务，教材解读的过程不仅能帮助教师在教育教学时确立合理的教学目标，还能让教师明确每节课"教什么""怎么教"和"为什么这么教"，有助于帮助教师有效把握学科整体课程目标、内容和要求，进而选取合适的教学实施路径，从而促成教师读通教材、读懂教材、会用教材，并最大限度发挥教材的育人价值和教学价值。

教材是指引教师教的依据和方向，也是学生学的主要内容。全国十二所重点师范大学联合编写的普通高等教育"十一五"国家级规划教材《教育学基础》一书对"教材"的解释为："教材又称课本，它是依据课程标准编制的、系统反映学科内容的教学用书，教材是课程标准的具体化，它不同于一般的书籍，通常按学年或学期分册，划分单元或章节。"[①] 教材解读不仅能为教师的教育教学指明方向，还能为教师有效开展教学工作提供条件，是教师专业发展中的重要技能。值得注意的是，教材解读绝不是简单意义上只针对教材本身进行的解读，而是一种针对该教学内容的深层思考。教材解读除了包含教材内容

---

① 全国十二所重点师范大学：《教育学基础》，教育科学出版社，2008年，第163页。

本身的解读以外,还应包含课程标准的解读。教材是毕业(升学)考试题的总体依据,是在课程标准的指导下编写完成的,教材解读实质上就是对课程标准及教材的整体深入分析。除此以外,为了使教材解读对教师的教育教学更具指导性作用,青年教师在进行教材解读时还应综合历年来的毕业(升学)考试情况及学生学习情况进行分析。

一、教材解读现状

把握教材是教师应具备的基本能力,而教材解读则是教师把握教材最直接有效的方式。然而在实际教学中,很多一线教师对教材的把握并不到位,甚至有的教师对教材解读并不重视,常常出现以下两种情况。

(一)忽略教材解读

教学一词包括两个字,即"教"和"学",包括教师的"教"和学生的"学",二者相互联系、相辅相成。教师对课堂的组织、引导和点拨应建立在对教材准确解读的基础上。然而在日常的教育教学中,部分刚上完毕业班的教师较重视知识点及考点,忽视教材,没有形成教材解读的意识;也有部分成熟教师在自身对知识点与考点的把握比较到位的情况下依然重视教材却忽略了课程标准,仅根据自身教学经验教学,忽略了对教材的深入解读;也有部分年轻教师,既不看教材也不看课程标准,仅仅依据他人课件进行教学,缺乏解读教材的研究意识。

(二)不会教材解读

新课程改革提倡"用教材教,而不是教教材",如何解读教材、使用教材则是青年教师有效备课和合理使用教材进行教学的基本前提。在实际备课中,一方面部分青年教师不会教材解读,不知道该从何入手、如何解读和解读什么;另一方面部分青年教师在备课时过于依赖参考资料,用教学参考资料替代了原本的教材解读,弱化了自身对教材的解读能力。作为青年教师,特别是刚入职的新教师一定要先尝试自己解读教材,随后再与参考资料进行对比,这样才能找出自己解读时存在的问题,从而逐渐掌握教材解读的基本方法,提升自身教材解读能力,实现从不会解读到能解读、会解读的转变。

二、教材解读方法

教师在进行教材解读时要从知识、能力和情感等视角切入，更要从宏观高度与微观精度解读教材。教师深入解读教材，有利于了解教材编写理念，并把握教材编写意图，有利于开发和挖掘教材资源，从而有利于提高教师课堂教学的驾驭能力和教学有效性。

（一）课程标准和教材的整体解读

首先是对教材内容的解读，包括解读教材内容在教材中的顺序、地位及其在整个章节及学科中的作用等。同时，教师要对课程标准进行解读，了解解读内容在知识技能方面的能力目标要求以及课程标准中的具体内容要求，并将课程标准要求与教材实际进行对比，了解教材和课程标准中存在的异同。

例如，《义务教育思想品德课程标准（2011年版）》对"心中有法"的相关描述为："掌握获得法律帮助和维护合法权益的方式和途径，提高运用法律的能力。"①

统编版《道德与法治 八年级 上册》第五课《做守法的公民》的教学，需要让学生认识到提供法律服务和帮助的机构包括法律服务所、律师事务所、公证处、法律援助中心，知道"救助有法"；在寻求法律服务机构无果的情况下，引领学生懂得受到非法侵害时可以通过人民法院起诉的方式维护合法权益，敢于通过诉讼途径进行合法维护，通过打官司讨回公道，谋求公平，"敢打官司"；每个公民都有责任同违法犯罪行为做斗争，当本人合法权益或公共利益、他人合法权益受到不法侵害时，我们不仅要"勇"于更应"善"于依法维护正当权益，面对犯法行为时要"善于斗争"。本节课要鼓励和引导学生从"见义勇为"到"见义智为"，要有勇有谋，学会科学、合法、正当的"见义智为"。同时，教师在课后可以给学生展示一些网上关于"见义智为"的话语，拓展学生学习内容，拓宽学生的思维空间。例如，《义务教育物理课程标准（2011版）》对初中物理《电功率》一章的具体内容标准描述为：

  3.4.5 结合实例理解电功和电功率。知道用电器的额定功率和实际功率。

---

① 中华人民共和国教育部：《义务教育思想品德课程标准（2011年版）》，北京师范大学出版社，2012年，第11页。

例1 调查常见用电器的铭牌,比较它们的电功率。

3.4.6 通过实验,探究并了解焦耳定律,用焦耳定律说明生产、生活中的一些现象。①

课程标准中的实验探究内容有两个,而教材中则有四个,在课程标准的基础上,教材新增了两个探究实验,分别是比较小灯泡的亮度和测量小灯泡的电功率。教材从观察灯泡亮度随电压值的改变入手到测量不同电压不同亮度下的灯泡电功率,进而让学生从直观上区分额定功率与实际功率。这样的改变正是强调了物理教材以观察为起点,从感性认知逐步过渡到理性认知的基本理念。这也正好符合物理课程标准中"从生活走向物理,从物理走向社会"② 及"注意学科渗透,关心科技发展"③ 这两条课程基本理念。此外,教师还应结合近年来的考试试题对解读内容进行分析,了解该内容在中(高)考中的考点分布情况及各考点对应的考试要求。

(二)考情与学情的综合分析

一方面,教师应认真研究当地近五年中(高)考试题,对解读教材内容的考点分布及其在中(高)考中所占的分值比例进行分析,并针对近五年中(高)题中的常考考点列出详细的双向细目表,以便对解读内容的考察形式、难度系数及分值分布情况等有一个更加全面的了解。

另一方面,教师应分析学生在各考点中的得分情况、高频错误选项(答案),并以此了解学生在考试中表现出的问题及其背后反映的教学中可能存在的问题。例如,在某一考题中出现大量学生没有看到题干中重要条件的现象,即在某种程度上说明学生或审题不够仔细或无法从题干中提取有效信息。同时,这也反映了教师在日常的教育教学中在学生审题习惯或审题能力方面没有给予足够的重视。此外,不同区域、不同学校、不同班级之间的学生在学习态度、学习习惯及学习能力等方面存在差异,所以教师在解读教材时还应结合自身班级学生学情进行分析,从学生平时的上课状态、课堂练习和课后作业等方面了解学生的学习习惯及学习能力,以便教师掌握学情。

---

① 中华人民共和国教育部:《义务教育物理课程标准(2011版)》,北京师范大学出版社,2012年,第22页。

② 中华人民共和国教育部:《义务教育物理课程标准(2011版)》,北京师范大学出版社,2012年,第2页。

③ 中华人民共和国教育部:《义务教育物理课程标准(2011版)》,北京师范大学出版社,2012年,第3页。

三、教材解读做到"两要"

教师解读教材时既要注重学科教材的整体性，按照章节顺序通读教材、了解教材、分析教材，又要注意教材中的细节内容，认真研读教材中的图片、表格、信息窗等，做到对教材全面又细致的把握。这样，教师才能更好了解教材、分析教材和使用教材。

（一）教材解读要细致

在解读教材的时候除了要着重分析教材的主体内容外，还要仔细研究教材中的每一幅插图和每一个课外链接，了解编者的编写意图，并将以上内容与课程标准进行对比，找出二者之间的相关性。另外，对于章节后面的习题、拓展空间等也要给予重视，这些看似不起眼的内容往往是中（高）考试题的灵感来源之一。例如，成都市中考物理近几年考题的设置总是有目的地引导师生重视教材的研究，很多题目都源自教材，尤其是 A 卷的考查内容更是以一些基本概念和规律的简单应用为主。

例如，2015 年成都中考物理 A 卷的一道选择题便是源于教材中《电功》一节内容的课后发展空间——走向社会版块中"做一个家庭用电器的调查活动"，其中列举了电饭锅，考题则是在这个调查的基础上进行了挖掘和延伸。这就指引教师在整个教学过程中要重视课程标准、回归教材，在教学中要重视物理基本概念等问题。

（2015 年成都 A 卷 13 题）家用电饭锅，与它有关的下列数据最符合实际的是（　　）

  A. 正常工作时的电流是 0.01 A

  B. 正常工作时的电压为 12 V

  C. 正常工作时的功率为 700 W

  D. 正常工作 1 小时消耗的电能约为 360 J

又例，2019 年成都中考物理 A 卷的一道选择题，要求学生选择一个医院病房的呼叫电路中最合理的设计，该内容源于物理教材《电路创新设计展示》一节的"课内活动设计 3：病房呼叫电路"。考题则是在教材的基础之上将其改编为一道选择题。

（2019 年成都 A 卷 13 题）实验小组为医院病房设计呼叫电路，在病

人需要护理时，闭合床头开关就能及时通知值班室里的护士，图中最合理的设计方案是（   ）

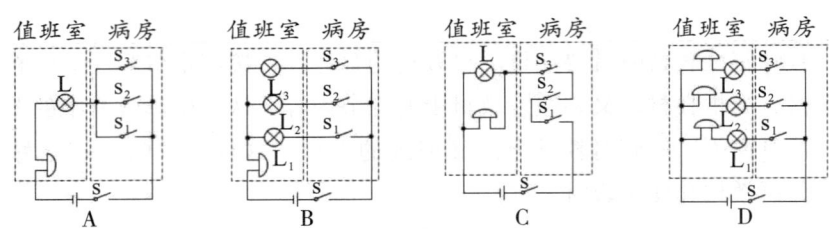

又例，2019年成都市道德与法治学科毕业会考试题也十分注重基础知识的考查，比如第11题"附加刑类型"、第12题"犯罪最本质特征"和第15题"国家主席的职权"等。因此，教师在教学中需要强化基础知识，并提高学生区分和选择的能力。

以上试题均基于教材，学生只需要在阅读题干和审题后，便能很好地运用所学进行选择。

除此以外，我们在解读教材时还要关注新旧课程标准的变化、新旧教材的变化及教材内容与课程标准要求之间的差异等，从而把握课标要求及课程方向。

（二）教材解读要全面

教材解读是为学科教学服务，帮助科任教师准确定位教学内容，指明教育教学的方向，所以教师在进行教材解读时，不能只针对某一节课或者某一个章节，而是应该面向整个单元、整册教材、整个学段教材甚至从大中小学一体化的角度去解读教材。

同时，教师应在了解学科课程基本理念的前提下，结合课程标准要求、历年中（高）考考题和班级学情等多种因素进行从学段解读到全册解读再到单元解读，最后才是课时解读的全面教材解读。教师只有掌握了整个学科教材特点，才能由大及小地将学科核心理念推行，向下落实在每一个课时之中，使自身的教学更具有针对性和实效性。

教材解读的过程是教师自我学习、自我成长的过程，也是教师专业化发展的有效途径。青年教师不仅需要从多角度、多层次解读教材，提高教材解读的深度和准确度，而且在读懂与读通教材的基础上，还要从学情和教学实际出发，对教材内容进行调整与重组，发挥课程思政作用，把教学的内容教透，解决学生的困惑与问题，帮助更多学生学会学习，进一步拓展学生的学习空间，从而深化教学立意，全面提升学生核心素养。

依托学情分析　让学习真发生

【导语】 学情分析是教师进行有效教学的起点，也是课堂生命力的依据。不同学生、不同学科、不同班级学生情况不一样，教师在备课时需要全面了解班级学生学习情况，尊重个体差异，研究学生已经学习了什么、应该学习什么、能够学习什么、想要学习什么以及学会了什么，以学生学习兴趣为基础，进而依据学生认知经验进行课堂教学设计，才能在构思教学环节及在教学实施中进行分层教学，促进每个学生最大限度发展，提高教育教学有效性。

"关注学生发展"成为新课改教学的核心理念，要实现深度备课必须以学情分析为起点。2019 年 6 月，《中共中央　国务院关于深化教育教学改革全面提高义务教育质量的意见》提出"精准分析学情，重视差异化教学和个别化指导"[①]，这是教师教学的行动指南，更是对"以学定教"的方向引领。

山西师范大学教师教育学院刘岗、田静老师在《学情分析的价值意蕴、实践困境与改进路径》一文中指出，学情分析是指教师为了有效指导学生学习而开展的对学生学习情况的诊断、评估与分析。学情分析的价值体现在：为有效教学设计提供逻辑起点，为有效教学生成提供动力杠杆，为发展性教学评价提

---

① 《中共中央　国务院关于深化教育教学改革全面提高义务教育质量的意见》，2019 年 6 月 23 日。

供判断基准，为教师教学研究与专业成长提供有效着力点。[①] 由此可见，教师精准分析学情有助于了解学生学习当节课相关知识的掌握程度，判断班级学生的接受能力，从而确定教学设计的深度和教学实施的广度。

在一次初中道德与法治青年教师课堂教学技能大赛的评课环节，一位参赛教师在自我评课环节曾这样说道："在讲《家的意味》这一课内容时，我原本想用《家有儿女》这部电视剧的相关片段来活跃一下课堂氛围，可没曾想到同学们根本就不了解这部电视剧，原本设计来活跃气氛的环节反倒变成了整堂课最冷场的环节。"通过这位教师的自我评述，我们不难发现出现这样的课堂意外，主要原因在于教师备课时考虑欠周密，对学生的实际情况缺乏了解，没有做好课前学情分析。

担任多个班教学的青年教师可能还会有这样的感受：为什么同样的内容，同样的教法，在不同的班级教学效果却大相径庭。究其原因，最大的不同就在于授课的对象——学生不同。每一个学生都是一个独立的生命个体，由他们组成的班级在学情方面当然也有所不同，在授课时教师理应根据不同的班级学情，设计出适合班级学情的授课内容。由此可见，良好的教学预设、有序的教学实施及教学成效的实现，必须建立在对学生学情充分把握的基础上。

作为一名青年教师，每次实施教学前，我们都应该问问自己：我了解我的学生吗？为了充分了解学生的学情状况，还应在备课时继续追问：备学生原来学了什么？备学生应该学什么？备学生能够学什么？备学生想要学什么？备学生学会了什么？这些追问，不仅是教师的自问，也是教师通过多种途径了解学情。然而，纵观当前备课的现状，不少教师却因意识的缺失或教学压力过大等种种因素，忽视了学生这一学习主体，从而导致教学成效不佳。

一、备学生原来学了什么

备学生原来学了什么，即掌握学生的知识基础。一方面，学生并非一张白纸而任由教师书写，前期的学习已经给学生打上了"底色"，学生已有的知识及经验是现学知识的基础；另一方面，每一门课程及学科都具有整体性和系统性，新知识的出现必须建立在学生已有知识的基础之上。当前教育教学改革的重点内容之一就是要加强各学段、各个课程、各部分内容之间的衔接，掌握学

[①] 刘岗、田静：《学情分析的价值意蕴、实践困境与改进路径》，《教学与管理》，2020年第27期，第18~19页。

生的知识基础实则也是推进课程有效衔接的基础和起点。由此可见，正确分析和掌握学生的知识基础对课堂教学至关重要，主要体现在以下四个方面：其一，掌握学生的知识基础能够减少教学内容的重复，增强教师教学的时效性；其二，掌握学生的知识基础能够预防教学内容的断层，保障知识体系的完整科学；其三，掌握学生的知识基础能够避免挫伤学生的学习兴趣，提高学生学习的主动性；其四，掌握学生的知识基础，能够奠定学生学习的基础，提高学生学习效率。

对学生知识基础的分析，至少包括两方面的内容：一方面是学生掌握的教材知识前期情况，另一方面是学生掌握的生活知识基础以及相关学科知识基础。例如，教师在备高中"我国的基本经济制度"这一内容时，除了要了解学生在现实经济生活中，是否接触过不同经济制度的构成类型及其特征和作用，更应该了解学生在初中"道德与法治"课堂上已经学习和掌握了哪些关于基本经济制度的知识。即便学生曾经在初中学过"我国的基本经济制度"这一内容，高中教学内容也会和初中教学内容有所差异。因为这一内容在初高中教材中的学习侧重点并不相同，初中教材侧重让学生记忆相关学科术语，而高中教材侧重使学生理解我国基本经济制度的优越性及其在现实经济生活中的重大作用。如果教师此时忽略了对学生所学初中知识的分析，花大量的时间将初中已学会的基础知识又重复一遍，将知识的讲解处理得过于浅显，那么很可能就会出现高中所讲内容与初中所学内容雷同，不利于学生高阶思维的发展。为清楚掌握学生已有的知识基础，教师一方面可以通过认真分析各学段教材，梳理各版块的教学内容，构建知识之间的内在联系；另一方面还可以在此基础上辅之以课前测试、访谈等方式了解学生的知识基础。

二、备学生应该学什么

备学生应该学什么，即明确学生知识、能力及素养等必备技能。作为教师，我们不仅要教给学生知识，还要教给学生学习方法。另外，教师还需要思考两个问题：课程任务之下，我们应当教给学生哪些知识和技能；课本之外，未来我们的学生还需要具备哪些知识、能力和素养。因此，教师要明确学生必备的知识、能力及素养，这是教学的核心。教师明确学生必备的知识、能力与素养是确定教学内容和教学重点的重要依据，也是保证教学实施有的放矢的重要前提条件。

备学生应该学什么，既包括明确学生成长成才必备的知识，也包括明确学生成长成才的必备技能，更包括学生成长成才必备的素养，尤其是学科核心素养。例如，教师在备"人民代表大会制度"这一内容时，需要明确该节不仅要求学生掌握人民代表大会制度的相关组织活动原则，还要求学生能够具有结合生活实例分析人民代表大会制度如何运作的能力，更重要的是要明确人民代表大会制度是能够实现人民当家作主的根本政治制度，增强其政治认同。明确学生应该学什么，包括两方面内容：一方面需要教师参透课程性质，认真研读课程标准和教材内容；另一方面教师还应走进学生成长空间，了解学生成长成才真正需要什么。

三、备学生能够学什么

备学生能够学什么，即把握学生的认知发展规律。人的认知包括感觉、知觉、注意、记忆、思维、想象等心理过程。学生的认知发展具有上升性、阶段性、自觉性、逻辑性等特征。学生知识的增长、能力的提升是建立在学生认识发展规律之上的，只有把握学生现有的认知水平，我们才能知道学生当前成长的契合点和重难点，制定契合学生当前发展需要的内容方法，充分挖掘学生的潜能。作为青年教师，在备学生能够学什么时要全面深入细致地研究学生认知发展的规律。教师研究学生认知发展规律不仅是学习研究教育教学规律的基础，更是推动学生知识增长、能力提升和认知发展的基础。脱离学生现有认知水平的教学设计，即使教师课上讲得头头是道，学生也只能望尘莫及、摸不着头脑。

如何把握学生认知发展的规律呢？这需要教师明确学生当前的认知水平。一方面要了解学生当前整体的认知水平处于什么样的发展阶段及其思维、想象、感知觉等能力有什么样的特征；另一方面是认识学生认知水平的特殊性，发掘学生不同的认知方式。在具体实施过程中，教师尤其要注意发现学生的认知障碍。例如，在学习统编版初中《道德与法治 八年级 下册》《宪法专册》内容时，学生往往容易混淆国民经济、国有经济、集体经济、个体经济、私营经济、公有制经济、非公有制经济之间的关系。起初，我们采取解读概念的方式来辨析它们的区别，但从学生的反馈中发现这种做法成效甚微。课后找学生了解原因后，发现学生难以把握这部分内容的原因主要是对这些名词的外延辨析不清。在把握学生这一认知障碍后，我们结合初中学生抽象思维能力较弱、形象思维能力较强这一认知特点重新进行了教学设计。将原本需要用文字方式辨析的概念，通过数学中画集的方式呈现，这一转换使得原本复杂的概念关系可视化,有效地帮助学生辨析了各个概念之间的关系。

四、备学生想要学什么

备学生想要学什么,即明白学生的学习需求和兴趣。作为教师,我们应成为学生重要的引领者,就像游历时的一个向导,而合格的向导要具有两种能力:一种是知识,另一种是感情。也就是说,一方面指明目的地和路径,另一方面对沿途的风景进行解说以引起人们的兴趣。在这样的带领下,游历的人沿途就不会觉得辛苦,也不会出现半途离队的情况,从而到达目的地。换句话说,教师要采用各种方法激发学生的学习兴趣,带领学生克服学习困难,帮助学生明确目标并全身心投入,达到自主学习与自我教育的目的。实现这样的目标就要求教师在备课时必须明白备学生的学习需求的重要性。

学生的学习需求既包括内容需求,也包括方法需求,还应该包括情感态度价值观的需求。教师不能只是泛泛地了解学生想要学什么,而应该具体落实为"这节课,我要达到什么效果""这节课,我拿什么来吸引我的学生"等问题。教师更不能为了投生所好而遗忘了学科教学的实质,不能为了讨好学生而做与课堂教学和学生成长无关的活动。真正的投生所好,应该以学科、知识甚至是教师个人的独特魅力吸引学生。例如,中学"道德与法治"学科要想真正引起学生注意,就应该以真理性的知识折服人,以丰富多样的方式吸引人,以真切的情感和正向的情感态度打动人。

五、备学生学会了什么

备学生学会了什么,即获得学生的学习评价。上一环的学习评价是下一环学习"起跳"的基点。了解学生上一环学习的成效、方式方法、难点疑点,能够为下一环的教学和学习提供有效的经验借鉴,保持前后教学的一致性。因此,青年教师应当综合教学观察、作业反馈、学习检测、访谈调查等为依据,正确估计以往教学实施情况,摒弃不利于学生"知与智"成长的方式方法,延续和创新适合学生成长成才的方式方法。

笔者在进行统编版初中《道德与法治 七年级 上册》《享受学习》这一内容教学时,针对"学习中的苦大于乐还是乐大于苦"这一问题请学生展开辩论。通过辩论,不仅让学生对学习中的苦与乐有了更加直观的认识,了解了什么是学习、如何对待学习,而且也锻炼了学生搜集资料、语言表达、逻辑思维

等诸多能力。之后，凡是发现有适合用来做辩论赛的教学主题时，我们都有意识地在课堂中融入辩论的要素，充分调动学生的主动性和能动性。从课后的反馈中不难发现，学生在辩论前搜集资料、辩论中丰富内容、辩论后收获能力和知识，这样的方法比教师单一讲授更有成效。

另外，基于教学评一致性的研究，教师在实施教学评价时，必须树立科学的理念，采取适当的方法，尤其注意不能简单地以学生能不能背出知识点和会不会做题为依据。新时期的教学评价应建立在契合学生全面发展的基础之上。

备学生是教学活动的起点。教师要结合学生已有的认知经验设计课堂教学，关注班级每一个生命个体，分析学生年龄特点，并依据班级学生认知能力、接受能力和理解能力的差异，采用不同的教学方法，培养学生的探究能力、合作能力与应用能力，并增强课堂互动性，变教师简单灌输知识为学生主动探究与合作交流获取知识。新时期的教学和备课不应再是教师单方面的思考和探索，而应该是教师与自身、教师与学生、教师与集体之间的对话，在对话的过程中教师真正走进学生的真实生活，从而实现互助互促、共同成长。

落实目标叙写　促进学力提升

【导语】教师在备课时需要重视备好"学"与"教"的内容，即每堂课从学生"需要学习什么内容""通过怎样的方式学习"及"最终学到何种程度"开始。教师需要根据学情明确每节课的教学目标是什么、教学过程如何设计及教学质量如何评价三个问题。目标叙写有利于教师明确教学目标，转变教学行为，落实"学生是学习主体"的教育理念，整合学生活动和核心素养目标，转变学习主体，达成行为表现，使得目标具体化，从而使目标可观察、可测量、可评价。这样，不仅有利于提高课堂教学效率，还能促进学生学力提升。

教学目标是教学的灵魂，是指导教学有效开展的基础和前提，对教师教学活动起着十分重要的引领作用。教师在备课时应重点关注对教学目标的把握、对评价任务的设计，在备课时要落实目标叙写。目标叙写能帮助指导教师关注学生需求，并了解学生学习情况，还能有效指导教师根据学生学习情况适时调整后期学习目标及教学进度。

一、目标叙写的含义

教学目标是教师对课堂教学内容、教学流程及教学重难点的先行规划，在教学中有着指导性作用。具体、明晰、可操作的教学目标是指导教师进行有效教学的关键。目标叙写是在课程标准的基础上对原有的三维目标表述方式进行改进，将原来宽泛的教学目标表述方式细化为包含具体的目标实施对象、目标实施条件、目标实施方案及预期达成效果的叙写方式。

二、目标叙写的意义

新课程倡导课堂教学要实现三维目标，即知识与技能、过程与方法、情感态度与价值观。新课程理念指出，教师在设定课堂目标时要多元化，应将三维目标融入其中，重视三维目标的整体性（如图1）。但部分教师在设定教学目标时仍采用传统的三维目标书写方式，将其分为独立的三个版块书写；也有部分教师在设定课堂教学目标时流于形式，出现了目标不落地和实施条件、实施方法不具体，甚至出现目标空洞无法达成的现象。目标叙写则是针对课堂教学目标进行的包含三维目标在内的具有目标实施对象、实施条件、实施方案、实施结果的具体细化的教学目标表述方式。

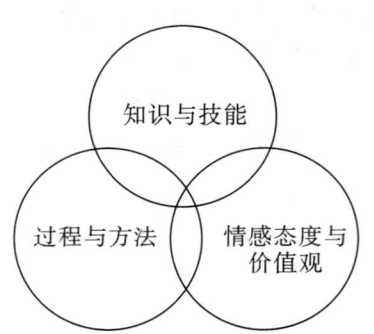

图1 三维目标关系图

因此，目标叙写有利于促使教师去思考每节课的教学目标是什么，采用哪些路径，哪些层次的学生采用哪些不同的方式，一节课能达到什么样的目标效果，等等，进而有助于教师更好地开展分层教学。

三、目标叙写的原则

教学目标既是一节课的起点也是一节课的终点，教师的课堂教学应围绕教学目标开展，最终又指向教学目标的达成。可见，教师在目标叙写时应注重教学目标的指导性，落实课程标准的指导意义，这有利于指导好教师的教学、促进学生的正向发展。

（一）基于课程标准

《课程与教学论》一书指出："课程标准是教材编写、教学、评估和考试命题的依据，是国家、地方和学校管理评价课程的基础，体现国家、地方和学校对不同阶段的学生在德、智、体、美各方面全面发展的基本要求。课程标准通过对课程性质、目标、内容框架的具体表述和规定，解决具体科目的课程内容的整体构成与学习水平问题。"① 课程标准中的课程目标及内容目标面向全体学生提出了针对各学科的教育教学内容及教学目标的基本要求及实施建议，是教材编写及中（高）考试题命题的重要依据。

值得注意的是，课程标准中的课程目标及内容目标并不是教师上课时能够直接使用的课堂教学目标。课堂教学目标应是教师在课程标准的基础上综合考虑学科特点、地区差异及班级学情等多种因素而设定的课堂层面的教学目标。

（二）具有教育思维

课堂教学目标分为课堂层面的课时目标、单元层面的单元目标、学期层面的学期目标、学段层面的学科课程标准及课程层面的课程目标，这些目标是确定课程内容、教学目标和教学方法的基础。日常教学中的课堂教学目标叙写通常指让课程标准落地可操作的课时目标，主要包括一节课如何实施、达到何种程度及培养学生的何种学科核心素养等。

教师在撰写目标叙写时，不仅要关注课时教学内容本身，还要具有教育思维，在课堂中有意识地培养学生的学科核心素养，将长期目标进行合理的分解再组合，以便更好地融入各个课时目标当中。

四、目标叙写的方法

教师在进行目标叙写时需要根据具体内容结合学科特点，多方面分析、分解教学目标，按照目标叙写的一般模式或重组或填充，从而写出符合班级学情的教学目标。目标叙写的具体方式可参考以下三个方面。

（一）目标叙写的构成要素

目标叙写包含四个基本要素：行为主体、行为表现、行为条件和表现程

---

① 王本陆：《课程与教学论（第3版）》，高等教育出版社，2017年，第56页。

度。行为主体指目标实施的对象,需要注意的是这个主体对象不是教师而是学生;行为表现指目标实施的方案,也就是具体的行为动词、课堂的核心概念以及通过什么样的活动或手段来实施教学目标等;行为条件指实施目标的条件,包括人为因素、设备因素、信息因素、时间因素等;表现程度指我们通常所说的目标达成度,是形容学习表现或者结果程度的形容词或副词等。

其中,行为动词分为认知性目标行为动词、技能性目标行为动词以及体验性目标行为动词,比如《义务教育物理课程标准(2011年版)》中就对行为动词给予了说明(见表1)。

表1 《义务教育物理课程标准(2011年版)》中部分行为动词界定[①]

类型	水平	行为动词举例
认知性目标行为动词	了解	了解、知道、描述、说出、列举、举例说明、说明
	认识	认识
	理解	解释、理解、计算
技能性目标行为动词	独立操作	会、会测量、会选用、会使用、会根据……估测、会用……测量
体验性目标行为动词	经历	尝试、观察、经历、探究
	认同	关心、关注、有……意识
	内化	养成

(二)对课程标准分解重组

教师应认真解读课标,对课标中的内容目标进行分解重组,即分析课标的表述中是否具备四个基本要素。如果有,则可以直接进行分解,随后通过替代或重组的方式,对其进行扩展。如果没有,就需要根据具体情境进行补充和完善,从而形成课时教学目标。

《义务教育物理课程标准(2011年版)》对声音的产生和传播条件这一内容的表述为"通过实验,认识声的产生和传播条件",并给出了如下两点实施建议。

例1 在鼓面上放一些碎纸屑,敲击鼓面,观察纸屑的运动。敲击音

[①] 中华人民共和国教育部:《义务教育物理课程标准(2011年版)》,北京师范大学出版社,2012年,第52页。

叉，观察与其接触的乒乓球的运动。

例2　将闹钟放到玻璃罩中，抽去空气后，声音变小。[1]

通过解读，我们发现，课程标准中的该条目标表述已经隐含了行为主体和表现程度，而后面的实施建议中又包含了行为表现及行为条件。所以，教师在目标叙写时只需要对该条内容目标及实施建议进行分解和重组就可以达成这一内容的课时目标。

（三）目标叙写的陈述方式

学习目标叙写方法一般采用"行为主体＋行为动词＋行为条件＋表现程度"的方式来进行陈述，即学生做什么，在什么情况下，应达到什么标准。由于行为主体一定是学生，所以在目标叙写时"学生"二字通常可以省略不写。而对于认知性目标，一般只需要简单的分解再重组即可。

比如上文提到的声音的产生和传播条件的例子，通过分解和重组以后就可以改写为表2所示的目标叙写。

表2　三维目标与目标叙写对比

三维目标[2]	目标叙写
知识与技能： 1. 初步认识声是由物体的振动产生的 2. 了解声的传播必须依靠介质，在不同介质中声的传播速度是不同的 …… 过程与方法： 1. 通过观察发声现象，能简单地描述发声体的共同特性，培养学生初步的观察、对比和概括能力 2. 通过声传播的实验探究，培养学生初步的在观察现象中发现问题、提出问题的能力 …… 情感态度与价值观： 1. 通过本节学习，让学生知道我们生活在声的广袤空间中，声可以表达丰富多彩的情感，是人们互相交流的重要途径之一 2. 使学生初步领略声在人类社会生活中的作用，从而引起对声的好奇，激发求知的欲望	1. 通过观察敲击后发声的鼓面上纸屑在跳动的现象能说出鼓面在振动 2. 通过观察敲击后发声的音叉接触乒乓球时乒乓球被弹开的现象能说出音叉在振动 3. 通过观察多个发声体振动发声的现象能总结出物体发声的条件是振动，从而逐步形成科学探究意识，具有科学思维 4. 通过观察玻璃罩内的闹钟在抽去空气后声音变小的现象能推断出如果没有空气声音将会消失，从而说出声音在真空中不能传播，逐步培养科学探究的能力

---

[1] 中华人民共和国教育部：《义务教育物理课程标准（2011年版）》，北京师范大学出版社，2012年，第17页。

[2] 吴祖仁：《物理教师教学用书　八年级　上册》，教育科学出版社，2012年，第59页。

  通过对比我们不难发现,目标叙写的方式要比三维目标书写方式更具体实用,因为目标叙写已经将行为主体、行为表现、行为条件以及表现程度囊括在一条目标之中。与三维目标相比,目标叙写不仅要求教师要具有思维连贯性,还对教师的教学行为有明确的指令,可操作性更强。

  立足目标叙写,指向教学目标,不仅有利于教师掌握学情,同时也有利于教师提高课堂教学实效。青年教师应勤于思考、乐于探究,积极探索目标叙写方式,进而写出多样化的、清晰的课堂教学目标,助推学生学力提升。

优化教学方法　指向核心素养

【导语】 从核心素养视角出发，我们的课堂发生了变化，更着眼于学生生命成长需要。科学、有趣、新颖的教学方法有助于增强课堂趣味性、探究性，提高课堂教学实效性。在核心素养背景下，教师需要不断更新教育理念，大胆创新课堂教学方法，优化课堂教学方式，营造培养学生核心素养的课堂氛围，帮助学生提高其学科核心素养。

备课是上好课的前提，备课除了备学生、备教材外，还需要备教学方法。上好一节课，需要教师采用不同教学方法，坚持以生为本的理念选取符合班级学生实际的方法。然而，在一些一线青年教师的备课中，存在忽视备教学方法的问题，导致教学内容无法以更好方式传授给学生，学生也对教师的授课不感兴趣，课堂氛围死气沉沉，教师不爱教、学生不爱学。本文结合课堂观察、方谈交流、自我剖析等，分析常见的教师备课方法中的问题，并提出改进建议和方法。

一、探析教学方法问题

所谓教学方法，即教师为达成教学任务而采用的方法。可见，教学方法是教师教授方法与学生学习方法的统一。教师采取适合学生的教学方法有利于培养学生思维能力、分析能力和知识应用能力，提高学生核心素养；若教师采取

的方法违背了因材施教、因地制宜、因生施教的教育理念，那么将导致学生不易接受和吸收知识，课堂效果自然低效甚至无效。

（一）教学方法思想过于陈旧

思想是行动的先导，没有先进的思想指导会导致行为走偏、走错。在平时校内外听课及在省内外做培训中，我们发现青年教师群体中也存在思想观念陈旧的情况，教学成绩成为评判一个教师优秀与否的唯一标准，不必采用新课程改革提倡的教学理念，课堂中基本上是学生被动听、记笔记、多背诵、勤练题等。这样的教学方法更多是以分数为最终目的，忽视了学生生命个体，限制了学生思维的发展，无法吸引学生的注意力，不利于将学生培养成全面发展的人。

（二）教学方法单一枯燥

在课堂观察中发现，青年教师对于新授课、复习课、讲评课等不同课型采用的方法比较单一，基本都是教师唱独角戏，学生基本上是听和记，即使回答问题，也都是"是、不是、对、不对"等对答交流，课堂中无法使学生情绪高昂，课堂氛围死气沉沉毫无生命力。这样的教学属于填鸭式、说教式，更多是灌输知识，类似于把学生当成机器，总是被动式接受，容易使学生出现反感心理和疲惫状态，不利于学生主动融入课堂。

（三）教学方法忽略学情

在教学方法选取上青年教师更多的是思考教学方法，想要达到如何让预设更顺利、如何让课堂更精彩和如何让学生更喜欢的效果。然而，青年教师自认为选取的教学素材、教学方法等很好，却没有引起学生情感共鸣，学生并未在课堂中表现出积极状态和有效回应。其实，这主要是由于教师忽略了一个重要的问题，即教学方法的选取不仅仅要依据教学内容，也要综合考虑本班学生实际。比如，教师忽视了班级学生学习能力和水平，没有根据学生目前掌握的知识、已有的生活经验和认识水平程度进行教学，超出了学生已有相关水平，导致在课堂中出现学生边缘化现象。学生才是课堂的主体，凡是忽视学情的教学方法，其教学效果都会大打折扣。

（四）教学方法分割教学

我们知道，教师在正式上课前都会写好教案和做好课件，并且结合教学内容等选出合适的教学方法完成教学。然而，在一线中我们常发现这样的现象，在课堂观课中看到教师在不同环节中使用的教学方法与教案中撰写的教学方法出入太大。原来，教师在备课中并未真正思考不同教学环节应采取何种教学方法，而是在教案上随意写几个自己熟悉的教学方法，以实现教案的完整性，也就出现了上文谈及的情况。教师这样的备课态度会严重影响其教学行为，脱离教学实际本身，可能还会出现临场教学等问题。

二、改进教学方法三策

为发展学生的思维能力和提高课堂教学效率，教师应紧跟时代发展步伐，及时更新教育理念，根据学生实际特点选择教学方法，吸引学生主动融入课堂，变"要我学"到"我要学"和"我想学"。

（一）积极学习，主动践行新理念

随着我国教育改革的不断深入发展，中高考改革也在不断推进与完善，更需要一线教师主动融入新改革之中，主动学习新课程理念，承担起教育教学改革重任。中高考改革能否顺利进行，关键在于教师的教育观念能否改变，才能真正实现"教师教—学生学—考试评"效果的最大化。当前，教师要真正树立以生为本的教育思想，打开思维，主动适应关于素质教育、全面发展、必备品格和关键能力等教学理念。正如当前国家提出的核心素养，教师要积极学习核心素养内容，落实学科核心素养，摒除固有的传统理念，敢于接受新鲜事物，敢于积极尝试新理念下的教学方法，敢于直面自身的问题所在，主动探索和创新教学方法，成为适应新时代教育的创新型教师。比如，笔者自 2010 年主动学习"一例到底"教学法，了解其含义、实施方法，并在自己的课堂中实践运用。用当前比较热的人物、事件或电影、电视等作为一节课主线，教师有效整合教学内容与相关素材，教学素材贴近学生、贴近生活，使学生在上课时精力集中，有效达成了教学目标。

（二）分析学情，采用合适教学法

为有效达成教学目标和提高教学效果，需要教师在教学中采用多种教学方法，将生活中的情境融入教学之中，依据学生已有认知经验，不断拓宽学生视野。具体而言，教师要多层次、多角度、多方面地解读教材，设计不同的教学环节，同时分析班级学生现有知识水平和学习能力水平，选取适合的教学方

法，尽可能调动更多学生参与课堂的积极性和主动性。比如，采用情境创设法，选取学生感兴趣的话题引入；小组合作法，发挥小组成员力量，共同探究问题、分享交流，调动小组积极性，增强小组荣誉感和凝聚力；直观演示法，教师根据教学内容选取合适的实物、教具等进行示范，帮助学生直观获取知识。另外，教师还可以采用游戏法、体验法、实验法、朗读法等让学生积极主动参与到教学的过程中，提高学生听课注意力和学习效率。例如，理科学科（如化学、物理），多采用实验法，让学生亲自参与实验，得出实验结论。教师将抽象难懂的知识运用实验方法让学生亲自获取，加深学生的认知过程；道德与法治课常常采用情境法、探究法、游戏法、辩论法等，这些都以学生生活为基础，逐步引导学生成为负责任的人。

（三）灵活使用，理解教无定法论

所谓教学有法、教无定法和贵在得法，也就是说教师为达成教学目标需要采用教学方法实现，但需要根据学生实际情况灵活使用、调整，而不是使用完全固定不变的教学方法。在一线教学中，教师要在教学有法的基础上才能实现教无定法。正如上面提到的，教学方法的选取需要根据自己所教学生的学情而定，除了已有知识和经验外，还要根据学生学习能力、接受能力、年龄特点等方面综合考虑。这样在尊重学生差异的基础上，面向更多班级学生群体，是对更多学生负责而选取的教法。另外，每个教学环节可能是一个教学方法或多个教学方法的融合以达成目标。比如，2020年春季开学谈到关于如何做好防疫工作时，教师引导学生从个人、家庭、政府、医院、社会等各个角度思考，学生分小组进行探讨，探讨后派小组代表上台展示小组建议，其他同学举手补充，教师适时点拨引导。这样，教师借助教学情境，采取多种教学方法引导学生思考和分享，既拓宽了学生对防疫方法的思维，又起到了学生自主管理与自我教育的德育效果。

每节课都有一定的教学目标，需要师生共同合作完成。教师选择合适的教学方法就是在教学过程中运用一定的方式或手段，运用得好可以让课堂更易实现教学效果，运用得不好可能导致一节课失败。课堂教学中，需要教师与学生之间、学生与学生之间有思想的碰撞与交流，才能产生思维的火花。可见，课堂教学需要师生共同互动与交流。而如何更好实现互动与交流，就需要教学方法支架搭桥。青年教师在今后的备课中，要根据自己对专业水平的把控，多从自己所教学科特点、学生实际出发，实现课堂教学的有效性和实效性，做到"教学有法"与"教无定法"的和谐统一。

美化课堂语言　构建魅力课堂

【导语】 语言是人类最基本的沟通交流工具，教师的语言表达对学生听课质量和教学效果的影响十分重要。教师在课堂中发挥着主导作用，需要通过课堂语言实现师生沟通顺畅和传递学科知识的目的，故教师的课堂语言需要形象生动、幽默易懂、科学严谨、正面积极，增强语言表现力，让教师的课堂语言成为一种艺术。

课堂是教师传授知识的场所，是师生共同学习与共同成长的精神家园。教师通过语言表达传递情感和传播知识，可见，教师的教学语言是教师的教与学生的学之间的重要媒介，是师生互动的有效工具。然而，在一线教学中，不少青年教师缺乏"教学语言意识"，在课堂教学中语言随意化、枯燥化和对立化，不利于师生共学、情感共鸣、和谐关系等形成。笔者围绕青年教师课堂语言存在的问题进行分析，并结合一线教学实际情况提出了改进方法。

一、课堂语言忌随意化

提高课堂教学质量需要教师认真备课，并上好课，也需学生积极主动投入学习。学生在课堂中获得知识需要教师课堂语言的指导，这就需要教师在备课中重视课堂语言预设。然而，不少青年教师不太重视课堂语言的预设表达与规范表达，一种情况是根本没有准备（预设），随意表达，出现课堂停顿、表达

错误等问题；另一种情况是对一些教学中难以理解的问题或名词没有深入思考，比喻十分不恰当。

在一次外出教研活动中，笔者旁听了一节初中"道德与法治"，授课内容是《善用法律》。在讲到面对侵害要勇敢和见义智为时，教师预设了一个教学情境。"当你走在路上时，看到有人正在摸别人的包想要偷钱时，你会怎么做？"有的学生的回答比较随意（有些玩笑式回答），如：我会直接冲过去，站在他面前，看着他。我会直接过去吼他："哥们，干吗呢？缺钱吗？"我边走边吼："有小偷，各位注意咯……"这样引起别人的注意……当面对学生这样的回答时，教师也随意"点拨"。比如："你看着他，你俩对眼睛啊？是比谁不眨眼睛？"（全班哄堂大笑）"你问他缺钱不？难道你要给他钱啊？"（全班再次笑）"你那样喊，就像卖菜的一样，多远都能听到……"（全班继续笑）……然而，这个教学环节学生与教师之间语言的随意性，导致该问题并没有得到真正解决，反而可能起到一定负面影响。

从这个课例中的对话，我们能发现部分教师在课堂中与学生对话时不顾教学内容、教学场景等，课堂语言过于随便，并没有真正引领学生正确认识问题，也没有共同探究出合适的解决方法。看似课堂活跃，但课堂语言缺乏准确性、逻辑性和导向性，这样的课堂不能真正引领学生树立正确观念。因此，教师要多下功夫锤炼语言，不让自己的教学语言随意化。

二、课堂语言忌枯燥化

教师通过语言把知识和想法表达出来，但教师的课堂教学语言不仅需要规范和准确，还要将一定的课堂语言技巧和方式传达给学生，让学生因为教师的语言美而喜欢学习。然而，很多课堂看似师生互动多，但学生始终不爱听课，课堂缺乏活力，学生昏昏欲睡、眼神飘离，甚至还时不时窃窃私语，学生并未真正投入教师课堂之中。

一次，笔者参加省内一次送教活动，旁听了两个老师同课异构的授课。两个教师的设计都比较新颖，素材取于社会热点，贴近学生生活实际，学生都能有话可说。然而，A老师的课堂让人听得十分轻松愉悦，教师与学生的对话交流有笑声、有掌声，整个课堂气氛比较活跃、自然，明显师生关系非常和谐。B老师的课堂却比较沉闷，一问一答，教师面无表情、语言毫无"温度"，比较单调、平淡，学生为配合而配合，但看得出不太喜欢。其实，从专业评判来看，B老师的课堂设计、点拨内容是非常不错的，还胜过A老师。然而，为何会出现这样的局面呢？

究其原因，其实就是B老师只顾语言规范化表达，没有考虑到学生年龄阶段的特点，课堂语言缺乏感染力、吸引力和穿透力，导致学生不爱听、不乐听。尽管点拨的语言十分精准，但不能传递给学生，学生感受不到乐趣更不能主动融入教师教学，课堂也就十分枯燥。其实，青年教师具有一定的先天优势，一方面自己与学生年龄差距不大，另一方面接受新鲜事物的能力很强。因此，对青年教师来说，课堂语言可以在合适的情况下"儿童化""时代化"，这样能拉近与学生的心理距离，引起学生情感共鸣，学生能更感兴趣也更易接受，也能主动积极融入课堂之中，课堂自然也就活跃生动。

三、课堂语言忌口语化

优质的课堂是师生美的享受，而教师优美的语言是其中的关键。教师语言美包括发音准确标准、声调抑扬顿挫、语言言简意赅。上面我们已经提到关于语言枯燥化，声音缺乏抑扬顿挫导致的不良后果。除此之外，在一线教学中我们发现，教师在课堂上基本使用普通话，但有部分教师为了课堂氛围常常使用方言教学，甚至大部分时间使用方言教学，弱化了普通话教学，导致后面在使用普通教学时发音不标准；还有的教师有习惯性"口头禅"，导致有些学生模仿或导致有些学生从内心反感。

近年来，笔者听取了校内外上百节课，在分析课堂教学中的问题时发现，不少教师存在语言表达问题。经过分析，我们发现，存在以下几个典型的情况。

强硬型语言："你们给我听好""按我说的做""不要解释，我相信我看到的"……

轻易型语言："下节课开始不要上我的课了""你不学就算了""你睡觉都可以，只要不要影响别人"……

无意义语言："对不对？""懂了吗？""是不是？""好不好？"……

唠叨型语言："上课要有上课的样子""你要对得起自己""你要多想想自己的父母"……

以上这些课堂中教学中使用的习惯性"口头禅"比较多见，习惯性用

语一旦成为教师的"口头禅",可能会随口而出。久而久之,当学生听出有些话是教师的"口头禅"后,学生可能会模仿教师"口头禅"。

其实,不少教师或多或少存在一些"口头禅",起初学生或许会认为教师还很幽默,然而课堂语言若极其单调,时间一长,学生就会产生"语言疲劳",时日一久内心会厌倦教师的语言;有的"口头禅"其实并不是教师本意,但随口而出却让学生感到教师有放弃自己之意,语言上存在伤害,导致学生"破罐子破摔",影响师生关系;还有的"口头禅"看似关心和关爱学生,然而对学生却是一种语言负担,会增加学生心理负罪感,并未解决学生的实际问题。诸如以上这些情况,教师的课堂语言不但起不到正面教育效果,反而可能激发师生矛盾,弱化育人效果。

青年教师在平时要高度重视教学语言技能的训练,提高语言修养,形成常态化的反思与调整。这样,只有教师使用正确、科学及艺术性的语言,才有利于实现师生之间对话交流,有利于实现学生积极融入课堂,有利于实现教学目标达成。相信经过锤炼教师的课堂语言,学生会产生愉悦的求学情绪和兴趣,也能感受到教师教学的语言美、课堂美。

精心设计板书　启迪学生思维

【导语】精心设计的板书，不仅能有效呈现课堂教学的内容和思路，为教师有效教学提供助力，还能加深学生对知识体系的认知，激发学生非智力因素，启迪学生思维。合理的板书设计不仅能彰显教师个人魅力，还能提升学生整体认知能力，起到潜移默化的作用。

在实际课堂教学中，板书是授课教师为了帮助学生理解、掌握授课内容而精心设计的图表、符号、文字等信息的总体呈现，是在为学生的学习搭建认知的"脚手架"。此外，板书还能体现课堂教学内容的整体规划，相当于教师教学的"导游图"，为教师的教学指明方向。然而，在一线教学中不难发现，不少教师在板书方面存在诸多问题，需要改变传统板书思想与固定板书呈现方式。

一、教师常见板书问题

对于课堂教学而言，板书是对教师课堂内容最直观的呈现，也是教师对课堂知识的凝练和总结。随着现代信息技术逐步应用到教育教学中，多媒体教学越来越受到教师们的青睐，一些教师逐渐利用课件和投影替代板书。这在某种程度上减轻了教师的教学负担，但也衍生出一些新的问题，需要青年教师加以重视及改进。

（一）教师课堂教学无板书

由于PPT课件、投影仪、平板教学等现代教育技术的普及，教师可以通过十分便捷的方式在多媒体上呈现课堂教学的内容。因此，部分教师选择了将课堂教学的重点内容仅使用多媒体呈现，或者利用PPT最后一页的课堂小结替代原本通过板书一步一步呈现的教学重点，甚至还会出现课堂教学无板书的情况。

（二）教师板书布局随意化

青年教师平时习惯于用多媒体教学，大都在课件制作上下足了功夫，力求实现课件声、色、形等方面的形式美，但有时却忽视了板书的布局设计。如果教师备课时缺少对课堂教学板书的预设，课堂教学时就会出现板书内容增减、随意书写板书、板书布局毫无章法等现象。这种对板书布局设计的忽视，使得教学板书不仅没有起到对教学提纲挈领的作用，反而会适得其反，给学生形成一个不好的示范。

（三）教师板书书写无美感

随着电脑和手机的普及，人们传统板书书写的意识逐渐消退，书写能力也正逐步弱化。加之部分青年教师因为缺乏对教学板书重要性的认识，平日里缺少对板书书写的锤炼，写出的板书字迹潦草且字体大小不一。不仅如此，整个板书通篇使用同一颜色的粉笔书写，缺少对重点内容的特殊标记，这也是板书书写无美感的一个重要影响因素。

（四）教师板书设计单一化

板书的类型众多，不同的板书形式适用于不同的教学情况，教师应根据学科特点结合教学目的、教学内容及班级学生学情设计板书，以此提高板书的整体效应。但部分教师在日常的板书设计时，类型单一，主要以某一种板书类型为主，没有呈现出多种类型的板书，长此以往，容易使学生产生视觉上的审美疲劳，进而影响板书呈现效果。

（五）教师板书使用形式化

课堂教学中的板书是以教学核心话题为中心，在师生对话交流和追问反思中产生的，显示的是师生思维演进的过程，目的是帮助学生理清课堂教学内容的逻辑关系。然而，在实际操作中，部分教师板书设计严重流于形式，教学活动还未进行到相应环节，教师就已经预先写好了板书，使得板书失去了相应的价值。

不少教师认为，多媒体教学呈现的内容图文并茂、形象生动、信息量大，有着传统教学难以比拟的直观效果，因此不必过于重视课堂板书。其实，当教师回忆自己的课堂教学时就会发现，多媒体呈现的知识虽然丰富生动，但它所呈现的图像、知识点往往是一闪而过，并没有在学生脑中留下深刻的印象。另外，由于有的教师PPT制作过于花哨，反而分散了学生的专注力，在某种程度上阻碍了学生思维的连续性。

二、教师板书注意事项

教育不仅是事业，更是科学和艺术。一节优质的课堂不仅要有教师教学的科学性，还应包括教学的艺术性。因此，教师在设计板书时，需要做好前期准备，让教学更加严谨。

（一）重视课堂的板书设计

教师简洁的板书、清晰的知识框架和漂亮的粉笔字不仅能把课堂教学的重难点知识及课堂思路清晰明了地呈现在黑板上，还能起到画龙点睛、提纲挈领的关键作用。板书可以利用更加形象直观的图形、框架、符号等形式来展现教材内容，突破教学重难点，有助于学生理解和领会教学内容，从而提高教学效率。此外，板书设计能力还是教师教育教学工作中的一项重要技能。精湛的板书技能在一定程度上彰显了教师的个人魅力。

（二）准备板书的设计样稿

教师应在统筹学科知识、教学设计、自身授课特点及班级学生学情的基础上，提前预设一个切实可行的板书样稿。建议教师在授课前将板书样稿写在教案本上，这样即便教师在课堂上临时忘记了板书的某些内容，也可以通过查看板书样稿来补救。另外，教师在正式上课前，还应对课堂上即将使用的板书内容进行想象勾画，做到心中有数，以便更好地将讲解与板书相配合。这样，既能有效减少课堂上随意板书的现象，还能更好地避免书写板书时出现遗漏，有助于教师将完整的知识体系呈现给学生。

（三）强化板书的书写练习

一手好字不仅有利于提升教师课堂板书的书写效率，而且漂亮的教学板书还会在一定程度上让学生对教师产生钦佩之情，有助于促进良好师生关系的建立。强化板书的书写练习可以从以下两个方面着手：一方面教师要加强对粉笔字的练习，要有意识地规范书写课堂板书，避免字迹过于潦草；另一方面教师可以强化板书设计小样在纸张上的练习，通过反复打磨板书小样的排版布局，找到适合课堂教学的最佳板书布局。合理的板书布局可以有效减少因板书字迹书写不佳带来的不良影响。

三、教师常用板书类型

教师要对板书的常用类型了然于胸，才能选择和设计出契合课程内容与学生需要的板书。

从板书的作用来看，板书一般分为主板书和副板书。主板书体现教学内容的重点、难点和关键点，反映教学内容的结构及其内在关系。副板书反映教学内容的某些次要观点，根据课堂教学需要和主板书的需要完成，起到补充、辅助或提示的作用。

从板书表现形式的角度来看，以初中《道德与法治》一书为例，常用的板书类型有以下四种，不同学科可以根据实际情况调整。

一是提纲式板书。由课时标题、不同层级的番号和教学核心内容组成。纲领式板书是教师最常用的板书类型，板书中的番号和教学核心内容依据教材内容要义呈现，能够很好地体现教学信息的基本逻辑结构和体系，教师和学生只需要在研读教材或教学内容的基础上就能很好地把握。例如，在讲授统编版《道德与法治　九年级　上册》"共享发展成果"这一内容时可以采用如图1所示的板书。

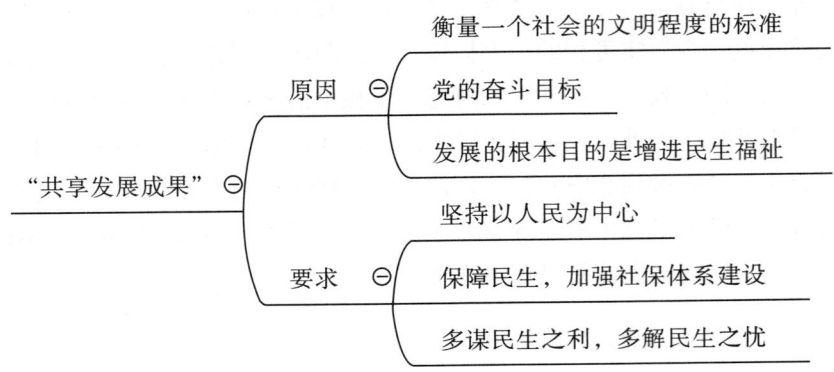

图1　"共享发展成果"的板书设计

二是框架式板书。将表示逻辑关系的线条加上体现教学内容要点的词语（短句）用框架式的结构组合在一起。框架式的板书能够清晰、明了地表现出词语（短句）之间的逻辑关系及其在教学内容体系中的地位和作用。例如，在讲授统编版《道德与法治　八年级　下册》"人民代表大会制度"这一内容时，可以采用如图2所示的板书。

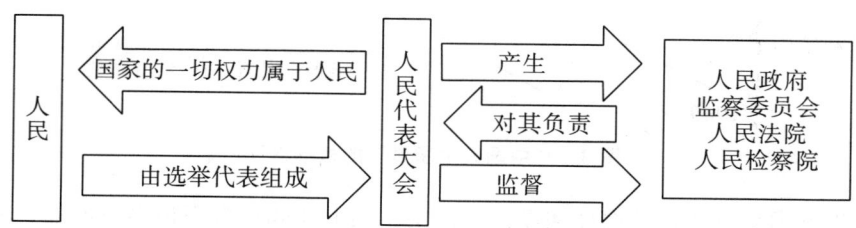

图2　"人民代表大会制度"的板书设计

三是表格式板书。由反映教学内容核心的词语或短语加上表格组成，既能反映教学内容之间的逻辑联系，又能对繁杂的教学信息进行分类、比较。例如，在讲授统编版《道德与法治　八年级　上册》"法不可违"这一内容时，可以采用如表1所示的板书。

表1　"法不可违"的板书设计

违法行为	违反的法律	后果	情节严重程度、对社会危害大小
民事违法行为	民事法律规范	民事责任	情节比较轻微 对社会危害性较小 一般违法行为
行政违法行为	行政法律规范	行政处分或行政处罚	
刑事违行行为	刑事法律规范	刑罚处罚	情节比较严重 对社会的危害性特别大 严重违法行为（犯罪行为）

四是线索式板书。根据教材知识的线索，概括知识要点，确定行进路线，排列知识要点，适用于一些连贯性、系统性和逻辑性较强的教学内容。例如，在讲授统编版《道德与法治　九年级　上册》"中国人中国梦"这一内容时，可以采用如图3所示的板书。

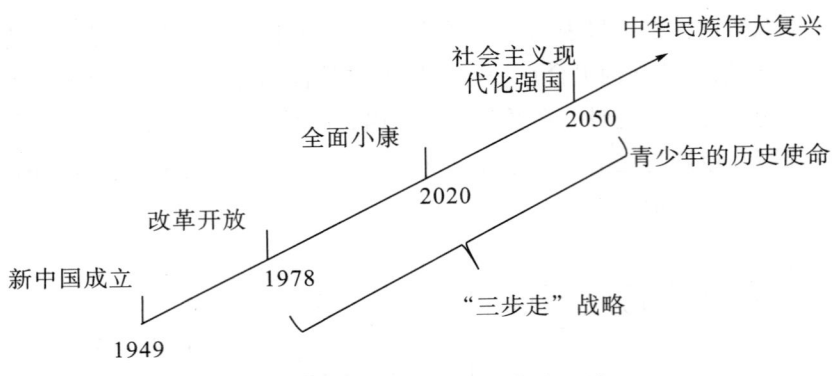

图 3　"中国人中国梦"的板书设计

板书类型有法，但选择和设计无定法，除上述四种常用板书类型外，教师还可根据教学内容的特殊性和学生需求采用一些特殊的板书样式，例如总分式板书、阶梯式板书、写意式板书、人物形象式板书等。

四、板书设计原则

板书类型的选择和板书的设计因教师而异，投学生所好，但仍然要遵循基本的原则。从板书的构成要素来看，要求教师做到以下四个方面。

一是在板书内容设计上，要概括精准、目标明确。一方面，教学板书要体现概括性，能够将复杂的知识内容简单化，将重难点内容明确化，不仅有利于教师教学，还有利于教师引导学生更好地学习。教师切忌复刻教材内容为板书内容，把教材的内容全部照搬到黑板上，将自己所讲的话全部写到黑板上。另一方面，教学板书要体现针对性，针对的点应是教学重难点内容，更应是要达成的教学目标，切不可随意书写。

二是在板书形式设计上，要结构明晰、直观明了。一方面，结构明晰的板书形式要求把教材的脉络结构、重点难点清晰地展现在学生面前，使学生通过教师板书就能了解本节课的教学过程和教学内容的逻辑结构；另一方面，板书的形式还要有助于学生直观感受板书传递的教学信息，化抽象的知识为形象的逻辑构架。

三是在板书的顺序设计上，要逻辑清晰、启发思维。从逻辑清晰层面来看，板书的运行顺序应和教学内容的逻辑顺序一致，否则板书就不能和教学内容和教学过程有机配合，甚至还有可能会阻碍教学进程。另外，板书的进程还应顺应学生的思维进阶，与学生思维活动保持一致，避免出现超脱学生思维的跳跃或断层等。

四是在板书的整体设计上，要体现美观整洁、弹性灵活。一方面，板书的整体设计要满足师生的审美需求，即使教师不能达到书法家的艺术造诣，但也应体现板书的造型美、逻辑美和语言美等。另一方面，板书的整体设计还应考虑教学过程的实际需求，既要科学预设，又要为未来的教学过程留有一定的弹性版块，以满足教学过程中的不时之需，做到灵活自如。

课堂教学的有效开展既离不开教师具体生动、富有感染力的语言，也离不开能有效呈现教学内容的板书。虽然信息技术的发展为教师的教学提供了诸多便利，减轻了教师备课的负担，但无论信息技术发展到何种程度，教学板书在课堂教学中都发挥着重要作用。因此，教师无论何时都不应淡化对自身教学板书的修炼，需要不断加强板书基本功的训练，让板书成为教师课堂教学的点睛之笔和教学魅力的法宝。

巧用思维导图 提升教学成效

【导语】随着教育信息化的不断推进，教与学的方式正在发生巨大改变。为了满足学习者的学习需求，提高教学成效，新型的教学策略、教学方法、教学模式顺应出现。思维导图作为信息化时代新型的教与学辅助工具，在提高教师的教学与学生的学习成效方面已经彰显出了重要的价值，引起了国内外教育者们的广泛关注和研究。青年教师应充分认识思维导图在教与学中的重要价值，寻求思维导图与教学的契合点，创新教学理念；应科学引导学生建构思维导图，发挥思维导图的教学功能；应积极优化思维导图构建过程，掌握技巧，提升教学成效。

20世纪60年代末，英国学者东尼·博赞在脑科学理论、建构主义理论、认知结构学习理论、知识可视化理论等的指导下，结合自身学习和生活实际，提出了思维导图这一图文并茂的学习思维方式，并迅速被运用于商业营销、教育教学、科学研究等多个领域。在教育教学领域，思维导图经长期实践证实，能够有效地将知识体系化、逻辑化，吸引学生的注意，拓展学生的思维，因而得到广大师生的认可和接受，并被广泛地运用在教学设计、课堂小结、课件制作、知识复习等各个方面。

一、认识思维导图,创新教学理念

(一)思维导图的结构与分类

思维导图又称心智图、心像图。思维导图模拟人脑神经网络放射结构,以视觉形象化图示展现认知结构、外化大脑思维图谱。因其与人类大脑神经网络"神似"而被称为"人的大脑使用说明书"。思维导图一般由主题、节点、关键词句、连接线、图像和色彩等构成,从多维度来表达、修饰、反映相关知识之间的结构网络。思维导图以一个主题为中心,由主题分支出节点,再由节点分支出子节点,并可以根据知识内容不断地发散增加子节点,节点和子节点一般用关键词或关键图来表示。思维导图在必要时还可以添加不同色彩、符码和特定内容的图像来进行区分、强调或美化。发散性思维、非线性的自然流动、颜色、图像以及文字有机组合,便形成了围绕某一特定主题知识的可视化知识网络体系,如图 1 所示。

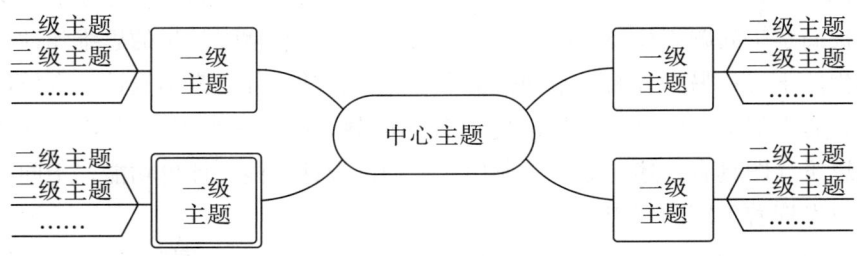

图 1 知识网络体系

随着教学实践的不断推进和深化,思维导图的形式和类型日渐丰富。从学生主体角度来看,根据思维导图形成时间先后的不同,有课前自主预习思维导图、课堂笔记思维导图和课后复习总结思维导图之分。根据思维导图规模的大小,有微观图、宏观图、整合图和进展图之分。微观图针对较小范围的主题,内容少,分支和节点少,相应的构建时间精力的花费也较少,适用于初学者;宏观图可能针对整门课程或这个章节,包含内容多,由许多个微观图集合而成,适用于复习时构图;整合图指学生将语义、知识图、网络图等图示进行整合或整理,形成一个有机的思维过程图;进展图是学生不同时间绘制的思维导图的有机集合,展现并跟踪学生对知识理解的改变及思维的变化过程。根据问题展开的不同思维路径和表达方式,思维导图有圆圈图、树状图、气泡图、双重气泡图、流程图、多重流程图、括号图和桥型图之分。在实际教学中，学生常用到思维导图的类型一般是在前述八种类型基础上发展而来的分支结构、循环结构、网状结构、鱼骨结构等形式的思维导图，如图2所示。

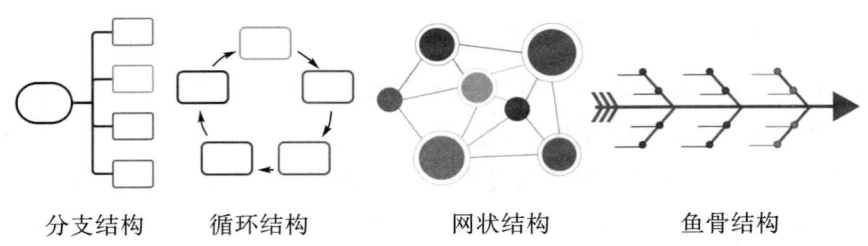

图2 分支结构、循环结构、网状结构、鱼骨结构形式思维导图

（二）思维导图的教学功能

思维导图是人脑思维、认识进程的外化，其建构过程同时也是人脑发散思维与创造思维产生、发展的过程。思维导图在教学领域的使用一方面能够发挥其知识描述、内涵表征、创造设计、科学评价等功能，帮助学生构建知识体系，提高学生问题表征能力，增加学生的记忆容量和增强学生的思维弹性，促进学生的学习；另一方面，帮助教师合理规划教学、优化教学设计、有效调控教学、有力促进教学反思，从而优化教师的教，提升教师教学实效。具体来说，思维导图具有描述功能、表征功能、创造设计功能和评价功能，不同的功能各自发挥着不同的作用。

思维导图的描述功能。人们常说"百闻不如一见""一图胜过千言"，思维导图的描述性功能印证了这一说法。思维导图的建立能帮助师生系统性地描述与分析面对的问题和事物，将复杂的事物联系简单化，将抽象的问题或思维过程形象化，帮助师生通过层次化和结构化的知识网络体系把握到重点和难点问题。同时，不同的人思维和表达方式千差万别，思维导图为其提供了广阔的表征空间。构思者可以根据各自的思维方式、理解程度和实践经验，采用自己偏好的文字、符码、图形、色彩、线条等描述自己的想法，充分展现自我的个性和创造性。

思维导图的表征功能。思维导图是表征和引导思维发展的组织结构图，以精炼浓缩的节点表述复杂深刻的概念，以线条、色彩等表明知识的内在体系。思维导图结构化与可视化的表征形式，还能够直接作用于人的感官，便于人们了解自己对知识的掌握程度。

思维导图的创造设计功能。思维导图可以帮助构建者进行判断、调节和设计。思维导图构建过程中，师生一般要经历反复的构思、修改和涂画，这一过程正是师生进行判断、调节和创造的过程，可以帮助师生发挥想象、自主规划设计和主动创新创造。

思维导图的评价功能。在思维导图的构思和制作过程中，师生将围绕主题假设进行评价，将结果用图形的方式呈现，然后再对图中显在和潜在的内容和关系进行思考和评价，做出修正，反复推敲与琢磨，最终呈现完整合理的思维导图，而这一过程是师生利用思维导图开展问题评析和自我反思的评价过程。

二、建构思维导图，发挥教学功能

（一）思维导图的构建过程

思维导图的建构过程就是人认识进程的外化，也是人脑发散思维与创造性思维产生、发展的过程，这一过程也有一般的步骤可以遵循。

（1）绘制前期准备。思维导图最开始使用手工绘制，随着信息技术的发展，人们越来越多地开始使用软件绘制。软件绘制效率高且易存储，但手工绘制更具个性化，让师生印象深刻。手工绘制需要提前准备颜色不同的笔、纸张或笔记本。软件绘制要求绘制者能够熟练操作绘制软件，信息技术的发展为师生思维导图绘制提供了多样化的工具，当前常用的绘制工具有 Mind Manager、Mind Master、Mind Map 等。

（2）明确绘制内容。首先，在正式绘制思维导图之前要熟悉绘制内容的知识要点、重点难点、知识逻辑、知识外延等，做好内容积淀。其次，要明确绘制什么类型的思维导图，课前自主预习思维导图要展示自主学习的思维路径和知识成效，重点明晰知识空白；课堂笔记思维导图要形成自己的学习思路，理清本节课的知识脉络；课后复习总结思维导图要构建知识体系，明确知识重难点。最后，根据思维导图的内容类型选择适当的表达类型，对要绘制的主题、知识、关系有初步的设想和计划。

（3）确定绘制主题。主题是思维导图的核心，是某节课、某单元甚至是某课程的主题思想浓缩，一般是该节课或该单元的大标题名称。主题一般绘制在纸张中心位置，可以用图形的形式表现出来。

（4）延伸大小分支。由中央主题向四周放射不同的分支，大的分支到小的分支依次延伸，用线条连接主题与各分支，以彰显它们之间的逻辑关系。分支

的延伸由大到小可以用近粗远细的线条加以区别，但要保持线条分布的对称性和一致性，使布局美观。分支的延伸还可以使用不同的颜色加以标识，以明确表征关系。

（5）添加关键词或图像。框架表征逻辑关系，关键词或图形则表征内容。在确定的每一分支上清楚地标记好关键词，再根据需要添加图形、标码、符号等来突出重点。绘制思维导图时关键词句的添加尤为关键，要求师生必须仔细斟酌知识内容，精心选取适宜的词句和图式。所选的关键词要求概括精准、不能出现思维混乱、用词不准、语意不明等。

（6）调整和优化图式。人们对事物的认识是一个反复的过程，也是一个不断探索的过程。思维导图的绘制同人的认识进程一样，也是一个不断修正的过程，在初步完成绘制后，还需要根据对主题认识的深化不断调整和优化。

（7）思维导图制作要点。绘制思维导图包括图像、纸张、关键词和分支，并尽可能进行彩色绘制，这样更具美感。

（二）思维导图在教学中的运用示例

为更加清楚地展示思维导图在中小学教学中的实际运用，特选取统编版初中《道德与法治　七年级　下册》第二单元第四课《揭开情绪的面纱》一课为例，具体展现思维导图形成路径。

（1）设计构想。《揭开情绪的面纱》聚焦情绪，每个人都会有情绪，尤其是处于青春期的学生，其情绪特征更加明显。因此，本课思维导图的绘制可以引导学生以贴近生活、丰富多彩的形式开展。同时，师生可以先采用软件绘制，再进行手工绘制。

（2）内容解析。《揭开情绪的面纱》聚焦青春期的情绪，第一框《青春的情绪》重在帮助学生认识情绪，通过分享不同情境中的情绪感受，帮助学生了解情绪的含义及分类、影响因素、作用、青春期情绪的特点等；第二框《情绪的管理》重在引导学生学会管理情绪，正确看待负面情绪的作用，恰当表达自己的情绪，并掌握合理调节情绪的方法。

（3）实施步骤。根据内容的分析，确定主题为"青春的情绪"，由主题延伸出两个大的分支，分别为"认识情绪"和"管理情绪"。"认识情绪"分支中要求掌握情绪的分类、影响因素、作用及青春期情绪的特点，"管理情绪"分支中要求掌握情绪表达的影响方法及调节情绪的策略，由此逐步确定下一级分支。

（4）思维导图示例，如图3所示。

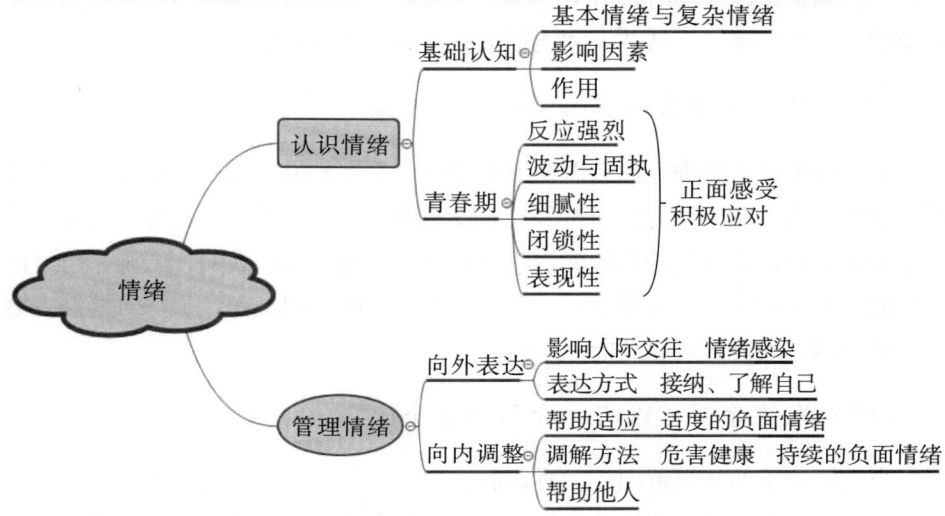

图3　绘制《揭开情绪的面纱》思维导图

三、优化思维导图，提升教学成效

思维导图在教育教学的运用中所起作用明显，但仍有不少一线中小学教师运用了思维导图进行教学却没有收获预期成效，从而困惑不已乃至弃用。作为青年教师，不仅要会用思维导图，还要学会妙用思维导图，以便真正在教学过程中发挥其功效。

（一）思维导图需要根据内容因人而异

在实际运用中，不少教师盲目使用思维导图，不论什么教学内容，一律要求学生制作思维导图而不顾学生的实际情况。另外，在绘制过程中，还有些教师不管内容和学生特质，统一要求采用固定模板。这样机械刻板的绘制，耗费了学生大量的时间和精力，但往往收效甚微，甚至造成学生思维僵化。因此，思维导图的绘制要根据内容因人而异，以便发挥其创造性、发散性功效。

（二）思维导图需要多次修改

教师在书中或网上经常能看到一些非常漂亮和制作精美的思维导图，师生实际操作中却很难企及。殊不知，精美的思维导图一定是反复构思、多次修

改、不断润色的成果。因此，要制作一张好的思维导图，必须引导学生经常思考和不断调整修改。同时，万丈高楼平地起，一张好的思维导图还需要步步用心经营，绘制好每一个枝节，才能形成整体的缜密与和谐。

（三）思维导图需要图画符号加深记忆

不少师生认为思维导图只需要展现知识，文字是最方便快捷的方式，加之不是绘画美术专业，认为图画符号完全没必要。然而，图形、符号不仅仅是为了使图式美观，更重要的是加深构建者的记忆。科学研究表明，图画、符号的绘制能够锻炼右脑记忆和思维，连同文字使左右脑一同工作，加深对绘制内容的记忆的同时还能开发脑功能。

（四）思维导图可以有机分解与组合

当主题涉及的知识范围较大时，制作的思维导图的篇幅就会非常大，学生使用起来会很不方便。鉴于此，教师可以引导学生把主要分支分解成单独的思维导图，方便学生使用。同时，这个过程也是锻炼学生理清逻辑结构的有效途径。比如，整个课程的思维导图可以按重要性或章节分解成单独的思维导图。

思维导图在教学中的有效应用能够成为信息时代教师优化教学的新利器，青年教师要看到思维导图在教学实践中较好的应用前景，掌握运用技术与技巧，促使自身在教学设计、教学实施、学法指导上有新的突破，帮助学生在知识掌握、思维拓展、能力提升方面不断成长。

借助信息技术　助力教师备课

【导语】随着信息技术的飞速发展和普及，信息化浪潮已经推进到社会发展的各个领域，教育行业也不例外。教师借助信息技术可以将过去静态的、二维的教材转变为由声音、文字、动画、图像构成的动态的和三维的教材。信息技术既给教育带来了前所未有的机遇，同时也给教师带来了全新的挑战，对教师的专业能力提出了更高的要求。青年教师虽然对信息技术的接受程度较高，但借助信息技术主动开发课程资源的意识不足，信息技术在教学中的利用率仍然较低。

传统的课程资源大多只是单纯的课本知识，而借助信息技术后，教师可以极大地拓展课程资源，还可以对原有教材进行再加工。例如，借助微课视频、课堂录像、课件等，教师可以让教材内容变得更加生动形象，从而激发学生的学习兴趣，提升自我学习能力。同时，网络教学的运用还可以将教学内容由书本扩展到社会的方方面面。这样既丰富和扩展了书本的知识，又能让学生在规定的教学时间内学得更多、更快、更好。然而，技术的升级换代未必一定带来教育质量的提升，部分教师对信息技术在教学中的认识盲目偏激，可能会掉进"技术万能论"的陷阱，使得信息技术不但没能成为助力教师教学成长的基石，反倒成了限制教师教学发展的绊脚石。

一、当前信息技术使用中存在的主要问题

目前,信息技术的教学运用已经推广多年,全国各地的信息化教学水平已经有了大幅度的提升,取得了一定的教学成效。然而,信息技术在教学各环节的实际运用当中仍然存在诸多问题,从而影响信息化教学的实效。梳理这些问题,能够为信息化教学的进一步发展指明方向。

(一) 对信息技术缺乏认知

随着教育信息化进入"互联网+"和"信息化2.0时代",教育形态开始呈现出许多新的变化。教育信息化的发展日新月异,多媒体演示、电子白板、翻转课堂、云技术、云课堂、平板教学相继出现,给原本单调的课堂注入了许多新的内容,使课堂更加丰富多彩。但在部分教师看来,一名教师是否熟练掌握信息技术的标准就是能否在一堂课中使用微课、视频、音频、电子白板的交互功能等信息技术。他们简单地将信息化教学等同于多媒体教学,将信息技术的使用频率作为判断课堂是否高效的标准。其中,更有甚者将传统教学与信息化教学对立起来,认为在传统教学与信息化教学中必取其一。

(二) 对信息资源缺乏开发

随着网络资源的日益丰富,部分青年教师感到备课似乎越来越轻松。这些教师认为,只要上网搜一搜,各种教学相关的资料就会呈现在眼前,再经过其简单再加工,备课任务就算顺利完成。于是,形式代替了思考,原本需要思考的脑力活,也变成了只需动手的体力活。然而,如果教师的备课只是照搬他人课件,课堂资源的搜集也变成了简单的复制粘贴,这样的备课质量可想而知,其教学效果必然大打折扣。另外,互联网中的教学资源质量参差不齐,教师如果长期依赖网上这种东拼西凑来的课件,不仅会弱化自己对于教学内容的理解,还会弱化自己的独立思考能力。

(三) 对信息技术缺乏指导

近年来,全国各地每年都会举行不同层次的教师信息技术培训,这有助于解决教师在信息化教学方面的燃眉之急,但光靠一两次培训所汲取的营养仍远不能满足日常教育教学的需要。青年教师通过大学的专业学习及自身的摸索已具备初步的信息技术教学能力,但是绝大多数仍停留在基础层面,信息化教学应用水平并不高。同时，部分教师对于信息技术的使用仅仅停留在 Office 办公、百度搜索等基础应用的使用层面，信息技术与学科教学融合度较低，借助信息技术开发课程资源的能力仍不足。

二、探索借助信息技术开发课程资源方法

工具的有效使用可以延展实践主体的能力，信息技术作为教师教育教学的有效工具，其效用与价值已在长期的教学实践中得到了证实。在信息化高度发展的今天，教师群体普遍具备了信息化教学的意识，但真正具备与信息化匹配的能力与素养才是教师群体面临的严峻的挑战。结合一线教学的实际情况，为更好借助信息技术实现教师自我成长，需要教师从思想到行动践行信息化教学理念，从理论到实践，从运用到反思，实现信息化教学的自我更新。

（一）正确看待信息技术的作用

一切教学形式的采用都应以学生的学习为出发点和落脚点，运用信息技术进行课堂教学并不意味着要摒弃传统的教学手段。特别是在当前的教育制度背景下，教师更不能将传统教学与信息化教学对立起来，因为对于所有的课堂教学而言，教师的课堂讲解都是一堂课中至关重要的一环。我们知道，信息化教学丰富了课堂的教学内容，有利于激发学生的学习兴趣，但无论信息技术发展到何种地步，教师都需要在课堂中发挥主导作用。在实际教学中，教师应将现代信息化教学与传统教学中有益的方式结合起来，以便更好地提高教学质量。一是面对浩如烟海的教学资源，教师从备课环节开始就需要开始准确构思教学设计，并根据学情及教学内容，围绕教学目标选择适合学情的教学资源。二是在课堂教学环节的选用上应讲求实效，不搞花架子，那种本来一点就透、一讲就明的内容就应该减少多媒体的使用频率，避免画蛇添足。三是在课件的制作上要科学选择，突出重点性和思想性，减少不必要的动画及 PPT 特效制作。这样，有助于教师把精力集中花在每堂课的重难点突破上，也有利于避免由于花哨的 PPT 界面分散学生的课堂专注力。

（二）熟练运用教学软件及平台

1. 熟练地运用工具性软件

一是信息检索软件，如 Google、百度、数据库等。二是 Office 软件，如

Word、PowerPoint、Excel、WPS等。三是图像处理软件，如Adobe Photoshop、美图秀秀、天天P图等。四是思维导图软件，如百度脑图、XMind、Mind Master等。五是视频下载软件，如迅雷等。六是视频转换软件，如格式工厂、狸窝全能视频转换器等。七是视频剪辑软件，如QQ影音、爱剪辑、剪映等。

2. 掌握科任教师专属软件

一类是综合学科应用软件，如小猿答疑、作业帮、题拍拍等；一类是学科教学辅助软件，如语文学科的有声语文、数学学科的几何画板、英语学科的英语流利说、化学学科的化学金排、物理学科的物理画板等。

3. 善用各种教师备课平台

一类是综合性网站，如学科网、第二教育网、组卷网等；一类是教学视频网站，如国家教育资源公共服务平台、网易公开课、智慧树等。这些软件及平台的使用方法都有官方教程，教师只要稍加练习就能很快掌握其使用要领。

4. 借助新媒体搜集课程资源

政治教学中涉及的当下时政热点素材，我们可以通过哔哩哔哩、新浪微博、微信公众号、抖音等平台来获取。搜索"央视新闻、共青团中央、人民网、新华社"等字词并关注，获得热点推送。

（三）善于自学以实现自我更新

当前，教师所处的教育环境会在一定程度上决定教师信息化课程资源的开发水平，但在互联网技术迅速发展的今天，真正决定教师教学信息化应用水平的是教师是否愿意花时间、费心思去学习相关的信息技术。在智能手机普及的今天，每位教师可以通过很简单的方式迅速地获取到大量的信息。

例如：A老师是初中"道德与法治"课程教师，希望能够与他人交流教学经验，可以这样操作。在QQ群中搜索关键词"道德与法治"，可以迅速查找到与此相关的QQ群。加入相关群聊，结识更多的同行者，可以更便捷高效地了解和探讨教学共性问题，以完善教学。QQ群可以建立群文件夹和上传群文件，这个功能非常适合学习，方便群成员保存和查阅群学习资料。与此同时，随着新媒体的快速发展，微信公众号已成为人们当下获取新知的一种重要渠道。尤其近几年，教育相关媒体、教育部门、学校、个人都纷纷使用微信公众号来推广和分享日常动态，教师可通过关注此类公众号第一时间了解到教育教学教研发展动态，还可以及时更新自己的教育教学理念，学习到最新的信息化教学技术，实现教师知识、能力与素养体系的自我更新。

信息技术与教育的融合已是不可逆的趋势，它将助推教育向更加优化的方向发展。在知识大爆炸的时代，信息技术也在以指数级的方式发生着日新月异的变化。教师如果只是被动地使用信息技术，就不可能真正实现信息技术与课堂教学的深度融合。因此，青年教师要不断学习日益更新的信息技术，树立终身学习的理念，真正让信息技术成为教学的"助力器"。

站学历案视角　促学生真学习

【导语】教师是课堂的设计者和组织者，需要重视教与学的双边关系，创造有意义的学习过程，让课堂有趣有料，从而激发学生主动学习的意识和行为。学科核心素养下的高效课堂应是在大学科观的视域下关注学生深度学习的有效课堂教学。学历案则是让学生去经历这一"有意义的学习过程"的有效方式，从而践行"教—学—评"一致性核心理念，促进课程实施，发展学生学习力，转化教师课堂行为，进而有效实现深度学习。

学历案目标指向学生的学习，是一场由关注教师的"教"转向关注学生的"学"的教育变革。学历案是有效指导学生全身心投入学习的重要方案，是促进学生深度学习的重要载体。

一、认识学历案与深度学习

深度学习及学历案的研究都是为了解决教育教学中的实际问题，促使教师关注学生学习，促成学生经历学习这一重要过程。指向深度学习的学历案是我们每位教师都应积极主动探索的教学变革，践行以学习者为中心的教育理念，解决学生在学习中遇到的问题，有效培养学生学科核心素养。

（一）认识学历案

华东师范大学崔允漷教授在《学历案与深度学习》推荐序中提出："就学校教育而言，学习就是学生经验的变化，这种变化的实现有赖于经历一种有指导的学习过程。"① 学历案不同于一般的导学案，它是教师站在学生学的角度进行设计，以学生活动、体验、经历为主线的学生学习方案。学历案重在落实学生的学习历程，强调教师应从学生"应该学会什么"和"如何学会"两个角度出发进行学习方案的设计。学历案是在教育变革的时代背景下进行的深入研究，是在以往的教案、学案、导学案的基础上进行的反思与提升。

（二）认识深度学习

深度学习是以学生为主体、教师为辅助的深层次学生学习活动。结合所学，我们可以将深度学习理解为三个方面。其一，深度学习不是简单的学生自主学习，而是需要教师在课前精心设计和在学习过程中进行有效引导；其二，深度学习不是传统意义上的教学，不是简单听、说、读、写式的灌输式教学；其三，深度学习强调学生的学习，以学生的体验、探究等方式去促成其思维、情感、意志的发展。由此可见，深度学习与课程改革所倡导的自主、合作、探究及启发式学习方式一脉相承，是深化课程改革纲要的有效路径。

在教学实践中，教师可以主动了解、认识和探索深度学习。比如，教师可以选择适合学生进行深入思考和深度学习的教学材料。教师应根据学科特点选择适合学生学习研究的教学材料，该材料可以是包含教学内容的一个游戏、一个故事、一个案例或一个实验等；教师可以提前设计一个指向学习目标的教学预案。教师应根据教学目标设计合理的教学预案，该预案应涉及所有教学内容，且各环节之间应有层次关系、递进关系。这样，教师才能有计划、有目的地指导学生进行深度学习，并在学习过程中根据学生的反馈科学地调整计划和进度。

（三）学历案与深度学习的关系

崔允漷教授在《学历案与深度学习》推荐序中还说道："学习的本质是经验在深度或广度上的持续变化，即个体在原有经验的基础上通过自主建构或社

---

① 尤小平：《学历案与深度学习》，华东师范大学出版社，2017年，推荐序第1页。

会建构形成新经验的过程。"① 然而，传统的传授式教学因学生缺乏学习的主动性，很难让学生达到深层次学习的目的，从而在教学效益上大打折扣。自课程改革以来，教师已逐步形成先学后教、以学定教的教学理念，但在实际教学中仍然是以教师的教为主的教学行为。学历案是针对深度学习的再研究，旨在促进学生自主构建知识体系，形成科学思维及学科核心素养，是促成深度学习的具体方案。

二、学历案的撰写方法

教师在撰写学历案时应以引导学生体验为抓手，以促进学生深层思维为目的，以便促进学生对学科本质及知识内核的深刻理解，从而实现深度学习。

（一）学历案的基本要素

为了有效指导学生完成学习历程，教师在撰写学历案时应包含以下四个基本要素。其一，学习主题。教师应将学习主题呈现在学历案中，以便学生提前了解即将学习的内容，这有利于诱发学生的前认知，从而激发学生学习动机。其二，学习目标。教师应将学习目标呈现在学历案中，以便学生针对学习目标进行学习成效的自我检测，这有助于学生形成目标意识。其三，学习过程。教师应将学习过程呈现在学历案中，以便学生根据教师的预设有目的、有方向地学习。值得注意的是，学习过程应是教师精心设计的学习方法、活动方案及学法建议等的整体呈现，指向学生的学习任务，旨在达成学习目标。其四，评价任务。教师应将评价任务呈现在学历案中，评价可用于检测学生的目标达成度。评价任务是学历案中的重要内容，可贯穿整个学习过程，是实现"教—学—评"一致性的重要手段。

四者之间相辅相成，教师应根据学习主题确立学习目标，根据学习目标设计学习过程及与之相匹配的评价任务，学习过程用于实现学习目标，评价任务用于检测学习目标的达成情况，如图1所示。

---

① 尤小平：《学历案与深度学习》，华东师范大学出版社，2017年，推荐序第1页。

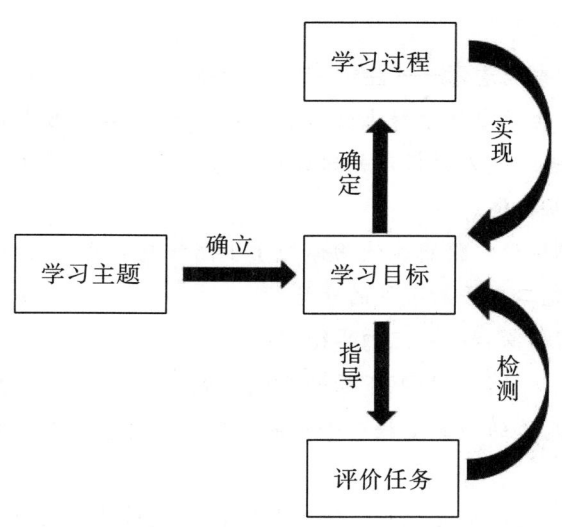

图1 学历案四要素之间的关系

（二）学历案的设计原则

第一，注重过程性原则。学历案的本意是为学生的深度学习提供脚本，让学生的学习有据可依。教师在设计学历案时应注重对学习过程的设计，包括课前预习、课程资源及学习活动等，注重过程性学习。首先，教师应设计出符合班级学生学情的课前预习方案，引导学生对原有认知进行挖掘，从而激发学生求知欲。其次，教师应合理选取指向学习目标的课程资源，包括学生学习所需的前置知识、课本、课件、活动材料等，以便后续的学生活动能有效开展。最后，教师应设计出符合学生认知规律的学生活动，指导学生通过观察、思考、探究、体验等方式获取知识，从而促进学生自主构建完整的知识体系。

［例1］教科版《物理 八年级 下册》《力的平衡》一节的学习过程设计如下：

一、课前准备

（一）课前预习

思考：

1. 当物体不受力时，将处于何种运动状态？
2. 当物体处于静止或匀速直线运动状态时是否一定不受力呢？

（二）课程资源

牛顿第一定律内容、钩码、小车、棉线、纸板等

二、课中学习

（一）观察与思考——生活中的平衡状态

1. 观看生活中处于静止或匀速直线运动状态的物体从而认识平衡状态，并对其进行受力分析，并通过讨论每个力的作用效果来理解平衡力的作用效果相互抵消。

2. 小组讨论：猜想能使物体处于平衡状态的两个力可能有哪些关系，并设计出探究二力平衡条件的实验。

（二）实验探究——二力平衡的条件

1. 学生活动：请按照下面的步骤完成实验，探究二力平衡的条件。

（1）在两边的绳套上挂不等重的钩码。放开塑料片，观察塑料片的运动情况。

（2）在两边的绳套上挂等重的钩码，将塑料片稍向下移动，使两个拉力的方向成一定角度。放开塑料片，观察塑料片的运动情况。

（3）在两边的绳套上挂等重的钩码。并将塑料片扭转一个角度，使拉塑料片的细绳相互平行，但不在同一直线上。放开塑料片，观察塑料片的运动情况。

（4）在两边的绳套上挂等重的钩码。用剪刀将塑料片剪成两半，观察塑料片的运动情况。

2. 实验观察与思考：通过以上实验你能得到什么结论？

实验结论：_____

（三）思考与讨论——相互作用力与平衡力的区别

1. 讨论平衡力与相互作用力的共同点和区别。

温馨提示：从力的大小、方向、作用点等角度进行思考。

2. 能在实际事例中区分相互作用力及平衡力。

第二，注重体验性原则。学生的学习不应是单一的教师向学生传授知识，而是注重学生在活动与体验中学习的过程。学生只有获得了活动与体验的机会，亲身经历了学习过程，才能真正成为课堂的主体。可见，教师在设计学历案时应着力设计学生活动，注重学习体验性，使学生通过观察、实验、体验等方式亲身经历人类已有知识的获得过程，从而达到深度学习的目的。

［例2］教科版《物理　八年级　下册》《认识浮力》一节中关于"什么是浮力"的学生活动设计如下：

探究一：什么是浮力？

1. 将木块放入盛水的大烧杯中，你看到什么现象？
2. 用手将木块压入水中，你有何感受？

探究二：沉入水底的物体是否也受到浮力的作用？

1. 在弹簧测力计的下面悬挂一个铝块，记下铝块的重力 $G_{物}$。
2. 把铝块浸没在水中，记下弹簧测力计的示数 $F_{拉}$。
3. 比较前后两次弹簧测力计的读数，你有何发现？

通过第一个探究活动，学生能"看见"浮力、感受到浮力，通过第二个探究活动，学生能发现即使沉入水底的物体依然受到浮力的作用。学生通过这样的体验、探究，便能自主构建浮力知识，知道浮力是液体对任何浸入其中的物体都有的向上的"托力"。

第三，注重科学性原则。学历案的初衷是指导学生科学地开展学习活动，从中获取知识、技能、情感的发展。这就要求教师设计的学历案要具有科学性，注重学生科学思维的培养。教师在设计学历案时应综合考虑教学情境、问题设置及评价任务三个方面。其一，教学情境要贴合学生实际。不切实际的教学情境不仅不能激发学生的学习兴趣，还可能成为学生学习道路上的障碍点。其二，问题设置要符合学生认知规律。教师应设计出有一定梯度又符合学生认知规律的问题，引导学生在认知上实现螺旋上升。其三，评价任务要面向全体学生。教师应结合学生实际设计出具有针对性的评价任务，从而引导学生实现有效提升。

[例3] 统编版初中《道德与法治 七年级 上册》第一单元第一课第二课时《少年有梦》的学生活动设计如下：

课堂导入：猜猜TA是谁？

（教师提供信息，信息由难而易）

活动一：走近杰伦

1. 说说你所了解的杰伦。
2. 请你评价下目前的杰伦是什么样的人。

（问题具有开放性，可以是各个方面）

活动二：织梦的杰伦

杰伦的梦想是什么？他遇到了哪些困难？

活动三：追梦的杰伦

1. 面对就业或继续追求音乐，如果是你，你会怎么选择？说说你的想法。

  2. 你认为杰伦的哪些方面打动了吴宗宪的心？如果你是杰伦，你会答应吴宗宪吗？为什么？

  活动四：圆梦的杰伦

  1. 杰伦取得了哪些成功？

  2. 杰伦的成长经历，对我们追寻梦想有何启示？

  实践证明，学历案的使用有助于提升学生学习能力，凸显学生课堂主体地位，提高学生学习效率。青年教师肩负着人才培养的重任，应不断学习，优化自己的教学理念，重视学习经历，关注学习效果，从学生学的角度出发设计教学、优化教学，从而有效实现深度学习的目标。

借助集体力量　优化个人备课

【导语】备好课是教师正式授课前的重要工作，是保证教学质量的前提和基础。集体备课是青年教师专业成长的重要途径，也是提升校本教研质量的重要载体。它将科任教师集中在一起，借助学科组不同教师的智慧，帮助教师有效抓住课堂目标、教学重难点和过程设计。这改变了过去教师单一备课的方式，同时也有利于改革以往集体备课中"我讲你听"的被动教研方式，智慧地将课程内容与学科团队教师联系在一起，凸显了分享、合作、共享、共成长的教研理念，有效实现促进学科专业发展、形成团队凝聚力和提高教学质量三重功能。

2019年，《中共中央　国务院关于深化教育教学改革全面提高义务教育质量的意见》提到了集体备课制度。文件指出，各学校应"坚持和完善集体备课制度"，教师应当优化教学方式，注重启发式、互动式、探究式教学。因此，授课离不开教师课前的精心准备。如果把教学比作一场战役，备课就是这场战役中的装备，装备越充分，越容易获得成功，备课质量的好坏将直接影响到教学质量的好坏。然而，时代在变、学生在变，每个教师也都有自己的优势与短板，集体备课可以更好地发挥学科组教师的优势，弥补各教师专业能力的短板。因此，由教师个人"单研"至备课组团队"群研"是教师个人成长与学科组团队成长的必然走向。

一、个人备课与集体备课的关系

教师备课分为个人备课和集体备课，个人备课分为个人初备和个人精备，集体备课又有线上集体备课、线下集体备课及跨校区集体备课等形式。如图1所示，个人备课和集体备课之间相辅相成，个人备课是集体备课的构成部分，集体备课能促进个人备课的优化。

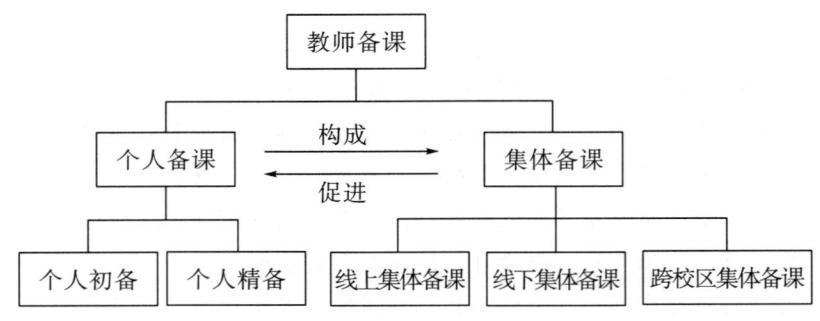

图1　个人备课与集体备课的构成及其关系

（一）个人备课构成集体备课

集体备课通常分为三步，分别是个人初备、集体研讨和个人精备。个人初备是集体备课的前提，个人精备是集体备课的升华。集体备课前，教师应对集体备课的内容进行个性化的解读和思考初步形成自己的教案，并做好集体研讨的准备。集体备课时，学科组教师针对本节课的教学流程、重难点内容、重难点突破方法、学生评价方案及创新思维活动等进行讨论。集体备课后，每位教师再根据讨论结果，结合自身班级学情，写出既适合自己，又适合学生的个性化教案。为了集体备课的顺利开展，教师在个人初备时应对课题进行深层分析研究，这样才能使个人专业水平得到相应提升。由此，我们不难发现，个人备课是集体备课的基本前提，集体备课又能够促进个人备课的优化。

（二）集体备课优化个人备课

集体备课的本意是为解决教学中最突出的、共性的、即时的问题而开展的讨论，就像医生的会诊一样，除了能在探讨中解决疑难问题还兼具相互学习的作用。每一次的集体研讨都是集体智慧的集中与升华，在集体备课中成熟教师能出经验、出智慧，而年轻教师往往能提出很多新思维、新点子。因此，有效的集体备课不仅能帮助年轻教师快速成长,也能让成熟教师拓展思维。集体备课是一个集智的过程,在集体智慧的帮助下教师能逐步掌握分析教材、分析学情的方法,形成突出重点、突破难点的方案,甚至经过集体备课后,教师们能设计出一份完整流畅且精彩纷呈的备课方案。由此可见,集体备课不仅对个人备课方案具有优化作用,还能有效促进教师的专业成长。

二、一线教师备课现状

一方面,部分学校没有明确的集体备课制度,集体备课形式单一、流于形式等现象严重,导致集体备课成为一种可有可无的教研方式;另一方面,部分备课组对集体备课缺乏重视,导致集体备课不充分、不深入,教师对教材把握、知识处理和考点把握等理解偏差,使得教师课堂教学效果不佳。

(一)重教弱学式备课

很多教师在备课时都存在着"重教弱学"的现象,所谓"重教弱学"指的是重视"教师教"而忽视或弱化"学生学"的现象。也有很多成熟教师因为自身教学经验丰富,常年采用相同的教学方式教学,在备课中只注重备教学知识、备教学资源、备教学过程等,而忽略了备学生、备学情等。殊不知,在备课中最重要的部分就是备学生、备班级学生学情、备学生学习活动等。无论是教学目标的设计还是教学活动的设计都应当关注学生的"学",重视学生的主体地位。教师在备课时应当以学生为本设计教学,了解学生的学习需求,激发学生的学习兴趣,这样有利于更好发挥学生的主体作用,从而提高课堂效率。

(二)完成任务式备课

教育作为我国最基础、最广泛的民生问题,关乎每个家庭及整个民族和国家的发展与未来,而教师则是教育发展的根本,在教育教学活动中具有重要的主导作用。但部分教师因为种种原因在备课时只图完成学校布置的备课任务,或使用多年以前的旧教案,或在网上随便下载一篇应付了事,甚至有教师备课时随意套用他人教学设计、课件东拼西凑、临近上课才开始备课等现象。这种完成任务式的备课方式不仅对教师开展教学毫无帮助,反而会影响教师教学质量。长期如此,还可能导致教师个人专业能力停滞不前甚至可能跟不上时代教育发展的步伐,从而导致家长或学校不满意教师的教学,使自身处于不利地位。

（三）形式化集体备课

每个学校都有关于"集体备课"的规章制度，都想通过"集体备课"追求教学效益的最大化。大多数学校在集体备课制度中会有具体规定，如：定人、定时间、定地点、定内容，备课标、备教材、备学生、备教法，明确重点和难点、明确能力提升点、明确掌握障碍点、明确知识交叉点、明确新旧知识连接点，统一认识、统一进度、统一要求、统一内容、统一作业、统一测验等。然而，在实际开展集体备课活动时，各学校及各备课组的情况却参差不齐，如此重要的常规和常态的教学活动有时却很难有效开展，甚至有的备课组流于形式，讨论几分钟就结束备课组会议。部分教师认为集体备课之后还是需要自己备，所以干脆就在网上随便下载一篇教案或课件应付了事。也有部分十分优秀的教师，害怕把教学经验分享出来后被其他教师赶超，所以在集体备课时总有"留一手"的心态。诸如以上情况，导致集体备课无法有效开展，自然也就无法发挥其应有的作用。

三、优化个人备课策略

备课对教师而言是十分重要的基本功，备好课则是教师有效教学的重要前提。教师在备课时应特别重视对个人备课方案的打磨及优化，注重备课方案的科学性、实用性及层次性，以便将更优、更适合班级学生的方案呈现在课堂上。

（一）学会利用集体智慧

集体备课是学校实施教学管理的一种常态研修形式，是对教学环节全程优化的教学研究活动，也是促进教师专业成长的重要途径。教师在平时的教研学习中应重视集体备课，在集体备课时多听、多看、多问、多思，利用集体的力量来弥补自身的不足，提升自身的教育教学水平，将集体备课的效益最大化。教育学家苏霍姆林斯基曾说："没有对个人的教育，就谈不上集体的教育力量，而对个人的教育离开自我教育是不可思议的。我认为，教育这个概念在广义上就是对集体的教育和对个人教育的统一，而在对个人的教育中，自我教育则是起主导作用的方法之一。"① 可见，教师应在教会学生自我教育的同时也进行教师的自我教育，而集体备课是教师自我学习与自我教育的最佳阵地，青年教师要学会在集体备课时利用集体的智慧提升自己。

（二）合理利用网络平台

教师集体备课时应当学会合理利用信息化的优势，充分发挥"互联网＋"背景下网络平台的作用。如，教育部主办的"一师一优课，一课一名师"活动利用国家教育资源公共服务网络平台进行晒课，已经晒出两千多万节课。每学年还会从中评选出"部级、省级、市级、县（区）级"优课。教师可以通过集体观看平台上的优质课堂实录进行学习，并通过集体研讨优课中的亮点借鉴优质的教学设计理念。又如，2020年疫情期间中央电化教育馆推出的国家中小学网络云平台，平台资源包括防疫教育、品德教育、课程学习、生命与安全教育、心理健康教育、家庭教育、经典阅读、研学教育和影视教育等。此类还有国家教育资源公共服务平台、中国教师研修网、成都市中小学教师继续教育网等，这些丰富的资源都能为集体备课提供研备的方向和优质资源。另外，也可以通过关注与教育相关的微信公众号及时了解最新的教育动向，不断更新自己的教学方法。

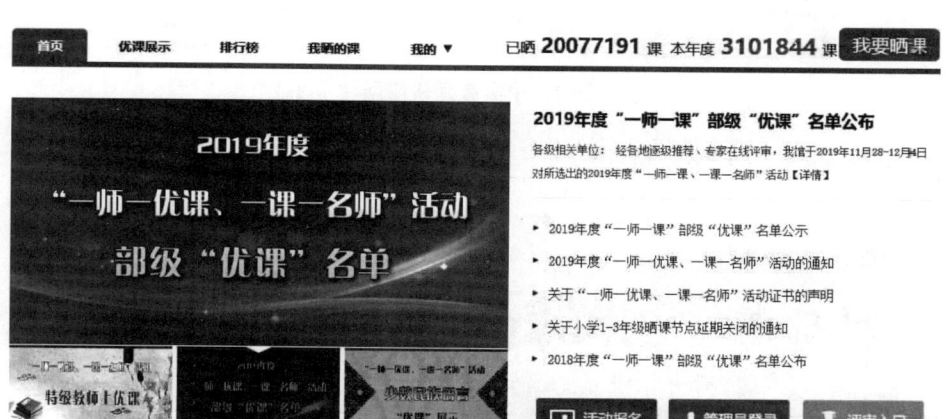

图2　国家教育资源公共服务平台

---

① B.A.苏霍姆林斯基：《给教师的建议》，周蕖、王义高、刘启娴等译，长江文艺出版社，2014年，第227页。

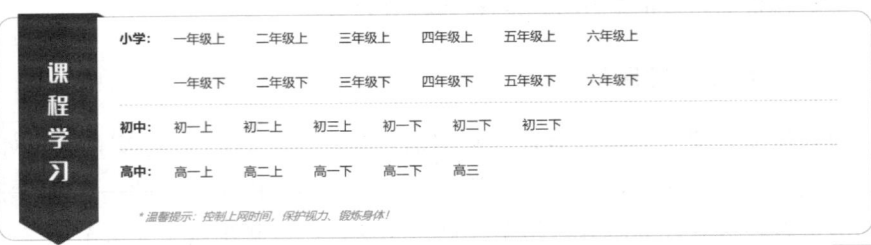

图3　国家中小学网络云平台

图4　中国教师研修网

图5　成都市中小学教师继续教育网

（三）以生为本设计教学

教师在备课时除了要通读教材和了解教材的重难点，还可以参考教师用书了解教材编写意图、教学目标、内容解读等，在充分了解授课内容后再进行教学设计。国家新课程改革以来一直强调教师要注重启发式教学，其实质就是要求教师在教育教学活动中注重学生的主体地位，坚持以生为本的理念设计教学。教师可以通过在课堂中融入学生感兴趣的元素，列举出更符合学生认知、更贴近学生生活实际的例子，以此来增加课堂活动的趣味性，调动学生的学习积极性。除此以外，教师还应该在教育教学活动中不断探索、优化课堂的教学方式，采用适合学生认知的教学素材和教学方法来突出重点、突破难点，从而提高课堂教学效果。另外在教学设计中，教师应当注重学生评价活动的设计，并及时、恰当给予学生评价。这样不仅可以培养学生的思维能力，还有利于帮助教师及时调整教学进度和难度，从而实现教学相长。

（四）及时进行教学反思

一篇优秀的教学设计绝不是一气呵成的，它一定是经过了千锤百炼之后才逐渐成形。学科核心素养的培养最终都要落实到课堂上，落实在教师的基本素养和能力上。教师只有在教学的过程中不断反思，才能不断成长。教师教育教学能力的提升离不开教师课后的反思，通过及时反思不仅可以提升教师的个人业务能力，还可以促进课堂教学的二次优化。教师在反思中一方面要对课堂教学中的目标达成度进行反思，即教师在教学时教学目标是否达成、达到何种程度、如何进行优化设计来提升目标达成度等；另一方面要对课堂中设置的课堂活动和提出的问题进行反思。如，课堂活动的内容与形式是否符合教学内容需要、是否有德育渗透、是否有利于学生核心素养的培养等，提出的问题是否有效、问题描述是否具有准确的指向性、问题的设置是否具有层次性等。

教师主动积极优化课堂教学设计，是紧跟时代发展之需，也是发展学生核心素养之需。因此，集体备课需要合理分配主要负责人，明确任务，优化集体备课内容，对内容较难、内容较杂的典型课例进行备课，要发挥备课组骨干教师或学科带头人的专业引领作用，改变以往传统的"单兵作战"的个人备课方式，让集体备课成为真正集约式、聚力式研究平台，促进教师积极融入教学改革，培养学生可持续发展的能力，以适应终身发展和社会发展。

第二部分 做个会教学的青年教师

教书育人是教师的责任与使命，教师应结合不同的教材内容、教学内容和学生成长中的困惑来设计学习任务，把"三全育人"理念渗透到教学之中，把社会主义核心价值观贯穿课堂育人的全过程，深入挖掘育人因素，让学生在教师课堂教学中接受思想道德教育、文化知识教育等，把思想政治工作贯穿教学全过程。同时，教师需要将线上教学和线下教学有效结合，进行混合式教学，积极推动教学改革，提高课堂教学质量，做学生学习知识的引路人。

作为青年教师，要深知教学不仅是一门技术，更是一门艺术。课堂教学作为整个教学工作的中心环节，不仅是决定教学质量的关键，更是学校实现其教育目的的基本途径。在新课程理念下，教师应遵循"学为主体、教为辅助"的教学原则，在教学中充分凸显学生的主体地位，创设更贴近学生生活实际的教学情境，打造适合学生深度学习的高效课堂。

本部分从课堂教学着手，提出青年教师除了要备好课还要强化课堂组织与课堂管理，着力解决影响课堂教学活动效率和质量的因素。具体来说，指导青年教师需要在课前加强代表的选拔与培养、注重课前准备，促进教学有序开展；提出青年教师需要在课中规范课堂管理、提高课堂参与、注重小组合作学习、加强信息技术与课程整合、创新教学理念、有效组织课堂教学等方面守住课堂教学阵地，全面推进课程改革，助力核心素养培养，使青年教师教学真正走向"轻负、高效、优质"，从而提升教学实效；引领青年教师需要在课后优化习题设计和创新线上教学模式等方面，帮助学生巩固知识、掌握技能、获得经验和发展思维，提升教学效益，助推青年教师成长为一名懂教学、会教学、能教学的教学能手。

竞选学科代表 协助教学管理

【导语】学科课代表不仅是教师的得力助手，也是班级学生之间、师生之间的"黏合剂"，发挥着上情下达、下情上达的作用。对课代表的培养不仅是班主任的工作，也可以是科任教师的自主工作，还可以是班主任与科任教师的协作培养工作。教师在选拔和培养课代表上要加强对课代表责任意识的培养，培养课代表沟通能力、组织能力、语言表达能力等，使之能成为班级教学管理的重要力量。

一个班级通常由几十个学生和数位科任教师组成，科任教师需要学生积极参与，并配合科任教师更好完成教学目标。课代表既是科任教师开展教育教学的助手，也是师生沟通的桥梁，更是班级教学管理的重要力量。在一线工作中，不少青年教师由于缺乏经验，对课代表的作用认识不清、不知课代表的选取方法、课代表职责不明或对课代表的培养不到位，导致不能充分调动课代表的主动性和创造性。

一、常见选拔课代表的类型及问题

（一）班主任任命型

班主任任命课代表，一方面是班主任基于经验判断、任命学生为某学科课

代表，内心真正想为青年教师减轻选拔负担；另一方面也存在班主任担心青年教师选拔出来的课代表不符合要求的情况。比如，该科课代表其他学科成绩较差或行为习惯较差，班主任认为该生不适合担任课代表，担心科任教师不清楚该生情况，选拔后该生起不到带头作用。然而，这样就剥夺了科任教师对学生的观察和任用的权利，无形之中会造成青年教师与班主任之间的隔阂。

（二）科任教师选择型

科任教师选择课代表，即科任教师根据自己的观察和标准选定课代表。一般情况下，第一节课后就需要课代表着手协助工作。有些青年教师比较着急，急于在第一节课快速选出课代表。然而，由于对学生缺乏一定了解，选定的课代表可能已经因担任其他学科课代表而身兼数职，增加该生的工作量，影响其正常学习。还可能因沟通不畅导致学生内心不愿担任该科课代表，但碍于面子，学生表面接受，在之后的工作中出现态度敷衍等现象。

二、选拔课代表需处理好三对关系

（一）处理好个人与班主任关系

班主任与科任教师应是互相支持、互相搭台、互相帮助的和谐友好关系，共同向着相同目标努力。在选择课代表的问题上，若青年教师有意自己选择课代表，则需要提前与班主任沟通，采用适当方法表达想法，建议语言要有艺术性，同时表达需要班主任的帮助和意见的想法。一般来说，新学期班级建立之初，也就是学生还未报名前，当我们已知要教哪些班时，我们可以主动找到班主任，表达暂时不急于定课代表的想法，一方面希望学生自主报名，另一方面希望在班主任处了解这些学生情况后再综合决定。这样，青年教师既能选出心仪的课代表，又能处理好与班主任之间的关系。

（二）处理好学生与本学科关系

为了能更好地吸引学生，并且使其愿意担任某学科课代表，在开学学科第一课中，教师应与学生分析与交流三个问题："这是一门什么样的课程？""为什么要学习这门课程？""如何学好这门课程？"在交流这三个问题时，教师应运用与该门课程和生活实际相结合的案例、视频等方式进行讲解，引起学生对该学科的兴趣，先喜欢教师的教学风格，进而喜欢该科任教师。这样，有利于让全班学生更好了解该学科及科任教师，使学生感受到能承担本学科课代表工作是一项光荣且有意义的事情。

（三）处理好教师与课代表关系

科任教师是一门学科的引领者，需要培养该学科的得力助手，协助组织和管理。科任教师要给予课代表成长的时间和空间，多引导和指导课代表开展工作，帮助课代表解决问题。在选择课代表前，我们会"公开招募"课代表，有条件、有责任、有考核，使学生愿做、肯做、会做，并使其感受到责任感和荣誉感。

三、选拔课代表的方法与培养策略

对于课代表人选，科任教师不能强制学生担任，也不能只选定而不培养，更不能固定不变或随意取消。对课代表的选拔和培养，本身就是在调动学生的主动性和参与性，培养学生积极为他人、为班级服务的奉献精神，提高学生自我管理与自我教育的能力，这样教育目的才会在教育过程中实现。为了给不同学科青年教师提供更好的参考，笔者结合自身实践与不同学科特点，提出以下建议。

（一）发布课代表公开招募令

在不同的企业招聘信息中，都会包括招聘条件、岗位需求、报名途径、考核方式、岗位待遇、录取公示等信息。基于单位招聘信息的启发，我们将企业管理学融入班级管理之中，制定了如下招募令内容。

××学科课代表公开招募令

总体要求："四个意识"＋"两个精神"

（一）报名条件

（1）遵守《中小学生日常行为规范》和班级规章制度，具有一定的规则意识。

（2）分工做好课前协助教师拿教学用具、组织候课、领读、收发作业、登记成绩、帮扶同学等工作，具有一定的责任担当意识。

（3）积极与同学沟通，了解同学对本科任教师教学、作业量等反馈建议，做好同学与教师之间的桥梁，具有沟通意识。

（4）面对同学上课说话、不按时交作业、抄袭等情况，在老师不在的情况下有灵活处理的能力。

（5）明确课代表不是"官"，是为同学帮忙的服务者、协助老师管理的好帮手，能包容、宽容他人，具有一定的奉献精神。

（6）在日常工作中，能做到公平、公正、公开，不利用岗位之便为与自己关系较好的同学提供"便利"，敢于面对同学质疑，具有按原则办事的精神。

岗位人数：2~3人

报名途径：以书面申请方式交至科任教师处

报名时间：　年　　月　　日　　时——年　　月　　日　　时止

（二）选拔与考核方式

（1）在自愿申请的基础上，申请人上台演讲2分钟，由学生、科任教师和班主任投票选出。

（2）选拔出来的候选人可超出1个预选名额，全部作为考核对象。一方面学生在实际工作中可以根据自身情况选择继续或退出，具有主动权；另一方面科任教师可以进行观察、同学可以进行评价，若确实不适合担任课代表，科任教师或课代表本人都可以直接提出更换要求。试用期一般为1个月。

（3）试用期考核合格的，颁发"××学科课代表"聘书，一般一期一聘，实行动态管理。每期评选出合格或优秀课代表：一方面颁发相应证书并给家长发喜报，加一定的操行分；另一方面由科任教师购买一定的学习用具或适合的奖品进行奖励。

（4）学科结业或学生毕业时，颁发"××学科课代表光荣服务"证书，并邀请家长、班主任参与。

（5）对于积极主动、创新做事、乐于帮扶同学、单科优秀的课代表，给予全班表扬并加操行分。

（三）其他说明

（1）在工作中遇到问题或困难，课代表之间要互相讨论、交流，商讨解决方案，必要时可以向科任教师寻求帮助。

（2）若有其他情况，可以采用当面或书信、网络留言等方式进行沟通。

（二）集体培养与示范

一个优秀的课代表，需要科任教师对其进行培养，也需要科任教师的引领。可见，科任教师要发挥积极示范作用，这对学生成长有着十分深远的影响。科任教师可结合以上招募令，对选出来的候选人进行培训和示范。

对选出的课代表，要进行职责分工，每个人都要熟悉，工作职责既独立分工又相互协作，对因故未到校的课代表，科任教师要及时调整，确保各项工作顺利进行（详情见表1）。

表1 课代表培训内容及职责分工

培训内容	职责分工	责任人
准备书本资料候课早读	1. 上节课下课后，A课代表及时提醒全班拿出下节课课本、相关资料，可以检查同学是否拿出 2. 预备铃打响之前，课代表要准备好预备铃打响后的2分钟读的内容（科任教师需在上节课下课后指定本节课读的内容） 3. 预备铃一旦打响，组织班级同学迅速回到座位，并开始朗读 4. 若早读，C课代表组织领读，A、B课代表分别负责两个小组，包括坐姿、读书音量等	A课代表（分管1~2组） B课代表（分管3~4组） C课代表组织领读
帮老师准备上课物品	1. 帮老师拿课本、资料 2. 主动提醒老师上节课教学内容 3. 提前打开电脑，协助老师做好电子屏幕投放	C课代表
收作业统计名单维持自习课纪律	1. 1~2小组组长将作业及未交作业名单交给A课代表 2. 3~4小组组长将作业及未交作业名单交给B课代表 3. A、B课代表共同统计情况，共同将作业交到科任教师处 4. 自习课时，A、B课代表分小组维持纪律并做好相关记录，C课代表协助	A课代表（分管1~2组） B课代表（分管3~4组） C课代表灵活协助
发布通知登记成绩	1. 负责通知或板书作业 2. 协助登记考试成绩	C课代表主负责 A、B课代表灵活协助

科任教师就以上内容现场模拟示范，并组织课代表带领学生现场操作，科任教师及时指导，让课代表及学生知道该如何做。学生在做好常规工作后，教师应鼓励学生多观察、多反思，积极主动提意见，提高课代表工作效率。同

时,在工作过程中,可能还会有其他常规工作和临时工作,这需要三位课代表通过讨论、相互配合、相互协助、相互理解,积极做好学科工作,减轻教师工作负担,同时培养自己的组织能力、交际能力和实践能力。

(三) 定期开展总结会

对课代表的培养是为了学生能自主开展学习,并能创造性提出解决问题的方法。科任教师指导课代表团队,每周至少开展一次课代表团队内部总结会,课代表可以自主召开,也可以邀请科任教师参与,及时总结班级同学情况、班级学科情况、课代表工作情况等,这样不仅有利于科任教师全方位了解班级学科情况以调整教育教学方法,促进全班同学学好该学科,更有利于发挥学生主观能动性和提高学生综合素质能力。每月至少开展一次班级学科总结会,时间不一定为一节课,一般来说20分钟左右,由课代表轮流主持,课代表、小组组长总结情况,其他同学自由发言,大家抓核心问题,可以是问题,也可以是表扬、温馨提醒等,大家相互监督、共同进步。科任教师结合同学们的发言,应给予更多积极正面的评价,对于出现的问题与学生共同商讨解决办法,让学生真正成为学科主人。

青年教师要充分认识到课代表对于班级管理、学科发展、师生和谐等方面的重大作用,在选拔、培养和考核课代表等方面要客观,有理有据,多给予指导、多给予关怀、多给予肯定,培养课代表各方面的综合能力,共同创建和谐温暖的班集体。

重视课前准备　打造有序课堂

【导语】凡事预则立，不预则废。课堂教学更是"预"后才"立"，充分的课前准备能使课堂教学更加有序高效地进行。理想的教学效果需要师生一起创造，充分的课前准备也需要师生共同完成。充分的课前准备，不仅有利于展现教师的教学魅力，更有利于激发学生学习内动力，促进师生有效互动，共同为课堂教学有序开展打好基础。

　　课堂教学就像一件艺术品，而一件令人赏心悦目的艺术品则需要精心的准备，精彩的课堂教学更需要教师和学生共同精心准备。青年教师教学经验有限，应对课堂突发事件的能力还有待提高，所以更需要投入时间和精力做好课前准备。师生应共同做好充分的课前准备工作，这不仅有利于提升学生的自主学习能力，更有利于在有限的时间内强化师生互动，从而形成和谐温暖的师生关系。

　　课前准备简称备课，但不少教师狭义地将课前准备理解为制定教学目标、明晰教学内容、制定教学方案、熟悉教学对象等教师个人备课活动。实则不然，课堂教学前的一切准备都应属于备课的范畴，包括"教师教"的准备和"学生学"的准备，二者有机结合，方能使课堂有序进行。

一、教师准备

我们常说要想让学生跳出题海，教师就得跳进题海。从某种程度上来说，教师代替学生去题海里采英撷贝，寻找有意义、有价值的内容，能提高学生的学习效率，达到事半功倍的效果。由此可见，教师在备课环节做好充足的准备，学生在听课与作业环节才能受益更多。在课前准备过程中，教师是最重要的角色，需要做好自身"硬件"和"软件"的双重准备。

（一）教师课前的"硬件"准备

教师课前的"硬件"准备是指促进教学各环节有序进行必不可少的支撑材料，主要包括以下两个方面。

一是教学资料。从实物上来说包括教材、教参、教案、教学课件、教学资源等。从内容上来说包括教学目标、教学内容、教学方法、课堂结构、学生学情等教学策略性资料。教学资料是决定教师课堂教学是否能达成预期成效最直接的方面，"一招一式"都需要教师在课前精心设计和熟练掌握。首先，教师要吃透课程标准和钻研教材。在课程标准的研究中明确课程及课堂教学的目的、原则、要求和内容。在教学大纲的指导下钻研教材，把握知识及其内在联系，明晰教学重点与难点，挖掘和筛选教学素材。其次，教师要熟悉和了解教学对象。教师可以通过调查交流、查阅学习档案等方式，一方面掌握学生的知识基础、认知特点和学习能力，做到课前知识预设，"对症下药"；另一方面摸清学生的思想和心理情感状态，确保教学过程深入学生内心。再次，有效预设教学过程。通过编写教案、制作教学课件预设和预演教学过程，落实教学目标、教学内容、教学方法、课堂环节等方面。最后，教师要科学预测生成性教学状况。在教师预设之外，还有部分生成性教学状况，需要教师提前预测，做好教学准备。

二是教学用具。教学工具的使用能够增强课堂教学的效果，吸引学生的注意力。教师应依据课前教学预设，准备相应的教学用具。一类是课堂教学通常都会使用到的教学用具，如多媒体、黑板、移动存储设备等教学工具；另一类是依据课程和教学内容需要的特殊教学工具，如自然学科必备的实验器具、情境教学需要的创设工具等。教学用具因教学需要而异，但是教师在选择过程中要做足考量，尽量选取贴近学生生活、能够引起学生主动关注及引导学生思考与创新的教学工具。

(二) 教师课前的"软件"准备

在教师课前"硬件"配备好后，配以良好的"软件"准备能够提升课堂教学效果。教师课前的"软件"准备指教师为推动课堂有序开展所具备的良好的精神面貌、心理与情感准备，主要包括以下两个方面：

一是良好的精神面貌准备。着装得体是教师良好精神面貌外在表现的重要方面。教师的着装无形中会在学生心中形成固定印象，影响着学生对教师的接纳度和认可度。因此，教师要重视自己的着装与外在形象，应以简单、整洁为主要着装原则。饱满的精神状态是教师良好精神面貌的内在本质，这不仅会影响学生对教师的尊重程度，同时也将直接关系到学生的课堂反应。因此，教师在课前要有充足的准备，以保证在课堂教学时有最佳的精神状态。

二是心理与情感准备。一方面是教师教学角色的准备。课前教师要尽快从生活或其他教学情境中走出来，为即将进入的教学角色做好准备。教师迅速进入教学角色的办法之一就是课间提前进入教室，为课堂教学尽早做准备，与学生交流，提前获得信息。另一方面是教师良好心态的准备。当前存在部分青年教师常常因课堂经验不够丰富，内容不够熟悉而在课堂上表现得唯唯诺诺、轻声细语、不敢直视学生或遇到预设外的教学情况便惊慌失措。因此，自信和从容是首先要准备好的心态。而青年教师要想提升教学实效、拥有自信与从容的教学心态，就必须落实课前准备的每一步，方能有力地把握教学进程，使教学有序进行。

二、学生准备

以建构主义思想为基础的"个性—创新"课堂教学模式提出，教学时间不再单纯地理解为 40 分钟，学生获取知识的时间也不全在课堂 40 分钟，还应包括课前查找资料和生生之间进行自主探究式学习。课前准备不应只是教师唱独角戏，还需要教师充分调动学生积极性做好课前准备。这不仅是有序推进课堂教学的基本保证，也能更好培养学生的思维能力和提升学生学习的实效性。

(一) 知识准备

知识准备要求学生通过自主预习、翻阅资料、完成导学案、提出疑问等途径自主获取并建构知识。一方面，教师要调动学生已有的知识、经验，自主纳

入已学知识和已有经验,从而为新知建构奠定基础。同时,在新旧知识的碰撞中,激发学生探索和求知的欲望。另一方面,教师要引导学生自主获得拓展型知识和查找学科特色素材,在此过程中教师要为学生课堂学习内容的拓展做好准备,同时激活和拓展学生思维。例如,教师在讲授《道德与法治 七年级下册》中《法律为我们护航》一课时,引导学生在课前查找"保护未成年人的法律有哪些"以及"结合生活经验,思考制定这些法律的原因",引导学生在课前自主学习、自主探究与自主获得,培养学生形成良好的自主学习习惯。

（二）思维与学法准备

思维与学法准备要求学生课前自主探索不同学科、不同学段的学习思维路径与学习方法,为新的课程学习奠定思维基础和方法基础。不同学段的学生要发展的思维和能力各不相同,不同学科的学生运用的学习方法也有所差别。在实际的学习过程中,学生常常会因为学习阶段的变化和不同学科的交替学习而产生困难,从而难以进行及时有效的转变。因此,教师需要在课前针对学生的不同发展阶段和学科学习要求,引导学生做好思维与学法的准备。例如,文科课程和理科课程的学习和思维有所差别;同一学科的不同学习阶段,其学习思维路径也不相同。

（三）物质与思想准备

物质准备要求学生带好教材、笔记本和其他学习资料。学生课前的物质准备是一个常态化的过程,因此教师要给予学生正确的价值引导,辅之以经常性的检查或抽查,培养学生良好的课前准备习惯。良好的思想准备能够有效促进物质准备,当学生以积极认真的态度对待即将进行的课程时,有利于其更加自觉地做好物质准备。由此可见,思想是更深层次的影响因素,也是促进学生做好物质准备的关键条件。

在一线教学研究中发现,教师准备和学生准备是课前准备的"必需",是师生有效教与学的重要条件。同时,师生还要注意"交往准备"。课堂教学是师生对话、生生对话且共同获得与成长的过程,教师要引导学生做好课前准备,促进课堂上的有效对话与交流。在师生对话层面,教师要引导学生主动思索,提前形成相关问题与相关话题,以便在课堂教学时提出并引发师生共同探讨;在生生对话层面,教师要根据学生学情、性格等特点,与学生共建学习小组。通过师生间各自准备,为构建一个生动活泼、师生互促、情感互动的高效课堂奠定基调。

我们不仅要做好教师的课前准备工作，更应该充分发挥学生课前准备的积极主动性，因为只有学生和教师的双重配合，最终才能实现师生满意的教学效果。

科学制定规则　规范课堂管理

【导语】《中共中央　国务院关于深化教育教学改革全面提高义务教育质量的意见》提出:"省级教育部门要分学科制定课堂教学基本要求,市县级教育部门要指导学校形成教学管理特色。"① 有效的课堂管理不仅是一门艺术,也是科任教师教学的基础。课堂管理不仅需要教师智慧管理,还需要教师有效结合感性管理与理性管理,让学生共同遵守课堂学习规则,有效维持"教与学"行为,让课堂有序进行,从而提升教师课堂管理能力。

在日常教育教学中常常会出现这样一种现象,同一个班级的学生在不同教师的课堂上会有截然不同的表现。其实,学生的课堂纪律、学习状态等与授课教师的课堂管理有着密不可分的联系,教师在教育教学中只有先做好课堂管理,方能呈现更好的课堂教学效果。

---

① 中共中央国务院:《关于深化教育教学改革全面提高义务教育质量的意见》,2019。

一、培养兴趣，制定课堂规则

（一）打造第一印象

教师在第一次进入授课班级时，应重视留给学生的第一印象，培养学生对本学科的学习兴趣并喜欢该学科，进而喜欢该科任教师，让学生因喜欢而期待教师的课堂。

其一，教师主动了解学生。班主任可以在开学前设置一张自我介绍表，学生报名时填好相关信息，并张贴学生照片。当天报名后，班主任迅速复印班级花名册等信息，并交给班级科任教师。科任教师迅速认识本班学生，对陌生的字进行查询，并做好备注，避免念错名字。其二，塑造教师良好外在形象。教师的美不仅仅是内在的人格美，还包括言谈举止、穿衣等方面的外在美。作为教师，需要穿着简单大方，尤其在第一次与班级学生见面时，穿着应稳重、大气，给学生留下较好的第一印象。其三，教师精心备好第一节课。开学第一节课留给学生的印象至关重要，这节课是教师培养学生学科学习兴趣的关键所在，也是整个后期学科学习的基调。

另外，教师除了要在第一节课中介绍学科，还要着重介绍自己，包括自己的性格特点、所取得的成绩、教育教学的理念等，并向学生提出具体的课堂要求，让学生初步形成规则意识。

（二）制定课堂规则

为了保证课堂纪律，教师需要制定相应的课堂规则，并可与学生操行分挂钩进行评价。教师可以设定个人操行分或小组操行分，根据操行分数对学生进行奖惩，增强学生的自主管理意识与集体荣誉感。

课堂规则中至少应包含以下几个内容：其一，课堂中学生应当遵守的纪律条例。课堂规则中应具体地罗列出各项课堂纪律条例及各条例违反后需要扣除的操行分数，让学生在明确课堂条例的同时了解相应的违纪处理方案。其二，课堂中学生积极参与学习活动的加分内容。课堂规则中还应列出学生参与课堂活动的各项加分内容，促进学生积极遵守课堂纪律并关注课堂表现、作业质量等情况的加分内容，促进学生认真听课和完成作业等。如，上课举手回答问题加一分，上台展示加两分，上台分析讲解大题加三分等。课堂上（包括晚自习）一周表现优异的加三分，一周作业优异的加三分，一周按时交作业的加两

分。其三,操行分配套的奖惩方案。课堂规则中还应罗列出操行分奖惩方案,建议以奖励为主、小惩为辅。其四,操行分小结的周期、操行分具体的奖励方案及扣分下限和超过下限的处罚等。

(三)组建管理团队

我国著名教育学家魏书生曾说:"班主任借助学生,建立合理的管理机制,让学生来运作这个机制,这样不仅能管理好班级,使教育教学环境秩序井然,而且能给学生提供成长和锻炼的机会,一举两得。从另一个角度说,班级管理不是班主任一个人的事,班级的事情,人人有份,人人有责;学生也不只是被管理的对象,他们是班主任最好的助手,是班级管理的主人。"[1] 为了让课堂教学有效开展,授课教师也要学会借力,组建学科管理团队,以此来提高操行分的监管作用。首先,在班级组建学习小组,一方面方便小组开展合作式学习,另一方面学习小组也有助于教师的课堂管理。在此基础上成立一个管理团队,包含三名科代表及数个小组组长。其中,各小组组长作为本小组的管理员,记录小组成员的操行分。两名科代表再分别作为组长团队的管理员,记录组长的操行分。每周将各成员操行分上报总分科代表进行总结。为了保障学生管理的公平性、公正性,管理员与成员之间不交叉,即每个人都有自己的管理员,每个管理员又不会被自己的成员管理。比如A是组长,管理成员B、C,其中C是科代表,那么A的管理员只能是科代表D。此外,教师还应每天或至少两天检查一次操行分记录表,以此监督操行分的有效推行。

二、实施方案,有效管理课堂

(一)课前两分钟的管理

课间休息时间被科学地划分为"8+2",学生可以在前8分钟的休息时间内完成自己的事情,可以利用这段时间解决上一节课遗留的问题,也可利用这段时间放松调节。在预备铃响起后的2分钟做好课前准备,教师的课堂管理便从此时开始。教师应该教会学生合理利用课前两分钟,做好上课的思想准备,调节自身情绪,并准备好下一节课可能会用到的相关书籍、练习册、练习本、草稿本等。

---

[1] 魏书生:《最好的管理是让学生自我管理》,《江苏教育》,2017年第39期,第1页。

教师可以安排一个专职科代表负责课前两分钟的准备工作，在课前两分钟带领全班同学做好课前准备。要求该科代表每节课前的课间询问教师上课前要准备的物品，在预备铃响起后能快速带领同学们进行课前预习或对已学知识朗读等。做好课前两分钟的管理，不仅有利于减少课堂整顿的时间，还能增强学生的规则意识，从而促进师生的和谐相处。

（二）课堂中的有效管理

规则的生命力在于执行，不然就是一张废纸。在实际教育教学中，教师需要按照制定的课堂规则严格执行，才能有效管理课堂。

在课堂管理中应当注意以下三个原则，提高课堂管理效果。第一，严格执行，坚持原则。课堂的有效开展需要课堂规则的实施，有规则才能让课堂教学活动有序有效，学生也才能敬畏规则，遵守课堂纪律并专注投入学习之中。第二，公平公正，平等对待。制定的规则需要同学们认同，这样利于学生将其内化为自己追求的价值目标。同时，在落实规则过程中，需要教师秉持公平、公正原则，不因成绩、长相、家庭背景等有所区别，这样班级学生才能从内心去认同规则和维护规则，因教师处理问题的平等态度敬仰教师。第三，严于律己，以身示范。教师职业道德要求每一个教师要有理想信念、有道德情操、有扎实学识、有仁爱之心，这意味着教师就应以高标准要求自己，从自身做起，给学生树立榜样。

三、以情育人，促成自我管理

（一）合理制定课堂规则

课堂规则的制定是为了便于教师的课堂管理，提高课堂的教学效率，但在制定课堂规则时应当符合实际，不可过于严厉、不切实际。合理制定课堂规则是学生能够遵循规则的基本保障。教师在制定课堂规则时除了考虑教师自身教学风格，还要综合考虑班级学情、学生个体差异等多种因素，做到不同班级不同要求，不可提出学生根本无法做到的条件。建议教师在正式到班授课前先与班主任进行沟通，了解班级整体学习能力、学生课堂行为习惯等情况。通过提前预设班级课堂中容易出现的问题来设置适合班级的行为准则及奖惩方案。过于严厉或要求过高的规则，不仅无法达到教师想要的管理效果，反而会造成师生关系紧张，甚至可能导致师生之间的对立。

（二）营造良好师生关系

课堂管理规则的推进与实施并不在于制度本身，而在于良好的师生关系。良好的师生关系是教师有效进行课堂管理、推进课堂教学的重要保障。教师应在平时的教育教学中营造良好的师生关系，从而促成学生自觉自愿地遵守规则。其一，倾听学生内心的声音。教师在平时的教育教学中要学会倾听学生的声音，了解学生的需求，在制定规则的过程中也可以适当考虑学生的建议，做一个能与学生平等对话的教师。其二，关注学生的情绪。教师在平时的教育教学中，还应多注意观察学生。理解学生在校内和家庭等场所的情绪反应，积极引导学生正确认识、积极面对负面情绪，学会合理表达情绪，做情绪的主人。教师除了要在课堂中给予学生更多关注以外，还应在课后关注学生生活，关注学生的身心健康，给学生更多关爱和帮助。

（三）管理中当宽严并济

教师在教育教学管理中还需要讲求艺术与技术，注意保护学生的自尊心与自信心。做任何事情如果过了头，就有可能走向教育的反面。课堂管理也是如此，在严格执行课堂规则的同时需要做到宽严并济。

当学生做得好时就可以在课堂上表扬，做得不好时则可以采用眼神暗示、旁敲侧击等方式提醒，切忌在课堂中对学生过度批评。遇到学生犯错时，尽量把学生叫到没有人的室外或办公室单独处理。在严格按照规定处理的同时找到学生身上的闪光点，肯定他们的每一点进步，在批评的同时尽量给予正面的评价与鼓励，做到宽严有度、恩威并施。另外，教师应从情感上引导学生，平时多与他们交流，偶尔给他们一点"好处"，让他们在情感上认同教师，从而实现有效自我管理。

行之有效的课堂管理，是教师有效教学的最大助力，教师应该在平时的教育教学中多思考、多探索、多尝试，找到适合自己、适合学生的管理方法，为自己的教育教学工作减负。

凸显学生主体　提高课堂参与

【导语】随着新课程改革理念的推广与实施，学生的主体地位已经受到了广泛的关注。课堂是教学的主阵地，而课堂教学中学生的主体地位主要通过学生的参与度来体现。提高学生的课堂参与度是新课程理念下尊重学生主体地位，践行以生为本理念的必然要求。在教学过程中，教师要遵循"学为主体、教为辅助"的教学原则，创设贴近学生的相关教学情境，丰富课堂互动方式，充分调动学生深度参与课堂学习的积极性，增强师生之间、生生之间互动频率，让学生主动参与到课堂中来，真正成为学习的主人。

新课程改革背景下，教师要重视学生的主体地位，实现从"育分"到"育人"的转变，促进学生深度学习和有意义学习的发生，即提高学生课堂参与度，包括课堂上学生参与人数、参与时间、参与态度、参与效果等。我们通常所指的学生课堂参与度主要包括广度与深度两方面。广度是指班级学生参与课堂教学活动的人数比例，参与课堂教学的人数越多，广度越大。深度主要指学生参与的时间与参与的效果。一堂兼具广度与深度的课堂参与，往往更容易使学生体验到课堂学习的乐趣和收获课堂学习成果。而在真实的课堂中，有些学生被动的"表演"，缺乏主动参与的热情；有些学生的"表演"流于形式，疲于应对；有些学生"表演"缺乏灵魂，教师鲜有方法引领，整堂课虽有学生参与，但收效甚微。

要让学生真正成为课堂的主人，教师应秉持"以生为本"的理念，聚焦课堂教学的各个环节，从学生主体的需求、体验和收获层面着手，切实提高学生的课堂参与度。

一、课堂教学预设：关注学生主体需要

作为教学的起点，教师的课堂教学预设，必须要对学生进行需求分析，摸清学生的知识积淀，了解学生的想法和主客观需求，并将其作为制定教学计划、选择教学素材、决定教学方法及设定教学评价方式的依据。只有当教师把每一个学生都理解为他（她）是一个具有自己特定的指向、需求和特点的人时，才能帮助教师理解学生，从而满足学生的需求，提高学生的学习兴趣，让学生积极主动参与到课堂中来。

当前课堂教学中，仍存在不少教师供给与学生需求错位的情况。部分教师的教学准备往往仅凭自己的猜测，而忽视了学生真正的需要，这一方面使得学生对教师课堂所授内容不感兴趣，另一方面也不能满足学生成长的需要。可见，教师的教学预设如果不是学生所需，不能投其所好，即使再好的授课内容、再新颖的教学形式都无法激发学生参与的兴趣。

自20世纪70年代起，需求分析被广泛地运用到教学研究领域，它要求教师在课堂教学设计和实施的过程中，对学生的主观和客观需求进行调查分析，从而确定学生学什么和如何学的问题。教师在教学预设时，需坚持以生为本，结合学生的学习基础和学习环境等全面分析、精心预设。

（一）知识需求分析

教师应在课前利用导学案、自学任务清单等工具，摸清学生知识基础，明确教学的重点和难点，而在随后的课堂教学中教师则可以根据课前搜集的信息进行适当调整。例如，对于学生已经掌握的知识则可以不讲或少讲，避免因简单重复导致学生失去兴趣，对于学生掌握起来有难度的知识，则需要精讲和巧讲，避免因方法不当使学生跟不上课堂步伐。

（二）方法需求分析

教师要通过长期的教学实践和观察分析，综合使用并选择学生乐于接受和易于掌握知识的方式方法推进教学，让学生积极参与课堂教学。例如，讲授法的优点是教师容易掌控教学进程，有利于学生在较短时间内获得大量系统的学

科知识；讨论法的优点是学生参与度广，有利于培养学生的探索能力及合作精神，激发学生的学习兴趣；任务驱动教学法的优点在于，以任务为驱动，培养学生分析问题、解决问题的能力。

（三）情感需求分析

任何课程都承担着促进学生形成正确情感态度价值观的重任，因此，教师对学生情感的关切不可或缺。教师要加强对学生成长心理的分析，科学把握学生情感态度走向，适时给予学生情感的引导和支撑，只有教师和学生产生情感共鸣，才能在课堂形成良好的课堂互动。

二、课堂教学实施：增强学生主体体验

课堂教学是师生之间、生生之间交往互动、共同发展的过程。学生的课堂参与绝不仅仅是被动地"听"和"回答问题"，真正有效的课堂参与能提升学生参与的深度和效果，促使学生在课堂上"走心"。因此，教师需要综合运用多种方式，增强学生主体的体验，只有让学生身入其境，真正有所体验，才算是有效的课堂参与。

为增强学生主体的体验，教师需要在课堂教学时为学生创造体验情境，促成学生参与并有所体悟。在课堂教学实施中，教师可以多途径为学生创设体验情境，让学生在思考、讨论、辩论、操作等一系列活动中有所感悟。

（一）问题探究

教学实践证明，教师的提问最能引起学生的注意，拉回学生的思绪。而一个好的问题，往往又能叩开学生思维的大门，引起学生思维的涟漪和思维的火花。教师通过提问和层层追问，能够有效地带领学生进入问题情境的有益探索，增强学生的课堂体验。例如，在讲授统编版初中《道德与法治　七年级上册》《少年有梦》这一内容时，教师可以通过"人需要梦想吗？你有梦想吗？你的梦想是什么？追梦路上需要我们怎样做？"等生活化的问题设置引发学生思考，进而推动教学流程的顺利开展。

（二）创设情境

良好的教学情境是学生主动学习的最肥沃的土壤。中小学教材的内容都非常贴近学生的生活和实际，其指向也在于促使学生学会生活。因此，课堂教学

不应拘泥于教材，而应当让学生到实际的生活中去获得知识和拓展思维。教师可以巧设探究任务，引导学生通过主动探索来发现问题，通过实践体验来激发兴趣，通过学生自主解决问题来发展能力。例如，在讲授统编版初中《道德与法治 七年级 上册》《教师的职业特点》这一内容时，教师可以创设情景"假如你是校长，在招聘教师时你会有哪些要求"。这样既能让学生有话可说，也能充分调动学生参与的热情。

（三）运用信息技术

现代信息技术在教学上的运用，可以增强学生课堂体验，促进师生交流，学生也易于接受。教师合理利用现代信息技术手段开展教学，不仅有利于激发和维持学生的学习兴趣，也有利于提高课堂效率。例如，在讲授统编版初中《道德与法治 九年级 上册》《坚持改革开放》这种离学生日常生活较远的内容时，教师可以引入一些改革开放相关的视频，如《改革开放40年变迁》《致敬改革开放40年》《安徽凤阳小岗村》《40秒看深圳特区40年》。通过多媒体的呈现方式，一方面拉近了课本知识与学生生活之间的距离，另一方面也能让学生感受到改革开放所带来的变化，从而吸引学生注意力，让学生自主参与课堂活动，进而爱上学习。

三、课堂教学评价：满足学生主体获得

课堂教学评价是教育教学活动的重要组成部分，它决定着课堂教学的走向。课堂教学评价会实时影响学生课堂参与度，同时又是学生下一次课堂参与度的指向标。良好的课堂教学评价能够满足学生的主体需要，从而增强学生的获得感，促进学生积极投入课堂中，提高课堂参与度。因此，教师应当实施科学的教学评价，发挥教学评价的反馈作用，推动教学闭环的良性运行。

在课堂教学中，学生主体的获得主要包括知识的获得和情感的获得。学生在课堂教学中和课堂教学后总结反思这两方面的获得，形成综合评价作为考量课堂参与度的指标。教师要促使学生形成利于促进课堂参与的教学评价，要在课堂中着手提高学生知识和情感两方面的获得。

（一）满足学生主体的知识获得

及时的课堂知识获得能使学生认为教师讲授的内容很有用，获得能够帮助自己实现其他重要目标，从而产生获得感。获得感越高，学生往往越愿意参与

课堂教学。因此，教师要注重在课堂教学中传授给学生一些实用性的学习方法，如归纳的技巧、记忆的技巧、做题的技巧等，从而使学生学会学习。更重要的是教师还要引导学生把知识用起来，"学以致用"。比如，教师可以与学生共同评析时政热点，引导学生将科学的思维方法和正确的价值判断运用到实际生活中。

（二）满足学生主体的情感获得

好学生是夸出来的，教师应该给予学生更多积极、肯定的课堂学习评价，杜绝对学生的攻击和谩骂。一方面，课堂教学中学生的情感获得往往来自完成任务的满足感，产生一种成就价值。满足感越强，成就价值越高，学生就越容易获得积极反馈，从而在下一次的课堂中有更强烈的参与动机。因此，教师要在课堂教学中留白，给学生自我展示和挑战的机会，让他们充分发展自我。另一方面，课堂教学中学生的情感获得还来自师生之间的情感交流。教师对学生课堂表现的评价，往往能让学生形成最直观的感受，影响着学生是否愿意再次参与课堂。由此可见，教师应注重对学生实施过程性的教学评价，综合考量学生课堂各方面的表现，发现学生的闪光点。

教师要根据学生的学情因材施教，才能最大限度地促进学生全面发展。学生是否可以积极地参与到课堂教学中，一方面体现着教师的教学水平，另一方面也关系到学生整体学习的质量。在新课程改革的背景下，教师应该高度重视学生的课堂参与度，从教学的各个环节入手，充分发挥学生的主体地位，让每个学生都成为学习的主动参与者，让学生的学习真正发生。

发挥小组优势　形成学习合力

【导语】新课程改革倡导学生进行以"自主、探究、合作"为特征的学习，可见，教师需要关注和培养学生自主、合作与探究的能力，而小组合作是较好的方式之一。小组合作可以让更多学生围绕学习任务参与课堂，在相互配合与合作中提高沟通能力、探究能力与表达能力等，促进学生优势互补、共同成长，实现教学可持续发展。

小组合作式学习正在逐渐成为教学过程的常态，故对合作学习小组加强建设将成为教师能否有效指导小组合作学习的关键。在实际教学中，青年教师容易出现只重视合作形式而忽略合作实效的问题。教师应从小组建设、人员分工、小组管理及活动开展等方面着手，充分发挥小组合作学习的优势，形成学习合力，助力学科教学。

一、组建合作学习小组

（一）科学组建学习小组

教师在组建合作学习小组时，需要具有一定的科学性。各小组人数相当且人数不宜过多或过少，一般以四到五人为最佳。在组建学习小组前，教师需要对班上的每一位学生有一个较为准确的认识，了解每位学生的学习能力、学习习惯、学习效果等情况，从而保证每个学习小组中的人员分配尽量均衡（包括性别）。教师在进行小组分配时，可以依据学生综合学习能力而采取"中间大、两头小"的分配原则，即一名综合学习能力较强的同学、一名综合学习能力较弱的同学以及两到三名综合学习能力一般的同学组成一个学习小组。

针对一般难度的探究活动，小组成员相互交流和相互补充；针对较难的探究内容，综合学习能力一般的同学可以通过相互讨论解决，综合学习能力较弱的同学也可在能力较强的同学的指导与帮助下逐渐提高解决问题的能力。这样，既能较好地发挥小组中各成员的优势，又能在小组合作中帮扶学习能力较弱的同学。

（二）小组成员合理分工

为了使合作探究式学习不流于形式，教师还需要对合作学习小组中的各个成员进行合理的分工。为增加探究活动的趣味性，可以借鉴工程项目中的人员设置，设置如下四个角色。项目经理（组长），负责组织小组成员学习，分配成员各自的职责并督促小组成员按计划专心探究；项目顾问，负责"项目"的协调一致性和对需要进行设计完成的"作品"的正确理解；建造工程师，保证小组成员按时完成各项任务，指导作品的装配及组装；材料协调员，负责收集所需材料，确保每次活动时材料需求能得到满足。四人以上的合作学习小组材料协调员的人数还可适当增加。其中，项目经理由教师指定（选拔小组内学习能力最强的同学），其他角色可在每一次的探究活动前，由项目经理组织其他成员根据自身优势自由选择，从而促使小组成员在探究活动中发挥自身特长。

（三）学习小组文化建设

合作学习小组的组建除了外在形式的人员组建，还应包括内在文化的建设。为了培养学生的团队荣誉感及团队合作精神、增强小组成员凝聚力和加强教师对小组的管理，在合作学习小组组建完成后，教师引导学生自行进行内部文化建设，包括小组名字、小组格言、小组公约等。小组文化的建设是一个长期而漫长的过程，需要持续有效深入推进，教师可以设置小组文化展示墙来展示各小组的组内文化，包括小组名字、成员介绍、活动照片等；还可以设置小组活动展示周（月），定期举行全班范围内的小组活动展示。这样，合作学习小组的内部文化建设不仅有助于小组成员在形式上融为一个整体，还能促使学生在小组活动中学会自我约束与自我管理，从而形成良好的小组合作学习习惯。

二、管理合作学习小组

（一）提前培训小组成员

合作学习小组的组建仅仅是开展合作探究式学习的第一步。为了使小组各成员能在探究活动中充分参与，就需要职责分明。教师应在小组建成的初期分批次对小组成员进行培训。一方面需要对每个小组的项目经理（组长）进行集中培训，让学生清楚自己在小组中的重要地位，引领学生帮助本组内的综合学习能力较弱的同学，起到带头示范作用。另一方面需要对小组其他成员进行分批次培训，给小组成员们简单介绍各种角色在探究活动中的主要任务及职责。这样，开展的培训既能让小组成员明确自己在活动中的分工，也能使后期的探究活动有序进行，预防部分同学在探究活动中无事可做。

（二）设置小组操行分

为更好地管理合作学习小组，增强小组活动探究的积极性，教师可以设置小组操行分。在学生展示或发言时给其所在小组加操行分，并定期对操行分最高的小组给予适当的奖励。

各小组的操行分应由其他小组负责记录，且不能相互记录。建议采用单向循环模式，即 B 小组记录 A 小组操行分，C 小组记录 B 小组操行分，A 小组记录 C 小组操行分。此外，教师还应尽量为学生创造发言展示的机会，在邀请学生展示交流时要做到公平公正，兼顾不同小组的实际情况。

三、优化合作学习小组

（一）坚持开展小组学习

有很多教师在教学之初都使用过小组合作学习探究的方式进行教学，可是部分教师用几次就放弃了，认为小组合作学习效率很低、学生不够自觉等。殊不知，合作学习小组的建设和推进是一个循序渐进的过程，需要时间的积累与沉淀。在小组合作式学习的过程中，教师应该给予学生充足的时间去磨合、去适应，从而实现生生之间的有效探究与合作。另外，在小组进行合作探究时，教师还应给予学生充分的信任，学会对学生适当放手，让他们自己探究并得出结论，教师只需要在旁边观察并适时引导即可。

教师组建了合作学习小组后，不能让合作学习只流于形式，需要教师坚持开展小组合作学习。不管是新授课中的交流讨论、合作探究还是习题课中的错因分析、错题订正等都可以利用小组合作式学习的方式进行。在习题课和试卷讲评课时，可以尝试让学生针对自身的问题先独立思考，然后再利用小组合作解决问题，而教师只需要对学生无法解决的共性问题进行统一点拨。这样的学习方式，不仅提高了学生的课堂参与度，也让习题课更具有针对性，学生能够将时间都花在解决自身存在的问题上，真正做到了将课堂还给学生。

（二）适时适当进行点拨

小组合作学习能有效促进学生的探究式学习，但也有其局限性。在小组合作探究中，学生可能只能解决其认知水平以内的问题，而对于难度较大、复杂的问题则需要借助教师的点拨。一方面需要教师在实际课堂的推进中，找到准确的点拨点，引领学生在认知上的有效提升，例如小组探究合作中的争议处、实验操作中的不规范处、学生总结归纳中的遗漏处等。另一方面需要教师在引导学生的过程中，提出更具有针对性的问题。有效的课堂需要教师科学的设置问题推进方式，问题的设置需要紧扣教学情境，符合学生认知规律，如此才能引导学生深入学习，促成学生认知上的螺旋上升。

（三）小组合作中的原则

小组合作学习是探究式教学模式中最为常见也最为实用的一种，因此，教师在开展小组合作探究时应当把握以下三大原则。

其一，选取合适的内容。并非所有的课程或内容都适合开展小组合作学习，教师在教学设计时应当选取具有一定争议性、探究性的内容来开展小组合作学习。其二，随时把控全场。在开展小组合作学习时，教师务必要随时关注各小组的开展情况，在必要时介入引导，做到对学生放手的同时又能把控全场。其三，及时给予反馈。教师要在学生小组合作时注意观察学生行为并在探究活动后及时给予反馈，着重表扬各小组在活动过程中的优点，及时发现学生的进步，如此有利于在班级内形成良好的小组学习氛围。

当前，小组合作学习作为新课标背景下的一种新型的课堂教学模式，由简单的教师传授转变为学生的合作探究，由学生个人的"单学"转变为学生的"群学"，充分发挥了学生的集体智慧及学生之间互帮互助和传、帮、带的作用。青年教师应积极思考、认真探索、科学分组、培养小组合作能力、营造良

好的小组合作学习氛围、创新小组合作学习方法和完善小组评价细则等,发挥生生之间、师生之间的智慧与优势,进而不断提升小组合作学习的有效性,打造高效课堂。

整合信息技术　焕发课堂活力

【导语】教育技术专家李克东教授指出："信息技术与课程整合是指在课程教学过程中把信息技术、信息资源、信息方法、人力资源和课程内容有机结合，共同完成课程教学任务的一种新型的教学方式。"[①]青年教师作为信息时代的生力军，要在理念上、认知上和实践上认识与改进教学，包括认识信息技术与课堂教学整合的价值、找准信息技术与课堂教学的整合点及推动信息技术与课堂教学的融合。这样，青年教师才能更好地将信息技术与课程整合，发挥信息技术优势，促进学生深度学习，助力教育教学变革。

教育部颁发的《基础教育课程改革纲要（试行）》明确提出："大力推进信息技术在教学过程中的普遍应用，促进信息技术与学科课程的整合，逐步实现教学内容的呈现方式、学生的学习方式、教师的教学方式和师生互动方式的变革，充分发挥信息技术的优势，为学生的学习和发展提供丰富多彩的教育环境和有力的学习工具。"

近几年来，信息技术发展迅速，大量的资源进入教育领域，传统的课堂教学正在悄然发生变化。青年教师应在课堂教学中有意识地整合信息技术，以实

---

① 李克东：《信息技术与课程整合的目标和方法》，《中小学信息技术教育》，2002年第4期，第22页。

现教学效益最大化。

一、信息技术与课堂教学整合的价值旨趣

随着互联网的不断发展,教师将信息技术与课堂教学的融合是顺应时代发展的新型教学方式,是对以往传统课堂教学的一种变革。面对时代的发展,教师需要改变一支粉笔、一个黑板教学的教学现象,也需要改变以教师为中心的主导式教学,转向将教学内容与信息技术有效结合,把教师教学主导作用与学生主体地位相结合,实现"教师主导+学生主体"相结合的教学结构,开拓学生思维,提升教师课堂教学魅力,顺应时代发展与变化。

(一)为学生的学习搭建"脚手架"

信息技术与课堂教学的整合是以信息技术辅助课堂教学,但不能完全替代,更不能出现分割状态。另外,信息技术是为学生学习服务的,是实现课堂效益最优化的载体,其主要特点有以下两方面:其一,增强课堂教学表现力,抓住学生好奇心。教师利用信息技术展示出图片、视频、音乐、文字等生动化情境,吸引学生注意力,激发学生学习热情,调动学生自主融入教师的课堂。其二,有利于学生获得感性认识。人的思维发展遵循着从现象到本质、从感性到理性的规律。而实际教学内容常常是高度抽象和概括知识的集合,难免会在学生的认知和思维中出现裂缝。学生在学习过程中,难免会遇到无法理解的学习内容,存在很大的学习困难。这时,教师可以根据教学内容需要和学生学习需要,运用信息技术将学生难以理解的问题情境虚拟化,运用声音和图像使问题具象化、形象化,使课程内容立体化、具体化,帮助学生准确认识和理解所学内容。其三,有利于学生深度学习。在实际课堂教学中,学生仅靠教师的教授和演示能接收和领悟的知识是有限的。教师可以利用信息技术呈现相关情境和问题,帮助学生将已有知识迁移到新的情境中,构建自己的知识体系,实现深度学习的目标。

(二)为教师的教学提供"助力器"

课堂教学的改革需要不断推进信息技术,以有效助力高效课堂的实现。信息技术与课堂教学的整合,首先,有助于突破课堂教学限制。教师可以利用信息技术有效突破时空限制,呈现更多适合学生的学习内容和方法,为更多个性化学习提供参考。其次,有助于实现多元化的课堂教学评价。教师在课堂教学中能有效使用现代信息技术，可以优化评价工具和方式，使突出学生能力的过程性评价有计可施。信息技术留存的学习痕迹也能为教师的教学评价提供更加客观和科学的依据。最后，有助于构造新型师生关系。一方面，信息技术能够促进师生之间的交流互动，教师利用信息技术可以实时监控、适时介入，随时辅导和帮助学生，从而形成师生之间、生生之间的紧密合作关系。另一方面，信息技术的运用还能加持教师的个人能力和增强教师的个人魅力，优化教师在学生心中的形象，形成教学相长、和谐温暖的师生关系，从而促进教学目标的实现。

二、信息技术与课堂教学整合的现实指向

一线教学中，常出现教师过度依赖信息技术的现象，以及对信息技术的使用停留于表面、流于形式、满堂灌等现象，错误地把所有的课程都变成信息技术课。为有效融合信息技术与课堂教学，教师需要找准二者的切合点，有机结合使其发挥应有的功效、实现价值，并在恰当的教学环节运用。从教学阶段角度分析，教师有效地将信息技术与课堂教学整合需要做好以下五个方面。

（一）掌握教学动态

教师可以利用现代信息技术，实时搜集教学反馈，了解学情动态，为制定和改进教学方案提供依据。通过现代信息技术，教师可以运用网络大数据，从中提取相关数据，进而分析班级学生的知识基础、认知情况等，有助于做好分层教学、因材施教，为不同学生学习提供有效改进方案或相关建议。此外，教师还可以通过现代教学平台，实时获取学生课堂学习情况，通过增加互动、反馈结果等方式调整学生的学习状态。通过信息化的学习工具的使用，教师还能及时掌握学生学习成果，并通过交互式的平台继续追踪和指导学生完成目标。

（二）激发教学活力

教师要充分运用信息技术特有的形象性，创设生动形象的场景，激活学生思维，促使学生积极主动地学习。例如，在课堂导入环节，可以利用现代信息技术展示形象生动的事例，点燃学生学习热情，培养学生分析问题的能力，从而让更多学生呈现"卷入式"学习状态；另外，当学生上课注意力不集中时，教师可以采取彩票"抽奖"点名的方式，引起学生紧张情绪，激发学生的好奇心；在学生学习疲惫时，教师可以通过信息技术对学生制造多种感官刺激，缓

解课堂枯燥氛围。

（三）协助自主构建

信息技术既是教师教学的工具，也是学生学习的工具。为培养学生关键学习能力，教师可以在课堂教学中通过多媒体展示时政材料，创设典型事物形象，演示事物发展过程，设计问题情境，引导学生观察、探究和认知，引领学生自主构建学习体系。一方面，教师可以创设多元化、真实化、开放性的问题情境，运用小组合作方式探究相关问题，并且鼓励学生上台展示学习成果，指出探究过程与探究结果。教师可以结合学生所说给予点评，并引导班级学生学会分析和表达。另一方面，教师可以开展探究性学习活动，引导学生学会查找资源、收集资源和整合资源，并做好相关探究性主题学习汇报。学生汇报之后，小组成员开展自我评价，不断提高获取、分析网络资源的能力，进而提高自主学习能力。

（四）促进交流合作

教师可以利用现代信息技术，创设现实或虚拟交往情境进行师生交流和生生交流。学生可以在相互讨论中发展思维，在交流学习中共同提高，在共同写作中发展能力。例如，对于多论点问题的讨论，教师可以借助交互式平台，收集学生的多样观点，充分展示学生的思维观点。教师还可以借助智慧教学平台，创建 PBL（Problem Based Learning）合作学习小组，进行角色分工和合作，培养学生的合作意识，并提升学生交流能力。

（五）优化反馈评价

教师可以利用现代信息技术及时收集教学反馈。教师根据学生教学反馈进行及时分析，从中获取相关信息，调整教学方法，进而为学生有效学习服务。例如，有学校自主研发了学生成长系统，包括德育方面和学习成绩方面。德育方面包括学生操行分情况，纪律、作业、卫生、好人好事、排队等表现得分，分析学生当周、当月、学期等不同时期变化情况，有利于直观地看出学生表现情况；学生学习成绩方面，包括平时测验和统考情况，系统可以有效分析学生学习各方面情况，便于教师直观地了解班级学生学习水平和存在问题，及时调整教学节奏和教学内容。

三、信息技术与课堂教学整合的实践要求

教学实践证明，信息技术与课堂教学的整合力正在影响甚至改变着我们的课堂教学活动。但信息技术也是一把"双刃剑"，在进行信息技术与课堂教学整合过程中，不少教师陷入信息技术至上或流于形式两个极端，偏离了教学的初衷和本质，一定程度上削弱了教师的主导作用和学生的主体作用，进而影响教学成效。因此，实施信息技术与课堂教学整合，必须遵循科学理念，掌握正确的方式方法。

（一）以先进教育教学理念引领

教师需要改变传统的教育理念、教育思想和教学模式，而现代信息技术是教师改变的有力工具之一。只有在先进教育教学理念的指导下，才能实现信息技术与课堂教学的有机整合。因此，青年教师在教学中不能只注重工具的使用而忽视教育教学理念的更新和转变，要以先进的教育教学理念引领变革，从而发挥信息技术应有的功效。

（二）聚焦课程目标和学生需求

信息技术只是进行教与学的有力工具，无法替代教师授课。教师在使用信息技术时应重点考虑其如何适应课程教学和学生学习的需求。在实际教学中，不少教师认为，多使用媒体和信息技术辅助教学，就能给自己的课堂增添色彩，就是在践行智慧教学的要求，却没有考虑教学内容的特点和学生是否真正需要或能否接受，反而导致教学效果不佳。因此，青年教师在教学中，必须着眼于教学实际和学生需求，选择契合教学内容特点和学生需要的信息技术，不能因现代信息技术的运用与教学的初衷背道而驰。

（三）保持持续关注和长期探索

现代信息技术是促进课堂教学乃至整个教育教学变革的催化剂。尽管现代信息技术的影响已初见成效，但是目前部分教师依然存在理解不清、方向不明的现状，停留在简单的辅助教学阶段，还没有真正把信息技术与课程有效整合，还没有真正充分发挥信息技术价值。因此，青年教师在教学中还应对其进行持续关注和长期探索，不断更新教育教学观念，敢于尝试和打破传统技术束缚，勇于尝试新技术带来的改变。

何克抗教授在《信息技术与课程深层次整合的理论与方法》一文中指出："所谓信息技术与学科课程的整合，就是通过将信息技术有效地融合于各学科的教学过程来营造一种新型教学环境，实现一种既能发挥教师主导作用又能充分体现学生主体地位的以'自主、探究、合作'为特征的教与学方式，从而把学生的主动性、积极性、创造性较充分地发挥出来，使传统的以教师为中心的课堂结构发生根本性变革，从而使学生的创新精神与实践能力的培养真正落到实处。"① 可见，青年教师更要利用好信息技术，以此来优化自己的课堂教学、焕发课堂活力、培养学生的信息素养以及终身学习的态度和能力。

---

① 何克抗：《信息技术与课程深层次整合的理论与方法》，《中国信息界》，2006 年第 4 期，第 49 页。

创新教学理念　转变教学行为

【导语】教学创新是新时期落实创新理念，培养创造型人才，提高教学质量的必然追求。随着新课程改革的不断推进，教师创新教学成为重点研究方向之一。课堂教学是教师教与学生学的重要阵地，需要教师选取合理多元的教学方法，不断创新教学理念，改变教师教学行为，以启迪学生思维，激发学生的想象力和创造力。教学创新是一个持续性螺旋上升的发展过程，这一过程应遵循基本的准则：教学创新的基点要呼唤主体性，教学创新的过程要体现变革性，教学创新的目的要促进实践性。

创新是一个民族进步的灵魂，是一个国家兴旺发达的不竭动力，也是中华民族最深沉的民族禀赋。教育教学是人才培养的重要环节，是创新创造的最佳平台，也是提高教学质量的重要手段。教学创新是指教师在教授知识和传授技能的过程中，通过创新教学理念、教学内容、教学手段、教学方式等，突破和超越原有的思想观点、理论逻辑、技术手段等，从而充分促进学生智力因素和非智力因素的发展，提高学生发现问题、分析问题、解决问题的能力，逐渐成长为具有丰富创造性的人才。创新教学犹如人的认识发展过程，是一种螺旋式上升的良性活动。这一活动的基点源于教育教学双主体的创新主动性和能动性，这一活动的阶段性目的指向学生现实学习和生活的实践。

一、教学创新的基点：呼唤主体性

教学创新是教学主体的创新，要调动教学主体的能动性。任何完整的教学活动都包含教与学两个方面，即教学创新的主体既包括教师创新教学主体，也包括学生创新学习主体。教学主体的创新能动性是教学创新的起点，包括教学主体的创新意识、创新理念及创造能力等。

（一）以师为主导，增强教学创新的指导性

教师的工作理应是一种创造性的工作，其主要表现为创造性教学。教师应充分发挥自身在教学创新过程中的主导作用，以教师创新地"导"，促进学生创新地"学"。教师应以创新教法为示范，创新学法指导为抓手，全面渗透教学的全过程，提高自身和学生主体的创新能力。

发挥教师创新主导性的前提是教师自身必须具备一定的创新素养。创新素养是教师创造性地开展教学活动所需要的主体特性，这种特性能够辐射学生的创新精神、创造能力，帮助学生逐渐养成自我创新素养。教师的创新素养主要由教师的创新理念、教师的创新知识及教师的创新技能组成。教师创新素养外在体现为，在学校教育教学教研情境下，教师个人能够根据一定的目标，做出新颖且有价值（或恰当）的教育教学产品，或体现为有价值的行为与品质。

生活中有这样一个故事：初中时，小李的物理老师每天上课都会给大家做一些小实验，有时用的是从家里带来的瓶瓶罐罐，有时用的是亲朋好友家里不用的废旧物品。这些新颖的小实验总是能吸引班上同学的注意力，正是在这样的环境中，小李才坚定了继续探究物理的决心。

（二）以生为主体，发挥教学创新的积极性

有效地开展创新型教学，应切实保证学生在整个教学过程中的主体地位，充分发挥其学习创新的积极性。创新性教学的另一基点是以生为主体，充分激发学生的创新热情。《中国学生发展核心素养总体框架》中明确规定，教育应着重培养学生实践创新的素养。教学创新的价值指向就是要培养和发展学生的创新能力。

学生主体性、主动性的发挥是学生创新能力培养和发展的前提条件。一方面，学生掌握知识的过程不是一个单纯地"被灌输"的过程，而应是主动构建的过程，即学生主动将新的知识或事实、现象纳入已有的或新构建的知识体系或认知体系中去，进一步形成或完善新的认知和知识体系，在自主实践中再认现象、解决问题、获得理解、提升能力。主体性是主动性的前提，主动过程中的获得感又反过来促进学生主体性的提升。另一方面，主体性与主动性是创新能力中个性化的基本保障，同时也是其现实表征，缺乏主体性的人必然缺乏自我选择的意识和能力，从而缺乏创新性。因此，在实际的创新教学中，教师必须摒弃以往将学生视为知识的"容器"及机械灌注知识的做法。

二、教学创新的过程：体现变革性

教学创新的过程是创新各要素有机结合的阶段，鼓励学生大胆地发现问题、分析问题和解决问题，从中提升创新能力和思维能力。非单纯的知识灌输过程，实质上就是教师引导学生主体创新能力形成、发展和展现的过程。这一过程需要教师大胆创新，在教学理念、教学内容、教学方式、教学媒介、教学评价等方面进行变革，以此真正体现创新教学的"新"，打破"旧"的束缚。

（一）教学内容要"新"，体现时代性

教学内容是确定性和开放性的有机统一。在时代的更迭变化下，各种社会现象层出不穷，课堂教学的内容也要随着不断变化的社会更加贴近现实生活，对新情况、新问题做出令人信服的解答。因此，教师要在不脱离课程教学目标的前提下，将最新的学科知识融入教学，将相关学科知识融入课程教学中，使教学内容紧跟时代和学科发展前沿。

教师应关注国际动态、社会热点、科技前沿等，在教学中恰当融入相关知识。比如，2020年全球新型冠状病毒肺炎疫情暴发以来，社会各界都予以高度关注，为做到早发现、早隔离、早治疗，人们每天都应做好体温监测。从体温监测、消毒工作再到国际影响，都为物理、化学及政治的学科教学提供了有力的素材。教师在平时的教育教学中应做一个有心人，才能发现身边的"新"素材。

（二）教学方法要"新"，体现启发性

教学活动是师生共同参与的教与学活动，需要教师在教学中大胆改革与创新，找到更适合学生的学习方法，发展学生的思维和智能，让学生主动投入学习。因此，教师必须要创新教学方法，以学生为中心，以必备素养和学科素养为目的，优选能够有效激发学生思考，培养创新能力的教学方法和学习方法。

我们曾经在一次教研会上旁听了一节公开课，课堂以一个小视频《我微信你》开启网络交友的话题，随后围绕该话题展开了三个话题讨论：第一，面对陌生人的好友请求，你选择加还是不加？为什么？第二，面对陌生好友的见面邀请，你选择见还是不见？第三，如果见面的话，你会选择什么时间，什么地点？中间以李某和周某交友过程中的突发事件作为案例展开后面两个话题的讨论。整堂课以全新的教学方法展开，启发学生思考、讨论，教师仅适时点评，最后在学生的讨论中总结出几点"网络安全交友小贴士"。

（三）教学媒介要"新"，体现先进性

教学媒介是课堂教学内容和方法的物质载体，是进行教学实践活动的必要工具。教学媒介不断推陈出新能够激发学生学习的兴趣，满足学生求新的心理，激发学生创新的意识，同时也能不断促使教师提升专业水平。受技术条件的限制，传统的课堂教学普遍以语言和原始形态为手段，诸如以教材、传统教具、黑板为媒介。然而，现代科学技术的迅猛发展，能够为课堂教学媒介的选择和创新提供巨大的展示空间。

在计算机多媒体技术和新兴教学软件的支持下，教师可以利用图文并茂、形象生动、丰富多样的素材创设情境，引起学生兴趣；教师还可以通过直观生动的演示高效便捷地处理某些传统教学中难以解决的问题，启迪学生思维。总之，新媒介的介入给教学的创新带来了无限的可能。

三、教学创新的目的：促进实践性

马克思主义认为，实践是认识的最终目的与归宿。创新究其本质是一种认识活动，也是一种实践活动，创新教学的最终目的是推动学生的创新实践。因此，教师在教学创新过程中，还应注重实践性，积极促成创新教学实践的完成。从创新性教学的阶段来看，创新教学实践要着重做好以下两个时段的工作：

（一）课堂创新教学实践

课堂创新教学实践要求教师要为学生搭建创新实践的平台。教师在引领学生发现问题、分析问题和解决问题的过程中其实就已经完成了实践要求。因此，教师要精心设置问题与情景、交流与探讨、分工与合作，并充分发挥在其中的引导作用。此外，课堂创新教学实践要求教师及时将教学创新成果固化。

具体来说，教师要注意观察和发现教学过程中的创新成果，并以学生易于接受和掌握的形式将其保存固化，以便为再次创新教学的积淀提供帮助。

（二）课后创新教学实践

这一阶段的创新教学实践要求教师：一方面，要加强对学生的跟踪指导，督促学生及时将课堂教学中的创新知识和技能在现实的生活和学习中加以运用和检验，真正实现创新教学成果的形成；另一方面，正确认识的获得还有赖于主体的反思和他人的正确反馈。课后创新教学实践还要求教师根据课堂创新教学的成效形成积极有效的教学评价和学习评价，并使教学双方明晰评价，及时反馈和反思，从而推动创新的持续进行。

习近平总书记反复强调，"发展是第一要务，人才是第一资源，创新是第一动力"。随着新课程改革的不断推进，创新教学势在必行。创新教学需要教师主动走出传统教学的"舒适圈"和"禁锢地"，在科学把握创新教学的实质、阶段、方法的基础上进行一种创造性的活动。教学创新与教学成效要有机统一、相伴而行。当教师在为如何提升教学实效、如何提高课堂教学效率和如何激发学生学习兴趣而苦恼时，不妨另辟蹊径，努力尝试创新教学实践或许能有效突围。

多种措施并举　促进高效课堂

【导语】《教育学基础》一书提出："教师的角色在于创设可让学生自己学习的环境，而不是提供预先准备齐全的知识。"[1] 有效组织课堂教学就是一门艺术，需要教师运用教学智慧提升课堂深度。教师课堂教学的有效组织是学科有效教学的关键，是教师向学生传授知识、引导学生自主学习、合作探究的前提条件。教师应充分重视自身的课堂组织能力，营造良好的课堂学习环境，激发学生的学习热情，以达到高效课堂的效果。

教师作为课堂实施的组织与管理者，不仅要有效组织课堂教学，激发学生课堂参与的兴趣，调动学生学习的积极性，还要借助有效课堂的构建，强化学生的学习能力，引领学生在多元化的课堂教学中，有效掌握学科知识和培育学科核心素养。

---

[1] 全国十二所重点师范大学：《教育学基础》，教育科学出版社，2008年，第203页。

一、营造良好教学环境

（一）打造良好的学习环境

良好的学习环境，是影响学生学习效率的重要因素，是教师进行有效教学的基本前提。教师在开展教学前应先在班级内营造出良好的学习环境，包括良好的物理环境、积极的课堂氛围环境以及和谐的师生关系、生生关系等人际关系环境。同时，教师在平时的教育教学中应当致力于打造良好的教学环境，营造良好的学习氛围，如合理制定课堂规则，增强学生规则意识，保证良好的课堂纪律；采用多种教学手段，激发学生学习兴趣，提高学生学习积极性；科学组建学习小组，培养学生团队精神，促成学生间的良性竞争；关心学生身心健康，增进师生情谊，促成和谐的师生关系；等等。

（二）培养良好的学习习惯

良好的学习习惯，是学生有效学习的关键，是教师良好教学效果的有力保障。为有效培养学生良好的学习习惯，教师可以从课前准备、课中发言、课后复习等方面对学生进行培养。其一，培养学生课前准备的良好习惯。教师应当教会学生做好课前准备，利用课前两分钟准备好相应的课堂学习用品。预备铃响起后，学科代表应领读课文或笔记，久而久之，学生就能养成课前准备的良好习惯。其二，培养学生课中积极发言的习惯。教师还应采用多种方式引导学生进行独立思考，并注意培养学生课堂中积极发言的习惯。可采用加操行分的方式促进学生积极思考并举手发言，以此培养学生积极发言的良好习惯。其三，培养学生课后复习的习惯。建议教师在每次上课时先花几分钟的时间对上一节课的重点内容进行提问，引导学生进行知识回顾，可以采用"开火车回答""加减分"等多种方式进行，久而久之，学生方能养成课后巩固、复习的良好习惯。

二、合理进行教学设计

（一）精心设计课堂导入

良好的开端是成功的一半。教师若能在一节课的开始就抓住学生的学习兴

趣,这节课也就成功了一半。课堂导入作为一节课的起始,其主要作用是吸引学生注意力,激发学生学习兴趣,为教学活动的顺利开展奠定基础。教师在平时的教育教学中应当着力打造课堂导入部分,精心创设教学情境。

教师在创设情境时可以利用一些热门话题、有趣事例,也可以借助一些符合课题的视频、动画或实验,以此来增加课堂的趣味性,调动学生的学习积极性。值得注意的是,教师应结合自身学科特点,联系生活实际来创设学习情境,让同学们在简单、有趣、自然的情境中,自然而然地开始学习。这样,精心设计的课堂导入将为之后的教学起到事半功倍的效果。

(二)反复优化教学设计

教学设计是教师教学的具体思路,是整个教学过程的脚本。合理的教学设计是教师有效开展教学的基本前提。教师在进行教学设计时需要合理规划教学流程,包括教学内容、教学步骤、时间分配、活动方案、学生评价等。教师在进行教学设计时还需要明确本节课的教学目标、教学重难点和突出重点、突破难点的方法。

教师在进行教学设计时应反复优化教学设计,确保以最适合班级学情的方案进行授课。在优化教学设计时应重点注意以下两点:其一,过渡自然。顺利自然的过渡语是将整堂课融为一体的最佳手段,也是促成学生螺旋上升的方式。其二,提问准确。教学总是以问题为起点,再以问题来推动,准确且有效的问题才能引导学生进行深层思考。

(三)关注学生深度学习

新课程改革以来,一直提倡将课堂还给学生,让学生成为课堂的主体,关注学生的深度学习。北京师范大学郭华教授在接受《新课程评论》杂志采访时指出,"所谓深度学习,就是指在教师引领下,学生围绕着具有挑战性的学习主题,全身心积极参与、体验成功、获得发展的有意义的学习过程。在这个过程中,学生掌握学科的核心知识,理解学习的过程,把握学科的本质及思想方法,形成积极的内在学习动机、高级的社会性情感、积极的态度、正确的价值观,成为既具独立性、批判性、创造性又有合作精神、基础扎实的优秀的学习者,成为未来社会历史实践的主人"[①]。教师是教育的执行者,要想学生有深

[①] 余孟孟:《走向深度学习的课堂教学——北京师范大学教育学部郭华教授访谈》,《新课程评论》,2020年第12期,第13页。

度的学习，教师就必须有深度的引导和教学才行，而深度教学的背后则意味着深度备课。这就需要教师以生为本设计教学，在设计教学时尽量围绕贴近学生生活实际的问题创设情景。教学中应当采取启发式、探究式的教学方式，注重引导学生自主思考、自主探究、自主体验，让学生自发参与到课堂学习中，达到深度学习的目的。

（四）在反思中优化教学

苏霍姆林斯基在《给教师的建议》中有这样一个故事：一位在学校工作了33年的历史教师，上了一堂题为《年轻苏维埃人的道德理想》的观摩课。区训练班的学员和区教育处视导员出席了这堂课。这堂课上得非常出色。原来教师们和视导员打算在上课的过程中做一些笔记，以便课后提意见，但他们都忘记做笔记……课后一位邻校的教师说："是啊，你把心交给了学生，你的每一句话都具有巨大的思想威力。请问，你花了多少时间来准备这堂课？可能不止1小时吧！"那位教师回答说："这节课我准备了一辈子，而且，一般地说，每堂课我都准备了一辈子。但是，直接针对这个课题的准备，也可以说是教研室里的准备，则仅花了约15分钟。"①这则故事告诉我们，该授课教师每节课都认真备课，将毕生所学融入其中。我们每位教师都应经常反思自己的教学，对每节课都应反复打磨与优化。

一篇好的教学设计一定是经过了多次的修改而成，修改的依据则是教师个人及时的反思。教师在优化教学方案时可以从教学目标及教学方法两个方面进行反思。其一，对教学目标进行反思。教师在设定教学目标时需要不断反思，目标是否科学，是否符合课程标准的要求，是否适合班级学生学情等。其二，对教学方法进行反思。教师在设计教学时应不断对教学方法进行反思，反思教学方法是否合理，是否符合学生认知，是否能达成教学目标等。这样，教师要不断反思、修改和填补，才能形成更适合班级学情的教学方案。

三、提升课堂教学艺术

（一）注重课堂中的行为美

教学是一对多的教师主导行为，面向的是班级中的所有学生，课堂中教师

---

① B. A. 苏霍姆林斯基：《给教师的建议》，周蕖、王义高、刘启娴等译，2014年，第24～25页。

需要关注到每一个学生。其一，站位要面向全体。教师在进行引导或讲解时，身体应该面向全体。在进行统一讲解时，或站在讲台上面向全体学生或在教室里来回走动，保证每个位置上的同学都能受到教师的关注。其二，提问要面向全体。教学中教师在提出问题时应当面向全体学生，促成学生各自思考、探索、体验，即使在单独提问某一个学生时，眼神也要扫视到其他学生，给予听的同学更多关注；其三，要求要面向全体。在课堂教学以基础教学为主的情况下，教师的要求应该面向全体，制定较为基础的且符合班级所有学生能力的要求。但教师在平时的教育教学中，应尊重不同学生的个体差异，因材施教，对个别学习能力强的学生可以适当提高要求，对个别学习能力弱的学生可以适当降低要求。

（二）注重课堂中的语言美

教学是一门艺术，教师的个人魅力及语言艺术更是其征服班级学生的重要法宝。同样的内容不同的教师教学效果可能完全不同。教师在平时的教育教学中应当充分发挥语言的魅力，调动学生参与课堂的积极性。其一，说话声情并茂。教师的教学就好似一场表演，需要授课教师运用抑扬顿挫的语言，声情并茂的演出并配以适当的肢体语言才能吸引学生的注意力，激发学生的学习兴趣。其二，语言准确简练。准确规范的表达是教师授课的基本技能，教师在平时的教育教学中应注意语言的准确性及简练性，尽量避免口头禅等不规范用语。能用几个字说清楚的不要长篇大论，以免影响学生的信息提取、造成学生的听觉疲劳。其三，语言风趣幽默。风趣幽默的语言具有极佳的感染力，能让课堂在充满欢笑的同时提升教师的人格魅力，让学生更加喜欢该学科和该教师。

（三）注重课堂中的情感美

网上有一个关于学生最喜欢什么样的优秀教师的调查，分析数据发现学生最喜欢亲和力强、关爱学生的教师。教师与学生之间不应该只是冷冰冰的教与学的关系，而应当有适当的情感交流，既可以是有温度的语言交流，也可以是恰当的肢体语言或眼神交流。教师在课堂上应学会关注学生的眼神，以此了解学生的需求。当发现学生眼神迷茫时，教师可以停下来询问，如"我讲清楚了吗"或"同学们是否还有其他问题"等，直到大部分同学都领悟以后才进入下一个教学环节。另外，教师在授课时还应当关注学生的上课状态、身体状况以及上课时的情绪等。当发现有学生出现身体不适时，可以利用学生交流讨论或做练习的时间上前询问表示关心，情况严重时应立即将其送往医务室或通知班主任及家长带学生尽快就医。

组织教学是教师教育教学工作中的基本内容，有效组织课堂教学是教师有效教学的基本保障。青年教师应该在教育教学中不断思考和不断学习，把握教学规律，精心组织课堂活动，根据学情优化课堂教学，给学生提供广阔的思考空间，让课堂活起来，让学生真正动起来。

重视习题设计　落实课程理念

【导语】知识贵在精通而不在于广博，你泛泛地了解十件事情，不如只知道一件，却深得精髓。一组质高、量当、题新的习题设计，无疑会提高教学成效，对学生的思维发展起到启发和推动的作用。当前，中小学各学科习题选取与设计都存在不同程度的主观随意、粗制滥造、思路闭塞、模式僵化等问题。习题的设计者往往急于撇开教学的基本要素"另起炉灶"，却又陷于寻不到习题设计准则的困惑中。

习题的开展作为教学的一环，是推进和体现其他教学基本要素旨趣的重要载体。从教学实施的基本要素和环节来看，教学目标、教育对象、教学内容、教学评价是最基本的四大要素。习题的选取与设计，不能撇开教学的其他环节"另起炉灶"，而是应当立足于教学基本要素，体现教学基本要素的内在追求和指向。习题应致力于推进教学目标的达成、教学内容的落实、教育对象的发展和教学评价的开展，最终指向课程理念的落实。

一、基于教学目标：层次性与价值性

教学目标对教学活动起着定向作用，是教学活动的基本前提。习题的选择和设计要优先考虑与教学目标内核的一致性。广义的教学目标既包括教师教的目标，又包括学生学的目标，二者是辩证统一的。因此，习题的设计与选择，要力求实现教的目标与学的目标二者的统一。为实现教学目标和学习目标的一致，就要求我们在选择和设计习题时，要体现习题的层次性和价值性。

层次性是教学目标分类的内在要求，要求习题的设计有明确的立意、明显的梯度和区分的层次。当前教学中的教学目标一般是按照布鲁姆的认知、情感与技能分类和加涅的教学结果分类设置的，通常分为知识与能力、过程与方法、情感态度与价值观的三维目标。教师在选取与设计习题时，可以遵循三维目标思路，在基于学生知识、能力、心理的前提下，创新性地选取学习内容组合试题。例如，中学政治习题设计要使学生在知识认知层面掌握基本原理、观点、方法，在过程与方法层面发展发现、分析、解决问题的能力，在情感态度价值观层面增强政治认同、科学精神、法治意识、公共参与等。价值性是教学目标的高阶要求，因此习题的选择与设计要体现学科价值，围绕这些价值来进行选择与设计。

教师可以利用不同的习题类型综合设计来达到教学目标的层次性与价值性。借助试题双向细目表，把握教学目标的内核，帮助教师层次分明、指向明确地组合和设计试题。下面提供两种类型的双向细目表供参考，见表1、表2。

表1 双向细目表（文科类）

××学校 2020—2021 学年度 × 年级上/下期 道德与法治期中命题双向细目表							
考试科目		出题人			审题人		
^		学科总分			全卷难度预计		
考试范围					学科要求		
题号	考查知识点	能力要求				题型	分值
^	^	获取解读信息	调动运用知识	描述阐释事物	论证探讨问题	^	^
1						选择	
2						选择	
3						选择	
……						主观题	
……						主观题	

表2 双向细目表（理科类）

××学校2020—2021年度×年级上/下期化学期中制卷双向细目试卷分布表												
考查内容		试题号	分值	题型√				能力要求●			试题难度▲			考查涉及知识分布
一级主题	二级主题			选择题（×分）	填空题（×分）	简答题（×分）	实验题（×分）	计算题（×分）	识记	理解	运用	易	中	难	
		1													
		2													
		3													
		……													
		……													

二、基于教育对象：量力性与发展性

教育对象是教学活动的主体，也是教学设计的基本要素。习题的选择与设计要依据学生的年龄特征和心理特征及知识水平，对内容和形式进行创新性的组合和分析。既要面向全体又要兼顾个体差异，既要注重课内知识又要渗透和衔接课外知识，既要体现重点、难点又要兼顾系统性。为实现教育对象的内在一致性，我们选择和设计习题时要注意量力性与发展性。

量力性要求在内容层面明确习题设计的知识范围，从学生的实际出发，注重学生年龄、心理特征、知识水平和接受能力，考虑学生的学习基础和发展可能设计难易适中的习题。一方面，习题的问题要清晰，答案要在学生最近发展区域内；另一方面，习题要有一定的难度，适当超越学生现有的知识水平，结构层次呈螺旋上升趋势，使学生通过一定的思考和努力获得进步，使其获得成就感，以便调动学生的学习积极性，带动学生学习的内动力。

发展性要求习题在选择与设计上要从学生个体的社会属性和社会需要出发，体现新的学科和教育理念，立足学生未来的发展，使习题设计能够积极引导学生主动参与学习，养成自主学习的习惯，并有利于发展学生的创新意识和思维能力。发展性要求可以通过习题的创新性、多样化设计来体现，避免习题僵化、单一。

教学要投生所好，习题的选择与设计也应投生所好，选择最利于学生发展和最贴近学生能力的内容和形式。为了体现发展性与量力性，教师在选择和设计习题前后，可以通过科学调查研究，充分把握教育对象状况。除此之外，教师也要紧跟学科教育研究前沿，掌握多种教学测评手段，以便更好地促进学生发展。

三、基于课堂教学：创新性与情境性

课堂教学是教学中最主要的环节和方面，在一定程度上决定着整个教学的实施。习题的选择与设计要和课堂教学打好"配合战"，既能体现课堂教学理念，又能检验课堂教学成效。决不能出现课堂上说一套，课后练习做一套。课堂教学与习题的配合，既要体现在形式上，更要体现在内容上。为实现课堂教学内核的一致性，习题的选择与设计要体现创新性与情境性。

创新性要求习题的设计应注重内容、形式和方法的多样性，避免机械化的练习。在习题内容选择上既要贴近课堂教学内容，又要避免素材雷同；在形式上既要新颖多样，又要避免华而不实；在方法上既要体现大众思维路径，又要促使学生另辟蹊径。只有习题内容、形式和方法的创新性，才能促进学生实现巩固知识和有效迁移的目标。习题的情境性是与课堂教学的探究式教学、情境教学等理念相契合的，同时又引导课堂教学，体现考试评价体系的要求。教育部发布的《中国高考评价体系》明确提出将情境作为高考评价体系中的考查载体，要求通过情境与情境活动两类载体来落实教学成效考察，即通过选取适宜素材，再现学科理论产生的场景或呈现现实中的问题情境，让学生在真实背景下运用必备知识和关键能力解决实际问题，全面综合展现学科素养水平。情境性要求教师要综合创设情境或情境活动，基本的原则是既契合课堂教学又能引导学生知识能力和情感价值观发展，既实现理论与实际的有效贯通又能达到学以致用的最终目的。

为体现创新性与情境性，教师可以通过精取贴近学生生活和学习的素材以及新颖的题型来实现。例如，成都市2020年初中毕业会考道德与法治试题28题第（3）小题，通过设置开放性问题，要求考生能够围绕居家抗疫的生活经历，分享举国抗疫留给你印象最深刻的一个人物、一件事、一种感悟。一方面增强了试题的开放性，另一方面也是在通过生活情景引导考生回归生活。

28. 制度优势是中国抗疫实践的显著特点。阅读抗疫材料，运用坚持宪法至上和我国基本制度的有关知识，分析回答问题。（20分）

新型冠状病毒肺炎是近百年来人类遭遇的影响范围最广的全球性大流行病。面对未知病毒突然袭击，中国坚持人民至上、生命至上，习近平总书记强调把人民生命安全和身体健康放在第一位。中国采取一切措施，不计一切代价，全力救治患者、拯救生命。

党和政府举全国之力，快速有效调动全国资源和力量，集中患者、集

中专家、集中资源、集中救治，迅速形成了抗击疫情的强大合力。"中方行动速度之快、规模之大，世所罕见……这是中国制度的优势，有关经验值得其他国家借鉴。"经过艰苦卓绝的努力，中国疫情防控阻击战取得重大战略成果。

（3）全民居家抗疫是我们曾有的一段生活经历，请你分享举国抗疫留给你印象最深刻的一个人物、一件事、一种感悟。（要求：真实、可信、有感，4分）

参考答案：

示例①：全民参与，全社区参与，全行业参与等。

示例②：全民配合，全社区配合，各地区配合等。

四、基于教学评价：科学性与效率性

教学评价是教学的最后关键环节，习题本就是教学评价的手段和载体，必然要遵循教学评价的基本要求。教学评价最基本的要求是科学而规范，最本质的指向是凸显教学成效。

为实现教学评价与教学目标相一致，习题的选择和设计要兼顾科学性与效率性。科学性体现在习题是由专门从事、研究习题或接受过规范学习的教育工作者来编拟和设计。科学性更体现在习题设计的形式上，习题的设计要遵循科学的程序。例如，在设计前要综合考量教学内容、教育对象、教学目标等，通过拟定双向细目表，确定取材范围、数量和形式；在设计完成后要对习题进行仔细审查，考量习题形式是否符合练习目的、对象、内容、结果，考量习题内容素材是否表述清晰，用词是否简明扼要且恰当，难易程度是否符合学生知识能力水平等；在投入使用前初步对习题的效果进行评估、预测、修改和完善；在投入使用后对习题效果进行检测和反馈、修改等。效率性要求习题的选择与设计应有精品意识。一方面要求题量少而精，能够做到举一反三，使学生实现触类旁通的目的；另一方面习题在内容上要尽可能与现实生活和时事接轨，以便让学生在掌握知识的同时能更好地认识现实和促进知识向实践转化。

教师可以通过系统地学习来掌握教学评价相关知识，提升教学评价能力，从而实现科学性与效率性。例如，通过分析研究中（高）考试题，有利于教师迅速提升自身习题设计的科学性与效率性。研究中（高）考真题之所以重要，首先在于它经过大量专家的精心打磨与论证，在试题的质量上具有非常高的含金量。其次，历年真题无论是在命题的角度、题量，还是在题型、难度等方面都进行了充分考虑，最能检验学生知识水平的高低。最后，对真题进行仔细研究有利于我们从中不断总结和发现中（高）考命题专家的命题思路，了解中（高）考命题的方向，对于今后自身的习题设计有着事半功倍的效果。

习题练习作为推进课堂教学，检验课程实施成效，强化学生知识与技能的重要载体，在教学画卷上有着浓墨重彩的一笔。习题设计不仅是每一位教师必修的专业基本功之一，同时也是教学研究的基础课题。习题的选择与设计不需要标新立异，只需要守常务本，抓住教学评价与教学的基本内核，立足教学的基本要素精心设计，就能体现其最本质的旨趣，达到预期教学效果。

创新教学模式　助力线上教学

【导语】 在新型冠状病毒肺炎疫情影响下，各中小学教师对线上教学的开展进行了前所未有的探索。开展线上教学、提高线上教学的实效是每位一线教育工作者正在面临的挑战与机遇。经过一段时间的线上教学实践与摸索，我们认为线上教学应依据课型构建程序化、简约性、易操作的教学模式，将师生线上教与学的行为纳入规范化的体系中，以提高线上教学的针对性和实效性。

受新型冠状病毒肺炎疫情影响，各地中小学教师积极响应国家"停课不停学　停课不停教"号召，全身心投入线上教学工作中去。此次线上教学不仅持续时间长，还涉及各个学科的不同课型。所谓课型，是指课的类型，按照教学的进程可分为新授课与复习课。不同课型在教学目标、教学程序、教学方法的设计和安排上都各有其特点，因此，在线上教学实践中也应当有所区别。

我们以初三《道德与法治》复习课为例，构建了线上教学背景下"3+3+3"复习课教学模式（如图1），即线上教学"课前引思—课中拓思—课后反思"三个过程。该过程以师生活动"三步走"，达到"认知定向—迁移拓展—巩固提升"三大能力提升基准点。该模式抽象概括了教学过程中各要素的组合状态，为本阶段师生的线上教学活动提供了相对稳定的操作范式，取得了良好的线上教学成效。

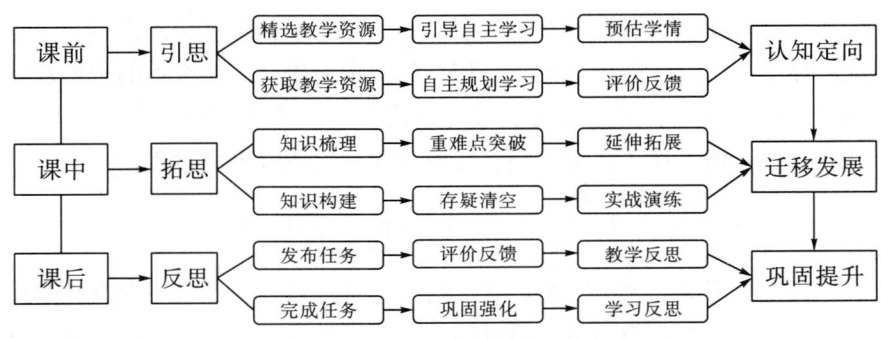

图1　线上教学"3+3+3"复习课教学模式流程

一、课前引思，认知定向

课前引思是主体自觉学习、主动思考、发展思维的过程。复习课中的引思，既指向教师的教学思考，又指向学生的自学思考。线上教学相比以往的线下课堂教学，在一定程度上延展了师生教学思考的时间并拓展了师生教学思考的空间，师生能够有更多自主安排的时间和可利用的平台空间进行自主学习与自我思考。在这一阶段，教师需要通过"精选资源—引导自学—预估学情"三步活动来促成自我的教学思考及学生学习思考。学生则通过"获取资源—自主学习—评价反馈"三步活动来达成自我的学习思考，形成认知定向并为下一阶段的复习做好准备。

（一）教师精选教学资源，学生获取教学资源

初三线上复习课是特殊时期促进学生知识与能力等由量变到质变的关键教学环节，切不可因网络环境随意而为。教师精选教学资源是减少教学实施中随意与任性状态的前提。线上教学资源的选择与设计要力求少而精，做到精简、整合、清晰，符合网络资源的特性和学生获取使用资源的逻辑；根据初中《道德与法治》的学科性质，要求线上教学资源紧跟时政新闻，但切忌时政内容庸俗化；教师在精选教学资源、发布教学资源后，还应指导学生在约定的时间内用特定的方式获取复习资源。

（二）教师引导自主学习，学生自主规划学习

自主学习是课前引思的中心环节。教师可以提前一两天的时间，通过钉钉群的钉盘功能上传学习任务清单。自学任务清单不仅要有学生学习所需的具体

知识，还要附带学法指导，方便学生完成自学任务，教师准备的内容应包括需要完成的导学案、预习的内容范围、识记的知识清单、需要准备的资料及网上优质的课程资源等。学生要按照学习任务清单中的要求保质保量完成学习任务，并在平台上留下任务完成时间、完成方式和完成效果的过程痕迹。

（三）教师预估学生学情，学生反馈学习评价

引导自主学习后，教师需要对学习情况进行追踪，并及时对课堂教学设计再调整再优化。一方面教师可以通过网络平台学生自学痕迹，如钉钉作业查看反馈功能，了解自学情况，对照教学目标，预估完成效果；另一方面教师还可以鼓励学生通过钉钉、微信、QQ等即时通信方式反馈问题，并通过对学习任务的追踪与反馈及时对课堂教学设计进行再优化。学生完成自主学习后需要进行自我评价，需先行查漏补缺，并通过即时通信软件或学习平台提前反馈问题，为课中学习奠定思想上和知识上的基础。

二、课中拓思，迁移发展

课中拓思，即拓展思维。复习的拓展思维指向学生已学知识，是解决学生未知知识难题，探索知识之间的内在联系，使之系统化、结构化，能够运用已知知识和技能分析新情境，解决新的难题。这一环节需要通过师生的有效互动来实现，教师应当从单向"主播"的角色中走出来，通过带领学生"知识梳理—重难点突破—延伸拓展"成为学生思维的开拓者，学生则通过"知识建构—存疑清空—实战演练"完成自身知识与能力的迁移发展。

（一）教师知识梳理，学生建构知识

网络复习课不同于新授课和线下复习课，其时间更紧而任务更重。因此，教师要利用有限的课堂时间梳理知识，辅助学生建构知识体系，这个过程一般在课前15分钟内完成。首先，教师可以出示本节学习内容的思维导图，带领学生对所学知识点进行宏观层面的框架建构，让学生对学习内容有一个整体感知。其次，教师展示教学内容的逻辑结构表，从"是什么、为什么、怎么办"三个层面引导学生进行知识梳理，将核心知识要点化、简约化。最后，学生通过教师知识梳理，对本节内容的知识进行思维建构，形成准确清晰的知识框架。

（二）教师突破重难点，学生清空存疑

清空学生的知识障碍是课中拓展思维的突破口。教师要结合课前自主学习的反馈和知识梳理当中的重难点针对性突破，并且给学生预留思考和记忆的时间。学生对照课前自主学习疑点和教师点拨的重难点，力争做到扫清知识盲区。

（三）教师延伸拓展，学生实战演练

教师延伸拓展可以分为两个层面进行，一方面是时政热点分析，另一方面是典型例题演练。学生通过思维拓展和实战演练将所学知识学以致用、迁移发展。学生这一质的飞跃过程必须建立在有效的互动上，网络复习课不能因缺少面对面的交流而成为教师的个人"脱口秀"。具体来说，教师可以利用学习平台的交流互动功能，通过线上抢答、系统随机指定等来实现有效互动，帮助学生进一步思考、探索、深化和发展。

三、课后反思，巩固提升

课后反思，是复习课的总结反馈环节，也是检验教学成效的关键环节，既指向教师的教学反思，又注重学生的学习反思。在线上教学环境下，往往因操作受限，师生课后反思力度不够，以致教学成果不能及时巩固和反馈。在这一环节中，教师可以通过"发布任务—评价反馈—教学反思"掌握教学情况，并提升教学能力，而学生通过"完成任务—巩固强化—学习反思"来进一步巩固所学知识和提升运用能力。

（一）教师发布任务，学生完成任务

布置作业是教学的一个重要环节，也是课堂教学的有效延伸，线上教学不能因此环节烦琐而省略。在疫情背景下，教师可以通过钉钉的家校本功能给学生布置作业，并且作业的布置应体现以下三个原则。其一，针对性原则。教师本着"取其精华，去其糟粕"的要求选择适当的题量。其二，多样性原则。教师可以利用网络的便利性设计个性化任务。如选择画思维导图或搜集时政材料并分析等。其三，层次性原则。既要注重夯实基础，又要培养能力提升。学生应保质保量完成教师布置的课后作业，力争做到作业堂堂清。

（二）教师评价反馈，学生巩固强化

通过考核评价不仅能帮助教师及时掌握学情，还可以增加师生之间的互动交流，从而激发学生学习热情。其一，在线上展示学生学习优秀成果，发挥学生榜样示范作用；其二，对完成效果不佳的学生，进行具有针对性的辅导；其三，对于普遍存在的问题，教师通过文字、语音、图文、视频、直播等多种方式再次解惑答疑。由此可见，通过考核评价不仅能帮助教师及时掌握学生学情，而且师生之间的互动交流有利于增进师生感情。学生则通过观看回放视频、录播视频实现查漏补缺，整理课后笔记，加强理解。

（三）教师教学反思，学生学习反思

线上教学平台能够为教师课后教学反思提供参考素材，教师可以通过课后查看教学视频回放、课中聊天发言记录、教学报告等进行线下反思、总结、改进。学生通过学习报告、教师反馈评价等进行学习反思、总结和改进。

线上教学与线下教学在教学内容、教学方式、教学环境各方面都不尽相同，虽然线下教学的大部分经验可以迁移到线上，但绝不意味着线上教学就等于线下教学线上化。古人云："凡事预则立，不预则废。"在新型冠状病毒肺炎疫情特殊时期，线上教学必须有针对性地做好"预"和"设"，在既定的模式下规范教学才能提高线上教学的有效性。

第三部分　做个会育人的青年教师

教师除传授专业知识和技能外，更要学会育人。各个科任教师都应落实"三全育人"理念，增强教书育人的荣誉感和责任感，在教育教学中挖掘育人元素，运用不同教育方法引领学生成长，将思想政治教育寓于学生不同成长时期，采用多元教育方法引领学生，提高育人的高度、力度和效度，不断提高师德修养，做锤炼学生品格的引路人，真正把立德树人根本任务落到实处。

青年教师是未来教育工作的主体，应全面贯彻党的教育方针，突出育人为本，与时俱进，落实立德树人的根本任务，自觉承担起时代赋予教师的重任，关注学生健康成长，努力成为一名既会教学又能育人的良师。

本部分阐述了青年教师育人角色的重要性，探讨了青年教师在处理课堂突发事件、处理学生问题、化解班级学生矛盾、引导学生情绪管理、学科融入德育教育、重视危机事件做好心理疏导、树立榜样人物、构建和谐班级等方面的教育智慧与德育方法，帮助青年教师明白德育教育是促进学生终身发展的教育，为青年教师德育工作提供新思路、新方法、新路径。该部分既有理论，也有丰富的案例研究，以情感人，以情动人，把德育工作真正落细、落小、落实，可有效增强德育工作的实效性、针对性和主动性，使德育教育真正做到入耳、入脑、入心，为学生扣好人生中第一粒扣子，润泽更多青少年健康成长。

运用教育机智　处理突发事件

【导语】课堂是开放的而非封闭的，课堂也是师生共同探究、共同交流和共同分享的地方。在课堂中，师生之间能进行双向交流与学习，而学生是动态的、变化的，他们具有多样性、差异性和复杂性，在课堂中容易发生突发事件。教师面对课堂的突发事件应不回避、不遮掩和不敷衍，要善于捕捉和妙用课堂突发信息，变"意外"为教育契机，及时运用教育机智，采取合适的方法与措施处理，让"意外"变成课堂教学中最有价值的情节，让课堂"意外"成为教学生成，让课堂"意外"成为课堂精彩。

课堂是师生共同学习与成长的舞台，具有可变性、不可预设性，常常会出现各种课堂"意外"。吴荣山曾说："教学机智属于优秀教师个性化的行为，是在教学过程中，教师面对千变万化的教学情景保持心理平衡，快速地随机应变地做出判断和处理，合理调控和驾驭课堂的特殊能力。"[1] 青年教师缺乏教学阅历和教学经验，难免在处理课堂"意外"事件中比较茫然和慌乱。课堂"意外"是特殊时期学生最真实的课堂状态，通过分析课堂突发事件的原因、类别和列举处理课堂突发事件的方法，以更好指导青年教师智慧面对、正确处理，

---

[1] 吴荣山：《课堂出彩与教师教学机智》，《上海教育科研》，2005年第2期，第81页。

变课堂"意外"为课堂精彩，不断获取成长经验，提高处理课堂突发事件的能力，助推自身专业成长。

一、分析课堂突发事件的原因

课堂是教师教与学生学的场所，是师生共同学习与共同成长的精神家园。然而，课堂是由学生、教师及其他所需授课物品等共同组成的，但每个人并非独立的个体，每个物品并非不变，人、物、环境等都具有可变性和不可预测性，课堂中难免突然发生教师意料之外的事件。

在教师课堂教学中出现的课堂"意外"，教师处理得好就能让课堂回归正常秩序，处理不好易引发各种矛盾和问题。青年教师由于缺乏教学经验和教学艺术，难免在课堂中遇到课堂"意外"情况发生而不知所措，或由处理方法不当造成一定的不良影响。

二、列举课堂突发事件的类别

纵观一线教师课堂中出现的突发事件中，有来自教师个人、学生个人或部分外来人员或动物、自然因素等。

（一）教师个人

教师的工作不仅包括教学，还承担了育人的责任。教师除备课、上课、开会、培训外，还要处理学生问题、做好家校沟通等方面工作，还要处理好自身家庭事务，工作十分烦琐且忙碌，存在一定的非故意遗忘是非常正常的情况。一些教师上课时常出现优盘损坏无法打开课件、课件未拷贝到优盘、练习册或者试卷不知放哪儿、身体不适、电脑出现问题、内容讲错或字写错等课堂突发情况，这些情况可能会让教师处于慌乱、紧张状态。

（二）学生个人

学生是独立的生命个体，每个人生理和心理发育成熟时间不一样，从小到大接受的教育、习惯等不一样，一个班级中学生在课堂上的表现自然也不一样。在课堂教学中，学生个体或问与本课无关的问题，或问一些比较钻牛角尖的问题，或不同意教师讲解的内容或答案，还存在教师点名有的学生没有朗读、打瞌睡但学生矢口否认并与教师发生对立等现象；部分学生之间讲话、传纸条，或因一些争执而突然在课堂中争吵乃至动手，影响课堂正常教学秩序。另外，还存在学生突然生病，包括呕吐、发烧或其他身体不适等情况。

（三）其他人员

学校工作繁多，部门较多，教师在不同的时间点需要完成不同的任务或安排，还存在个别家长因各种原因找孩子敲教室门等因素导致打断教师教学的情况。诸如：家长因各种原因找任课教师，任课教师暂时停止教学；学校根据上级要求对学生进行体检；学校定于某天集中体育测评，根据班级顺序分轮次考试，可能中途打断教学。

（四）自然因素

每所学校地理位置、气候条件、地质灾害等各不相同，可能会因特殊自然因素而影响教学秩序。比如，可能存在突然从窗户飞进蜜蜂、小鸟、蜘蛛等动物转移班级学生注意力，引发班级学生出现共通性躲闪行为和相互交流等情况。

三、处理课堂突发事件的方法

课堂出现各种突发事件有可预的和不可预的两种类型，可预的是指比较常见的突发事件，不可预的是指比较突然但需教师运用智慧处理的突发事件。因此，青年教师要多研究、多请教、多反思，提高处理课堂教学中突发事件的能力，提高教学管理水平。

（一）善于观察学生情感，灵活处理

我们知道，每一个生命都是独一无二的，每个学生在家庭环境、接受教育、性格情绪等方面都存在差异，教师在面对课堂学生出现的问题时，不可一刀切、凭经验处理，而应根据平日的观察和了解，从学生实际情况出发，采取不同的方法灵活处理。另外，课堂之外也要多观察、关注学生，多与学生沟通交流，了解其心理和思想，真正走进学生内心，这样才能为在课堂中处理突发事件打下一定的情感基础和认知基础。

记得一次课上，笔者讲授有关"家"的话题，包括分享交流"家是什么""你心目中的家庭成员相处应是怎样的画面""说说家庭中让你最感动或记忆最深刻的一件事情"等问题时，很多同学积极表达着自己对家的理解，包括家不

只是单纯住的房子而是家庭成员之间需要有陪伴、有亲情、有关爱,还分享了父母或其他家庭成员如何关心自己、爱护自己的细节,引起同学们的情感共鸣。然而,笔者却发现,学生小魏始终低着头、表情凝固,明显看得出他内心的失落和对他人的羡慕。面对这样的课堂教学内容产生的课堂"意外",超出了备课预设。就在这时,笔者灵机一动,谈道:"其实,由于各方面的原因,可能现在的家已不是最初的家,家庭成员或也发生变化,然而人与人之间彼此沟通、互相关爱也能成为新的家。新的家庭成员,也会给我们带来许多感动,只要我们用心去体会、去感悟。"随后,笔者分享了自身亲戚的一个案例,引导学生正确认识重组家庭。通过积极的价值观引导和案例分享,学生对家有了新的认识,学会了宽容、学会了感悟和学会了珍惜,将预设之外的课堂"意外"变成课堂生成,拓展学生思维,培养学生对事物的判断和选择能力。

青年教师在面对课堂"意外"时,不要只是想到知识还没讲完,就刻意回避或者简单处理课堂"意外",而应在处理课堂"意外"事件时了解和熟悉学生情况,关注学生情绪变化,不直接发生矛盾、不间接产生隔阂,不急于立即处理,保护学生自尊,促进师生关系和谐温暖。

(二)语言幽默恰当表达,智慧处理

课堂中面对学生质疑教师或有意无意责难教师,或发生教师讲错内容、写错字等情况时,青年教师需要正面回应、语言幽默、智慧处理,内心上接受学生的质疑,行为上鼓励学生质疑,以彰显教师的大度、从容。

在初三开学时,笔者新接了一个普通班教学任务,这个班级学生基础较弱。为纠正学生的不良学习习惯和提高学业成绩,笔者在教学中比较严格但不失关爱。学生问问题,耐心解答;学生测评后,主动为其分析试卷、找出原因、商讨对策;学生书本掉在地上,主动拾起;学生口渴,不影响教学秩序和自身听课情况下允许听课过程中喝水……这样,学生从内心更愿意理解教师的严格,从内心更尊重和认同教师,这有利于奠定良好的师生关系。

在不同的两节课中,在笔者讲到学生最感兴趣的话题并交流结束后,小罗仍继续窃窃私语停不下来;在讲到好笑的事情时,其他同学都回到正轨时,他仍继续笑且动作夸张。这时,笔者突然停下讲课,表情严肃,全班同学异常安静、有些紧张。这时,笔者说:"看来小罗特别想表达下观点,我在人群中少看了他一眼,没有给他机会,我的错。来,你来说说……"此时,全班不约而同地笑了起来,小罗也特别不好意思地笑了,站起来和大家分享。这样,教师把批评语言转为幽默含蓄的话语,把问题归在自己身上,给予学生发言的机会，既提醒了该生注意课堂纪律，又以幽默的方式达成学生自我教育的目的。

由此可见，青年教师需要培养一定的幽默感，应根据课堂"意外"的情况，在合适的时候运用恰当的语言表述，运用教育智慧传达教师寓意，在学生不知不觉中机智地做出课堂调整，起到提醒和纠正学生，规范课堂的教育效果。

（三）科学指导正确防护，恰当处理

作为教师，有责任和有义务守护学生的生命健康，这是对学生生命的尊重、敬畏和守护的体现。以上提到由于地区条件不同，可能会出现一些自然灾害，也可能因偶然因素一些动物进入教室，还有学生呕吐、流鼻血、发烧等生病情况。面对这些问题，青年教师应及时判断、科学引导、恰当处理，以学生生命至上，关爱学生为本，并充分利用突发情况作为教育资源，培养学生的综合素养。

每年3—4月是春天花开之时，教室旁边就是小花园，里面种植了许多不同种类的花。当花开正艳时便会引来个别蜜蜂或小鸟，自然也会出现蜜蜂或小鸟突然飞进教室的情况。一般情况下，学生怕被蜜蜂蜇到身体会躲来躲去或用书本敲打，这使得整个课堂秩序变得比较混乱，容易导致教师情绪失控而处罚当事学生。还有可能因当事学生解释而让教师更加生气，从而致使师生关系紧张。笔者也曾遇到过类似的情况，采用了如下方法来处理。首先，为避免学生被蜜蜂蜇，笔者迅速提醒和组织学生站到安全位置，提醒窗户两边同学把窗户、门全部打开，让蜜蜂自己飞出去。其次，把这个事件作为教育资源，与学生共同交流。比如："为什么附近会出现蜜蜂等小动物？""蜜蜂一定主动蜇人吗？""为什么教师要引导同学们不要拍打蜜蜂而让其自己飞走？""以后遇到类似情况，你会怎么处理？"并由学生自由发言，教师可倾听、点拨和引领。通过师生共同探究与交流，学生明白人与自然是和谐共生的关系，懂得了保护动物、敬畏生命的道理，更明白了遇到类似事情可以主动举手并与教师共同协作而避免引起课堂混乱等。此时，笔者顺势引导学生，若在听课、考试等过程中，遇到地震、大风等情况应如何做好科学避灾，此时生命健康大于课堂规则，学生认可教师的观点，并响起了掌声。

面对课堂中的"意外"，教师要学会冷静，及时采取科学方法和育人艺术，有效化解课堂问题，触动学生的心灵，培养学生正确的人生观和价值观。

青年教师平日里要多研究和多反思自身存在的课堂管理问题，才能在面对

课堂"意外"时因势利导、随机应变,能够及时、正确做出判断。同时还要善于捕捉教育契机,把课堂"意外"变教育资源,培养学生自我教育的能力,让教学回归应然状态,从而更好地提高青年教师的教学机智。

融合协同育人　有效处理问题

【导语】 越来越多的青年教师承担起班主任的工作，平日里不仅要研究教学，还要管理班级。很多青年班主任在处理学生问题时，会请家长到学校协助处理问题，其出发点是为更好发挥家长的教育作用，从而达到教育学生的目的，但由于缺乏艺术与智慧，在语言、行为、站位存在不当，不能联动家长共同教育学生，还可能造成家校矛盾，甚至造成学生与家长之间关系恶化等现象。本文从"有礼——与家长沟通学生问题的前提""有理——与家长分析学生问题的关键""有利——与家长处理学生问题的落脚点"三个方面提出了关于处理学生问题的"三有"策略，将家庭教育和学校教育有效结合，实现家校联动、协同育人的合作与教育目的，帮助学生形成正确的人生观和价值观，进而引领学生健康成长。

一线班主任在工作中会面对来自不同地区、不同教育背景、不同性格等方面的家长和学生，难免会存在一定程度的难度，若处理不当可能会引起家长误会甚至引发班主任与家长之间的矛盾，出现家长投诉班主任的现象，进而影响二者之间和谐的关系，导致家校配合和教育效果不佳。作为青年班主任，笔者也曾遇到较多的学生问题和家长问题，为此从学生的问题中需要家长共同参与教育的案例中总结和梳理出一些有效方法，为有效进行家校共育提供参考。

一、有礼——与家长沟通学生问题的前提

人与人之间相处的前提是彼此尊重，有了尊重才有沟通。班主任与家长之间本无关系，更多是因学生而认识、相处，又因从未长时间面对面直接相处和了解，缺乏共情基础，双方不能较为全面地了解彼此性格，可能因语言、眼神、肢体动作等方面产生矛盾，导致彼此无法进一步沟通，让彼此处于对立的氛围之中。

在一次班主任培训会结束后，A班主任找到我，请我帮忙分析一件事儿，看究竟问题出在哪儿。A班主任给我讲述了在处理刘同学顶撞数学老师的事例：由于刘同学在课堂上一会讲话、一会传纸条，数学老师在课堂上批评刘同学，然而刘同学矢口否认并顶撞数学老师，导致数学老师非常生气。

课后，数学老师直接把刘同学交给A班主任，并把课堂中发生的事情给A班主任说了，并表示如果刘同学及其家长不道歉就不要上数学课了，或自己不再教这个班。看着数学老师如此生气，A班主任心里很是生气，直接给刘同学家长打电话让其来学校处理此事。

家长一到，A班主任直接就表达内心的气愤。"你这孩子没办法教了，课堂上居然和数学老师顶撞，拒不承认自己讲话、传纸条，撒谎连篇，一点诚信都没有。如果他不喜欢我们班就转班吧，转校也可以……"家长一听，顿时就与A班主任在办公室吵了起来。后来，由学校德育主任出面才解决了问题，但该家长与班主任、数学老师之间就此产生了隔阂，各种小摩擦不断，家长也并不太配合相关工作。

其实，学生课堂讲话、传纸条等这类现象在课堂中还比较常见，班主任积极协助科任教师处理师生问题本来是一件好事儿，但为何会出现这样的结局呢？就事件本身而言，我们会发现，家长到校后，班主任就开始表达此学生的不足，话语也比较简单甚至有些过激，特别是类似"没办法教""一点诚信都没有""转班、转校"等字眼，实在让家长有些接受不了。我们不否认班主任或许是因为有些情绪或并无此意，只是为了教育学生，让其懂得事件严重性随口而出的话语，但并未与家长做好事先沟通，家长感受到班主任对自己的不尊敬和不友好，从而也就无法理解班主任的真正意图。自然，在交流前缺乏必要的礼貌，也就妨碍了彼此的沟通，更影响处理问题的进程。班主任可以先处理好自己的情绪,对来到学校协助处理问题的家长后礼貌对待,如采用"请坐""请喝水""感谢支持我们的工作""这件事儿是这样的……"等接待方式和说话方式,让家长感受到班主任的友好与礼貌。礼貌对待家长既体现了班主任的素养,又是班主任与家长进行进一步沟通的基础。

二、有理——与家长分析学生问题的关键

在处理学生与学生之间的矛盾或问题时,班主任要明晰自我角色,及时了解事件过程,做到不偏不倚,公正公平,不掺杂个人主观判断或评价,按照相关程序或相关规定推进,这是处理学生事件及与家长有效沟通的关键,也是班主任处理学生矛盾的智慧。在分析一些班主任的困惑案例中,笔者发现,班主任或对学生事件了解不及时、不全面,或处理问题有所偏见、带有个人情绪,或不按相关规定处理等,都会造成家长对班主任的处理问题能力产生怀疑甚至不信任,进而产生矛盾,使班主任的工作十分被动。

林某平时是一个爱惹是生非、脾气暴躁的学生,顾某是一个平时性格温和、比较爱学习的学生,两人发生了矛盾还在教室大打出手。B班主任很生气,把两人叫到办公室后,结合平时对顾某好印象,认为此事肯定是林某造成的。于是,在没有了解事实情况下,指责学生顾某,并直言要算总账,让学校德育处直接开除该生。顾某一气之下,直接说不读书了,并表示不喜欢B班主任。这让班主任暴跳如雷。家长来了后,班主任也直言不讳地说问题肯定出在学生顾某身上,以前也犯过不少类似问题,严重影响班级秩序,并称学生顾某对自己不尊敬,已经达到开除的地步……

面对B班主任的指责,家长反问了几个问题:"我的孩子和林某之间究竟发生了什么事情?""这件事情是不是全部是我的孩子的问题?""目前我孩子犯的错误达到多严重的地步?对于开除,是你决定的还是学校决定的?"B班主任面对家长的几个反问,突然懵了,无法回答家长。在这时才开始了解问题,但家长已经认为班主任带有偏见、情绪,对班主任不信任,并直接去找了校长理论,学校在此事的处理中也就处于被动地位了。

我们知道,班主任既承担了繁重的教学任务,又承担了烦琐的班级工作。在班级中难免遇到在性格、习惯、品德等方面存在一定问题的学生,平日里这些学生出现问题的频率也较高。然而,班主任容易犯"刻板印象"错误,乃至出现烦躁心态,不管是在语言上还是在行为上都容易"出格",易从"讲理"

变为"无理"。笔者认为,班主任在处理学生事件时,务必要先了解事件原委,不能凭经验办事,不带主观情绪和客板印象办事,要讲事实,有理有据,依法依规,动之以情、晓之以理,既要按规则办事,又要多些耐心与爱心让学生与家长感受到班主任的公平与温暖。这样才能让家长感受到公平、公正,家长也才会了解与配合班主任工作。

三、有利——与家长处理学生问题的落脚点

班主任作为学生成长中的重要他人,更要关心学生的健康成长,善待学生和家长,让学生和家长从内心感受到班主任的关爱,让师生之间、家校之间更和谐。纵观部分处理学生案例可发现,尽管学生知道自己有错该受到处罚,但对于班主任的话语与处理方式并不认同,学生与家长不能感受到班主任处理问题时对自己的关爱,心理上会比较排斥。

C班主任是一名工作一年多的班主任,她一直困惑为什么自己用心处理学生问题,但学生与家长并不高兴乃至一点感谢之情都没有。经过了解后发现,C班主任在处理问题时,一般都是了解双方各自错在哪儿,然后批评、互相道歉,学生只是接受简单的说教或训斥,并未感受到班主任对自己的好,反而认为班主任是挑剔或多管闲事。

另外,当C班主任找家长处理学生问题时,同样语言或行为比较直接,诸如"你孩子把别人孩子的笔弄坏了,该赔偿就赔偿""你孩子骂了人,该给别人道歉""你孩子作业没有完成,你们家长怎么监管的"等。虽然自己孩子有错,但因C班主任的语言与处理方式不当导致家长不能感受到班主任的用心。有的家长尽管赔偿或者道歉,但内心极其不高兴,甚至还出现家长顿时火冒三丈,直接与班主任产发新矛盾,从想配合解决问题转变为拒绝提供帮助,使问题复杂化。

一线班主任处理学生问题时,用心处理不等于有效处理。在处理学生问题时,对学生双方采取简单了解原因、批评错方、相互道歉等方式,对问题学生家长采取抱怨甚至语言伤害等,都在很大程度上让相关学生和家长从内心不能接受和配合,出现学生或家长口服心不服。于是,学生表面上道歉,但内心并未真正认识到问题,双方关系仍存在对立的"后遗症";家长表面上配合班主任工作,但内心并不接受班主任的处理方式,存在"被动接受"现象,还可能因班主任语言与行为的不当,导致家长直接语言回击或各种投诉。笔者认为,

在处理学生问题和与家长沟通时，班主任要结合学生实际情况，选取合适的语言和表达方式，帮助学生理清问题，帮助家长认识到孩子的问题给孩子自身、给他人带来的影响，并站在帮助学生成长的角度对学生进行引导。在交流中尊重对方、表达善意，让学生和家长不仅知道自己（孩子）错在哪儿，更通过班主任的智慧引导让学生懂得如何对自己的行为负责，更懂得这是班主任对自己的宽容和帮助，而班主任要站在有利于孩子成长的角度与家长平等沟通，家长也才能感受到班主任对孩子的爱，也才会以同样的善意理解、支持班主任工作，家校之间也才能形成相互信任的合作关系。

处理学生问题是班主任的常态化工作，班主任需要联动家长，重视家庭教育，与家长交流、研讨、互动，完善家校合作关系，得到家长的信任、支持和共同参与，才能更好地实现教育功能的最大化，才能共同培养人、塑造人。善于从问题中发现问题、思考问题和找出解决问题方法，是班主任处理学生问题、借助家长力量共同合作教育的智慧之举，能增加彼此之间的信任感，形成有效的家校共同体，共同引领学生健康成长。

巧妙化解矛盾　构建和谐班级

【导语】班级是学校教育教学的基本单位，是学生及教师共同学习与生活的重要场所。同一个班级中学生、家长和教师的性格、成长环境、习惯等各方面存在差异，生生之间、师生之间、科任教师之间甚至家长与科任教师之间都有可能产生误会或矛盾。班主任作为班级领头羊，当班级内部出现问题或产生矛盾时，需要智慧地处理好学生之间的矛盾冲突，既能尊重学生人格，又能帮助学生正确认识问题，并在认识问题的过程中学会自我管理与自我教育。

班主任是班级的组织者、管理者和教育者，也是班级任课教师教学、教育工作的协调者。部分青年教师正在担任班主任工作或即将担任班主任工作，在千头万绪的班级工作中，青年教师可能会遇到成因不同的班级矛盾，需要学会用正确的处理方式来化解矛盾，从而构建和谐班级。

一、正确处理生生之间矛盾

（一）耐心倾听学生陈述，了解事情发生原委

班级是学生集体生活和学习的重要场所，同一个班级中的学生来自几十个

不同的家庭，他们在性格、习惯等方面各不相同。这些孩子彼此之间缺乏一定的了解，在集体生活中难免会发生摩擦，进而可能产生误会。同时，这些孩子大多是独生子女，在家庭众多成员的关爱下逐渐养成了以自我为中心的思考方式和相处方式，遇到事情很难为他人考虑，极易因一些小事与他人发生冲突。班主任需要重视并采取合适的方式进行沟通，学会正确处理学生之间的矛盾。

学生矛盾产生后，教师不应立即批评或惩罚学生，而应先耐心倾听学生的陈述，包括涉事学生及旁观学生的陈述。在倾听学生陈述时应注意以下几点：其一，要求双方在对方陈述的过程中先倾听，不急于打断对方说话；其二，双方在陈述时只描述事件本身，不描述个人观点或看法；其三，请两到三个旁观者对事件进行描述，同样要求旁观的同学只描述看到的现象，不谈个人主观感受或个人观点。这样，教师便能大概知道事情发生的过程，从而了解事情原委。随后，再请双方说出自己存在哪些不足，认为他人哪些地方存在不足，在这个过程中双方均不得以任何理由发言或打断对方陈述，教会学生学会自我反思。如此，学生便能慢慢平复情绪又能开始思考自身可能存在的问题。

（二）引导学生换位思考，促成学生相互理解

矛盾的产生从来都不是一个人的问题，起因往往是一些微不足道的小事，但在事情的发展过程中双方都以自我为中心，最终导致双方激烈争吵甚至大打出手。班主任在处理学生之间的矛盾时，可以采用共情的方式来引导学生化解矛盾。首先，在双方陈述完后，请学生站在对方的角度描述如果自己遇到这样的情况可能会怎样做，以此促使学生理解对方并反思自身问题；其次，让学生思考如何解决问题，而不是逃避问题、推卸责任；最后，班主任还可以从中调解，给出合理化建议，协调解决矛盾。

我们知道，班级之间学生矛盾会时常发生，究其原因除了学生常常以自我为中心外也有学生遇到事情不知该如何处理等。班主任应当在平时的德育教育中教会学生如何正确处理矛盾及如何与他人有效沟通，将德育教育渗透于日常教育。另外，班主任还可以采用话题讨论的方式，找到一些合适的案例作为故事讲给学生听，教会学生换位思考及有效处理问题的方式。

二、正确处理师生之间矛盾

(一)积极联系科任教师,同心协力共面对

科任教师作为事件的另一当事人,在处理问题时更为理性。但由于科任教师与学生相处时间短,对学生了解未必全面,加上一个科任教师可能同时执教多个班级,不一定能及时处理所有问题。班主任在事件处理前、处理中以及处理后都应积极联系科任教师,从科任教师处获取第一手信息,共同分析、解决问题。

班主任处理问题时应该注意以下两点:第一,科任教师能自主解决的时候班主任不宜出面。科任教师作为学生成长中的另一重要他人,如果与学生之间发生矛盾都是班主任出面调解,科任教师就失去了德育教育的机会,也可能无法在学生中树立威信,不利于其今后在班级内教育教学工作的推进。第二,班主任在处理问题时要尽量向学生正面评价科任教师行为。学生与科任教师的矛盾大多由教学中的问题而来,不管学生是受了批评还是被科任教师误解,都要引导学生理解科任教师这样做是出于关心和在意。班主任可以引导学生回忆科任教师认真负责及该教师对学生比较重视的事例,多向学生正面评价科任教师,有利于学生从内心理解并接受科任教师。

(二)多方了解事件原委,追本溯源寻症结

任何事情的发生都有一个过程,班主任在处理时不能只关注事件本身,一定要多方了解,除了从两位当事人口中获取信息,还可以从其他人口中获取其他信息。比如,从学生关系较好的同学处了解该生最近是否遇到烦心事,该生平日对该科任教师评价如何、是否对该科任教师有过抱怨以及在此之前是否已有小的摩擦等。这样,有利于班主任找出问题的症结所在,才能在解决矛盾时有的放矢,对症下药。

此外,班主任还应当根据事态的严重程度,考虑是否需要学生家长介入。我们建议能不请家长时就尽量不请家长,若不得不请家长或者说事态已经严重到了家长主动介入的情况,班主任应当首先与家长进行深入交流,耐心给家长讲清楚事件始末和原委,并表达希望与家长共同解决问题的态度,尽量争取到家长的积极配合。

（三）照顾学生事后情绪，因势利导化矛盾

初中阶段的学生，在生理上和心理上都不够成熟。事件发生后，学生的内心可能是恐慌的，甚至可能会害怕班主任的责骂或处罚。班主任在处理学生问题时，不应学生一犯错就对其指责和批评，而应尽量照顾到学生的情绪、循循善诱。

首先，认真倾听，了解学生内心真实想法。班主任可以选择无其他学生时的办公室或操场，这样的环境可以缓解学生的紧张情绪，更有利于他们说出内心的真实想法。其次，适时鼓励，引导学生正确分析。在学生描述事件始末时，班主任尽量不发言、少发言，但可以通过适时的眼神或肢体语言引导学生继续讲述。待学生情绪平复后，教师再引导学生正确分析事件产生的原因及本次事件可能会对其自身及科任教师带来的不良影响，引导学生积极主动化解矛盾。最后，正面评价，促成班级良性影响。当学生与科任教师发生矛盾时，师生关系已经出现了裂痕，极易导致学生反感此学科和科任教师，可能会在班级内部造成不良影响。在问题解决后，班主任一定要在班级内部给予当事学生及科任教师正面评价。比如，表扬学生能够直面自身问题，解决问题时态度端正；科任教师认真负责，业务能力过硬等。

三、正确处理家校之间矛盾

（一）积极沟通科任教师，了解学生学习情况

在当前竞争的时代，学生家长越来越关注教育、关注孩子的发展。然而，也有很多家长忙于各种工作等，无暇顾及孩子的教育，一旦发现孩子出了问题就开始找老师理论，激化家校矛盾。其实，家长和科任教师之间应是"合伙人"的关系，双方都是为了孩子能更好地发展。当矛盾产生时，班主任应积极主动与双方沟通，协助化解彼此矛盾。

首先，班主任先在科任教师处了解事情原委以及该生的学科学习情况，以便与家长交流。其次，从学生处了解事情原委。一般来说，家长对科任教师的了解均来自自家孩子的描述，家长与科任教师之间的矛盾也都来源于学生对家长的转述，所以有必要先在学生处了解情况。最后，从学生入手化解矛盾，家长与科任教师之间的矛盾一定程度上是学生与科任教师之间的矛盾，只有先从学生处着手才有利于解决家长与科任教师之间的问题。

（二）真诚沟通学生家长，形成教育共同体

班主任在与家长沟通时，需要提前"备课"。首先，班主任应向家长阐述从多方了解到的事情经过，以中间立场与家长进行交流。其次，班主任应向家长表明科任教师的善意，让家长明白教师教育的目的。随后，班主任应把在科任教师处了解到的学生情况如实转告家长。建议先转述科任教师对该生的肯定及科任教师对该生在学习和生活中的关心，再提出该生在学科学习中存在的问题。最后，班主任提出针对该生问题的解决方案或建议，与家长共同探讨教育方向，让家长感受到科任教师对学生的关爱，从而有效化解矛盾。若情况较为严重，班主任还可以在与家长和科任教师单独交流后，将他们约在一起，由班主任协调，家长和科任教师坐在一起进行面对面的交流。

处理学生间的矛盾是班主任日常工作的必修课。教育家苏霍姆林斯基曾说："有许多力量参与人的教育过程，第一是家庭……；第二是教师……；第三是……集体……；第四是每个受教育者个人（自我教育）；第五是受教育者……；第六是完全未料想到的雕塑家……如果这些起教育作用的雕塑家，始终行动得像一个组织得很好的交响乐队一样，那么，教育的利剑和长矛往往为之交锋和折断的许多问题，就会非常容易地得到解决。"[①]可见，家校合作对孩子的成长起着非常关键的作用，班主任应时常与家长保持联系，针对孩子的问题与家长真诚交流，形成家校教育共同体。

---

① B. A. 苏霍姆林斯基：《给教师的建议》，周蕖、王义高、刘启娴等译，长江文艺出版社，2014年，第139页。

根据疫情背景　做好在线教育

【导语】2020年新型冠状病毒肺炎疫情的暴发对学生正常返校上学产生了较大影响，全国中小学认真贯彻"停课不停学　停课不停教"的政策进行网络在线教学。教师应深入研究在线教学，以线上教学为载体，坚持五育并举，丰富学科教学内容，提高在线教学的实效性。

2020年年初，受新型冠状病毒肺炎疫情影响，全国人民居家防疫。为保障师生的生命健康安全，实施延期开学的举措，为有效降低疫情期间对学生的学习和成长带来的影响，确保疫情期间学生"停课不停学"、教师"停课不停教"，教师们利用网络平台开启了在线教学。作为一线教师，笔者在疫情背景下开展好在线教育做了一些探索，得到了学生与家长的认同，取得了较好的学习效果。

一、坚持五育并举，线上课堂多姿彩

结合各教育部门就"停课不停教　停课不停学"延期开学期间的工作指导，在学校修身教育理念下笔者所在学校经过反复讨论、修改与完善的《延期开学居家学习生活指导方案》，坚持五育并举，融入学校办学理念与校训，班级课程安排上除了学科课程还专门设置了一周一节班会课、一周一节心理课、一周一节艺术欣赏课、一天一节体育课、一天一小时课外阅读课、一天40分

钟新闻课等,还包括上午、下午课间锻炼与眼保健操,全方位对学生进行居家生活指导与学习指导,结合五育并举开展教育教学活动,全面提升学生综合素养。

(一)开展德育教育,提升学生心理防护能力

结合学校德育处、团委统一要求和班级自主创新,班主任与心理教师共同配合,开展了爱国主义、生命安全、习惯养成、心理健康、公共安全、生态安全和法制教育等各方面在线德育教育活动,将德育放在首位,积极引导学生树立正确的人生观与价值观,提高学生心理防护能力。表1列举了部分德育活动。

表1 疫情期间班会课、心理课主题与德育内容

课程	主题	德育内容
班会课	新型冠状病毒肺炎知识	了解新型冠状病毒的产生、临床症状、传播途径及预防方法,从而正确认识和预防
班会课	做负责任、有担当的中国人	师生共同观看和讲述抗疫中的感人事迹,包括政府及其公务人员、医务工作者、警察、企业、个人等感人事迹,强化责任意识、培养大局意识、弘扬奉献精神,让学生懂得灾难需要我们每个中华儿女共同面对,做负责任、有担当的中国人
班会课	保护野生动物就是保护人类自己	通过此次疫情中暴露出的因猎杀、贩卖和食用野生动物而带来的沉重代价,学生共同发表看法及就如何保护野生动物提出可行性建议,唤醒学生尊重自然规律、善待自然和保护动物的意识,管好自己、共同行动,从而提高维护公共卫生安全的责任感
心理课	积极心态 以心战"疫"	缓解疫情给学生带来的不同程度的恐慌、焦虑、恐惧等情绪,让学生学会正确对待、理智处理
心理课	健康饮食 寻找快乐	引导学生制定科学的生活规律时间表,合理安排饮食和一些居家活动(玩有趣的小游戏、阅读正能量的书籍、观看并点评有意义的电影等)

(二)开展智育教育,让体美劳教育绚丽多彩

为丰富学生居家学习与生活,科任教师可以在学校方案指导下在学习内容、学习时间、学习形式、学习作业、学习反馈等方面做好前期调研和合理安排。在智育方面,笔者认为教师应科学区别和对待线上教学与学校教学,不可简单照搬正常上学时间与课表,需要合理调整,以有效保护学生眼睛。比如:

每节课线上教学时间不宜超过 20 分钟，同时应适当减少每日线上教学的总课时量，兼顾各学科实际情况安排，不宜上新学期新课内容，每天安排一定的学科探究性学习任务，每节课之间要有间断休息时间，控制用眼时间，引导学生保护眼睛。同时，科任教师在进行学习探究性活动时要紧贴社会疫情热点，让教学回归生活，并积极融入德育教育，引导学生活学活用。

我们知道国家的教育培养目标是培养德、智、体、美、劳全面发展的社会主义建设者和接班人，在德育、智育基础上，还需要高度重视体、美、劳。笔者利用线上平台，与科任教师密切配合，开展每天一节体育课，每天上、下午各一次课间锻炼，每天上、下午各一次眼保健操，让班级学生动起来，提高身体素质；艺术课老师通过视频对学生进行音乐、美术、书法、手工制作等方面的指导，丰富课程内容，陶冶学生情操；班级开展劳动教育活动，班主任发出倡议，引导学生居家生活中积极主动参加家务劳动，培养学生居家生活自理能力，学会理解父母、关爱父母、感恩父母。丰富"体美劳"教育内容，进一步教会学生学会做人、学会生活和学会成长。

二、教与辅相结合，线上学习更高效

在疫情居家教学中，教师不能因不在校园而懈怠工作，而应认识到只是将讲台搬到了家里、搬到了线上，解决因疫情而无法返校上课的局面，应提前备好课、用好网络平台开展教学，处理好教与辅的关系，处理好线上与线下的关系，从而以高度责任心努力提高线上教学效率。

（一）内容不宜过多过杂过难，让学生线上自然愿学

线上教学通过网络进行，具有其优势但也有其劣势。按照"一校一策 一班一案"的要求，每个班级教学内容必须符合该班学生实际。由于一个班级的学生学习基础与学习能力具有差异，加上无法进行师生面对面教授，教师难以直接关注到每位学生是否真正在学习，学生也无法真正开展小组合作探究学习，加上学生接受程度不同，教师需要综合考虑该班实际情况对教学内容有所甄选，难度不宜过大，内容不宜过多，让学习内容贴近生活、贴近时政热点，这样才能让更多学生有兴趣参与其中。

（二）采用直播兼顾录播教学，让学生线上自主能学

线上教学内容有难有易，教师可以根据教学内容在课前了解学生学情，根

据了解情况采取直播课与录播课兼顾进行。对教学内容较为简单的，可以直接选取直播进行。对于教学内容较难的可以采取"直播＋录播"的方式进行，教师可以提前录制较难的内容，并反复检查、修改与完善，先进行录播，学生自主学习，根据自身情况选择暂停或重复观看的方式解决自己有困难的问题，梳理难以解决的问题，然后教师开展直播课进行统一讲解，并解答学生集中反馈出的困惑与难点。教育学家叶圣陶先生说过，教是为了不教。这样，教师做到心中有数，选择性开展线上灵活教学方式有助于培养、发挥学生自主预习与自我学习能力，杜绝教师机械化教学和学生被动式接受的现象。

（三）线下答疑解惑辅助教学，让学生线上学习更提效

与传统教育不同的是，在线上教育中，教师无法一一获得每个学生学习效果信息，无法判断学生在线上课程中的实际获得情况。那么我们如何了解和提高学生的课堂成效呢？笔者认为，应当针对每节课的知识点设置一定量的目标内容检测，可以针对当堂知识目标进行语音问答或纸笔检测。笔者认为关注"目标达成"即是关注网上课堂成效，它可以帮助我们及时发现问题、改进教学，还可以根据学生反馈中共同的问题进行短视频或语音答疑，针对不同学生不同问题进行在线私信答疑。笔者认为，只有当线上教学与线下答疑辅导有效结合时，学生才能真正及时学好相关内容。

三、师生双向沟通，线上教学有温度

师生之间不应只是冷冰冰的"我教你学"的单项灌输式教学活动，教师在教学过程中需要发挥学生主观能动性，建立起师生之间互动的教学关系和生生之间互动的同伴关系，及时做好师生双向沟通，让线上教育成为心与心的桥梁，让线上教学更有温度。

（一）主动了解授课情况，及时调整教学行为

线上教学结束后，教师可以主动向授课班级的学生提出问题，包括授课内容难度是否合适、教师讲解是否清晰、教学进度是否过快、教学方法是否创新等方面，大胆征求学生在线上学习的问题、困惑或者难处。比如："这节课的难度你能接受吗？""你能跟上这节课的进度吗？"有调查才有发言权，教师主动倾听学生心声，重视反馈信息，主动分析、改进和优化教学行为，才能更贴近班级学情和线上教学实际，也才会避免教师单向讲授，增进师生互动交流，

构建更加和谐温暖的师生关系。

（二）及时点评线上作业，正面鼓励指导到位

为检测学生线上学习情况，教师可以在课堂上将一定的笔记展示和内容检测作为辅助教学，作为了解学生学习效果的参考。比如，教师可根据学生线上提交的课堂笔记和课堂作业完成情况给予点评。在点评中，教师要善于发现不同学生在不同方面的优点，给予积极鼓励、正面暗示。对于发现的不足之处，教师要站在关心的角度给予指导性建议，而不是一味地批评、指责。当一周线上学习结束后，教师应在学生群里做当周作业总结，以表扬为主、提醒为辅，公开表扬各方面优秀或进步的同学，让受表扬面更宽、更广，对表现不佳的个别同学进行私下单独沟通，让学生真正感受到教师的关爱和负责。这样，线上教育更有温度，师生之间也能彼此理解与支持。

四、家校协同教育，线上教育更有力

因疫情情况特殊，学生居家学习，教师无法真正监督，就需要家长的协助，才能落实线上教学内容。可见，家庭教育与学校教育在目标和要求上的一致就显得尤为重要，家校之间需要相互支持与相互配合才能更好地实现教育效果。

居家学习给线上教学带来了一定的困难，诸如学生体育锻炼是否进行、上课是否按时到位、线上教学过程中学生是否认真学习、课堂练习是否自主完成和电子产品使用时间是否超出正常学习时间等，而这些问题的有效监督需要家长积极配合和协作。笔者作为科任教师，每天线上教学结束后，会根据课堂到位、主动回答问题、主动问问题、课堂练习、书写等情况做各方面的总结，及时给予家长反馈，有表扬、有温馨提醒，并给予家长做好亲子沟通的建议，不激化家长与学生的矛盾。经过几天后，线上授课表彰名单中的名字越来越多，类别之多、范围之广，让家长感受到孩子不同方面的进步，从而获得家长更多的主动配合与支持，进而提高家校协同教育效果。

开展线上教育是应急之举，需要学校和教师真正以生为本，统筹协调，因材施教，丰富居家学习与生活内容，重视学生身心健康，锻炼学生综合能力。同时，需要班主任与科任教师之间、家校之间有效协作，共同教育与引导，帮助学生合理使用网络平台，平稳度过疫情居家学习时间，从而有效促进学生全面成长。

勇担教师使命　自觉承担重任

【导语】第29个教师节前,习近平总书记对广大教师提出了"三个牢固树立"的殷切希望。他指出:"希望全国广大教师牢固树立中国特色社会主义理想信念,带头践行社会主义核心价值观,自觉增强立德树人、教书育人的荣誉感和责任感,学为人师,行为世范,做学生健康成长的指导者和引路人。"①由此可见,教育是民族振兴、社会进步的重要基石,而教师是立教之本、兴教之源。当前,我国已经进入新时代,作为教师的我们应全面贯彻党的教育方针,树立终身学习的理念,落实立德树人根本任务,自觉承担时代重任。

一名青年教师的成长,是一个学习的过程,也是一个蜕变的过程。青年教师面对当今世界的变化与发展,面对知识经济时代的到来,面对未来教育的挑战,更需要承担起教育育人的使命,探索新的教育教学方法,与学生的思想、需求和发展俱进,努力成为一名新时代的"四有"好老师。

笔者是一名来自四川成都的"80后",小学二年级就梦想成为"人民教师",一直在努力奔跑追梦。2008年大学毕业笔者就职于成都棠湖外国语学校,担任初中道德与法治教师。这十余年来,在学校先进教学理念引领下、教

---

① 习近平:《习近平向全国广大教师致慰问信》,2013—09—09 [2021—9—27]. http://www.xinhuanet.com/politics/2013—09/09/c_117294186.htm.

育教学师父无私指导下和个人不断辛勤努力下,一路行走、一路感动、一路收获,在教育教学上探索创新,争做学生成长的引路人。

作为一名初中思政课教师,要深刻明白思政课是落实立德树人根本任务的关键课程,要引导好和培养好初中阶段的学生的世界观、人生观和价值观,这也是贯彻落实 2019 年 3 月 18 日习近平总书记在学校思想政治理论课教师座谈会上的讲话精神。由此可见,思政课教师对学生健康成长具有重大责任和使命,要发挥好思政课的主渠道主阵地作用,要上好思政课,优化教学策略,发挥思政课的引领作用,为学生成长铸魂育人。

教学内容是否有趣,直接影响一堂课的感情基调和学生参与度。教师应在教学中处理好知识与情景教学的关系,让学生在课堂学习中对教师所授内容感兴趣,并主动参与到教学活动之中。因此,思政课如何让每个学生感兴趣并积极参与其中,成为笔者重要的研究课题。2010 年开始,笔者开始在初中道德与法治课教学中探索"一例到底"教学法。所谓"一例到底"教学法,是案例教学法和情境教学法有效结合呈现出的特殊教学形式,遵循学生的认知规律和心理特点,根据教材内容和课堂教学实际需要,精选某一具体人物、事物、事件或者话题等为逻辑主线并贯穿课堂教学始终,是教师积极引导学生在自主合作探究活动中感悟品德、内化知识和积极践行的一种有效教学方式。

为了能更好地研究"一例到底"教学法,笔者专注于其中,并带动其他老师共同研究。笔者也勇于尝试在新课、复习课等课堂中进行"一例到底"教学。比如:教授教科版《思想品德 七年级 下册》第三单元第八课《心中的规则》第一框时,为更好地激发学生学习兴趣,笔者选用了学生耳熟能详的神话故事《西游记》,以孙悟空为主线贯穿整个教学过程,通过"我来帮悟空""我来说悟空""我来想悟空"和"我来评悟空"四个环节由表及里、由浅入深、层层推进,让学生在活动中树立正确的规则意识,并能初步认识他律与自律对自己在成长过程中的重要性,最终落脚点为让学生在生活和学习中养成良好的自律习惯,进而做到心中有规则、心中有纪律、心中有法律,从而在他律中成长、在自律中成熟。2017 年 5 月,笔者参加双流区学科大比武,抽到教科版《思想品德 八年级 下册》第五单元第十三课《法制:市场经济的护卫者》,要求以复习课形式进行授课。基于学科核心素养和社会主义核心价值观的教学选择,笔者以学生发展为本的新课程理念为指导,以教什么和怎样教为教学行为,以适应学生发展为追求,注重学生个性和创造思维能力的培养,以培养学生的能力和法治意识、形成富有理性思维的价值观念为课程落脚点进行教学设计。笔者以"网约车"为题材背景,以"网约车"的兴起、发展(问题

与对策研究）和发展路向为突破口，让学生在课堂中都能动起来，在合作探究中内化并运用知识。本课教学主要有"课题导入""争议中的网约车""合法化的网约车""发展中的网约车""寄语网约车"五个板块，构建了简约而不简单的高效课堂，化繁为简，体现了学科特色，培养了学生科学精神。这节课获得专家评委和一线教师的高度评价，后来结合赛课以及各项考评，我被评为"2017年成都市双流区第九届学科带头人"。另外，这节课在设计前、授课中有很多反思，笔者及时撰写了一篇教学论文《"一例到底"，让政治课复习更高效》，该文发表在《教育科学论坛》2017年第11期，同时被中国人民大学书报资料中心的人大复印报刊资料数据库《中学政治及其他各科教与学》2018年第2期全文转载。

工作十余年以来，笔者受地区、市、省教科院或教师进修校邀请，开展了数十场示范课和教学专题讲座，将教学研究成果分享给更多地区的思政课教师，推动思政课教学不断改革创新；还带动我们区内和区外的年轻教师，和他们共同成长；作为学校初中道德与法治教研组组长，带动教研组教师加强教学研究，深入每位教师课堂，构建成长共同体，不断采取各种研究活动调动教研组教师的活力与创造力，助推教研组教师专业发展。

新时代，思政课教师要坚定理想信念，不忘初心、牢记使命，真正上好每一节思政课，不断探索、不断创新和不断前行，勇担使命和担当，积极作为，努力将思政课堂作为"立德树人"主阵地，承担好铸魂育人的时代重任，帮孩子们扣好人生第一粒扣子。

笔者会一直在研究的路上，会和伙伴们共同在成长的路上……

迎接学生返校　做好四个准备

【导语】随着新型冠状病毒肺炎疫情防控形势持续向好，学生将返回学校复课。学校复课需要做好充分准备，最大限度确保师生健康安全，落实"确保一方净土　确保师生安全"的目标，保障和维护学校开学后正常的教学秩序。

当我国的新型冠状病毒肺炎疫情得到了有效防控时，各地各校在满足开学的条件下已经陆续做好开学准备。在这个特殊的开学复课时节，教师应做好四个准备工作，帮助学生顺利完成从居家学习到回归校园的过渡。

一、做好班级防疫准备

学校是人口高度集中的地方，同一个教室中的学生来自不同的地区和不同的家庭，加之教室空间小，人员相对密集，复课后的学校防控工作尤为关键。开校复课前，做好防疫准备才是重中之重。在正式复课前，教师要在学校防疫方案基础上做好"一班一案"防疫机制和应急处理方案，要联动家长提前多次了解学生的身体情况，准备好一定的班级防疫物资，做好教室的清洁卫生和消毒工作等。

二、做好教师收心准备

在"停课不停学 停课不停教"的政策背景下,教师长时间居家开展线上教学,但在一定程度上与正式在校办公是有区别的。返校复课前,教师应先做好自己的收心工作,提前调整生活作息时间,做好超周备课准备,班主任还需准备好入学线上家长交流会、准备好第一节学生返校班会课,只有做到生活有规律、教学有准备、工作有秩序,处理教育教学事务也有条有理,才能帮助学生收心,从而指导学生做好入学准备。

三、做好学生引领准备

学生长时间在家学习,缺乏学校和教师的规范管理和指导,一定程度上在学习习惯、生活习惯等方面有所懈怠。笔者建议,第一周教学除了做好衔接工作,更重要的是要做好学生思想引领和心理疏导工作。比如,教师可以开展"复课后,我打算这样学××(学科)……"的一节特殊教学课,学生共同交流居家线上学习本学科的收获和不足,教师对学生做得好的方面应给予肯定和表扬,结合不足之处现场组织学生讨论如何解决线上学习遗留的问题和快速进入新的学习状态,从而引领学生快速收心,进入学习状态,并规范自我的各种习惯。这样,学生之间真诚交流、提出建议和彼此监督,加上教师的科学引导,学生就能进行自我反思、自我教育与自我管理。

四、做好学生辅导准备

由于不同学生家庭环境、学习能力和自律程度等存在差异性,居家线上学习的效果自然不同。笔者建议一线教师不要过于为了抓时间、赶进度、快节奏,要结合线上学习的弊端和班级学生实际情况而给予学生一定的缓冲过渡时间。建议教师一方面要做好班级学生线上学习与返校学习的教学辅导衔接,另一方面还要对班级部分线上学习效果不佳的学生进行辅导。这样,教师才能真正兼顾整体教学和个体辅导,关注班级不同学生,让班级学生不掉队。

除了以上准备,教师还需要多观察、关注和关爱学生,帮助学生正确认识和预防新型冠状病毒肺炎,引导学生科学防范,不恐慌、不信谣、不隐瞒,师生共同理解与协作,以实现有效共同防控疫情和生活学习有效过渡的目标。

讲好战"疫"故事　丰富课程教学

【导语】有一种力量，叫众志成城；有一种感动，叫万众一心。2020 年新型冠状病毒席卷全国，国家集中力量抗疫，在抗击新型冠状病毒肺炎疫情的战"疫"中凸显了中国制度的优势，也出现了很多让人感动的先进事迹。教师作为学生成长中的引领者，可以通过将战"疫"故事融入课堂教学，落实立德树人的育人目标。每位教师都可以讲好中国故事，利用好战"疫"故事的教学价值，唤醒学生面对疫情的勇气。

2020 年，新型冠状病毒肺炎疫情暴发后，我国启动了最为严格、最为全面、最为彻底的疫情防控措施和手段，行动速度之快、规模之大，世所罕见。而震惊世界的中国速度的诞生、中国精神的激发、中国力量的凝聚，依靠的正是中国制度这个根本优势。

教师是立教之本、兴教之源，应讲清、讲透、讲好中国战"疫"故事。课堂教学是讲好中国战"疫"故事的重要阵地，将战"疫"精神融入学科教学之中。教师讲好战"疫"故事，凸显制度优势，注重材料的合理性和实效性、内容的层次性和系统性、情感的体验性和共鸣性，让学生从内心真切感受到祖国的伟大，引导学生坚定制度自信，培育学生政治认同感，培养其爱国主义情怀，提升其核心素养。

我们知道，党在十九届四中全会中对社会主义基本经济制度做了新的部署

"全会提出,坚持和完善社会主义基本经济制度,推进经济高质量发展。公有制为主体,多种所有制经济共同发展,按劳分配为主体、多种分配方式并存,社会主义市场经济体制等社会主义基本经济制度,既体现了社会主义制度优越性,……是党和人民的伟大创造"。笔者与温超老师结合疫情故事,讲述好中国制度的优势,以统编版《道德与法治 八年级 下册》中《基本经济制度》一文为例,谈谈复习课中的几点探索与实践,以有效结合疫情故事提高其复习课效率,讲好中国制度,增强制度认同感。

一、教学材料的合理性和实效性

(一)注重教学材料选择的合理性

教学材料的选择要合理,宜小、宜近。小切口更有"可聊性",能提高学生的参与度;贴近生活实际更有"感触性",能增强学生的参与感。比如在《基本经济制度》一文的复习中为了进一步加深学生对社会主义市场经济体制的理解,我们围绕战"疫"故事选取了"口罩"这个典型素材。"口罩"作为疫情期间的必需品,每个人都在接触、都在使用,符合我们材料选择小切口、近距离的要求,让学生有话可说、有话能说。

(二)注重教学材料使用的实效性

要巧妙使用材料、发挥材料价值,提升材料使用的实效性。就"口罩"这个素材,我们可以通过"疫情期间你们买过多少钱一个的口罩呢"打开学生话匣,引发学生兴趣,同时激发起学生回答的欲望,学生在争先恐后地回答和听到高价口罩的惊讶中体会到什么是"市场经济",为后续课堂的推进埋下伏笔。接着继续讲述"口罩"的故事:"值得庆幸的是,我国多家企业,如中国石化、OPPO、比亚迪、富士康等都纷纷转产口罩。"同时让学生思考:"从市场经济的角度,思考企业纷纷转产口罩的影响。"在思考中深刻理解市场在资源配置中的决定性作用。前面学生谈到了自己曾经买到一些高价口罩,甚至有钱都买不到,我们会发现单纯的市场调节存在一定的弊端。顺势让学生思考:"如何才能保障有充足的、价格合理的口罩可供市民购买?"学生在提出措施的过程中,真正理解国家宏观调控的重要性,并感受其在市场调控中的有效性。

只有成熟的制度,才能更有依托地来面对风险;只有更优越的制度,才能更有勇气地接受挑战。注重材料的合理性和实效性,让学生近距离、有效地感受到我国基本经济制度的优越性。

二、教学内容的层次性和系统性

（一）注重教学内容的层次性

学生对知识的掌握和能力的发展是一个渐进的过程，是一个由量变到质变的过程，在复习课中，教师应做好复习的层次性工作，促进学生思维的逻辑性发展。我们要有层次、有逻辑地告诉学生，我们是如何在"大考"中取得优异成绩的。在用战"疫"故事讲好我国基本经济制度优势的过程中，我们设置了三个层次的内容（中国速度——集中力量办大事；中国力量——上下一心共战"疫"；中国精神——凝聚奋斗谋幸福），分别用于讲述我国十天建成火神山医院的中国速度、国家宏观调控下保障口罩的中国力量和建筑工人罗铭良将工资全部买牛奶捐给一线医务工作者的中国精神，三个环节层层推进，步步升华，不仅体现出内容的层次性，也增强了学生思维的逻辑性。

（二）注重教学内容的系统性

培养学生的核心素养，要重视学生知识积累的系统性和思维发展的系统性，这就要求教师在平时的内容组织上要注重系统性。组织内容系统性的方式很多，比如常见的绘制思维导图或结构图的方式。在《基本经济制度》一文的复习中我们采用的是综合设问和系统考察的方式，因为我们谈到的我国的三个基本经济制度并不是一个孤立的存在，而是相互补充、相互联系、相互支撑、相互统一的有机体。单纯的字眼灌输难以让学生真正理解，为了让学生能够体会到我国基本经济制度的统一性，我们设置了综合提问："结合材料及基本经济制度的知识，谈谈火神山医院能十天建成的原因。"这不仅让学生体会到我国基本经济制度的统一性，也让知识的复习更具系统性。此外，内容的系统性，也让学生在看待和思考问题的时候养成全局观，提升思维的广度、深度，使之"储备系统""思考全面""逻辑清晰"。同时，在思考与分析问题的时候，学生更能体会到一个伟大的民族是怎样在灾难中学习、在灾难中自强不息的，这也正是我们能够不断自我革新、自我完善，不断推进治理能力和治理体系现代化的底气。

万众一心、众志成城，筑起了中国战"疫"的牢固防线；凝聚力量、发挥优势，聚起了中国战"疫"的力量源泉。注重内容的层次性和系统性，让学生

系统地感受到我国基本经济制度的优越性。

三、教学情感的体验性和共鸣性

（一）注重教学情感的体验性

在知识的学习中注重情感体验，增强爱国意识，可谓"润物细无声"，一举两得。像爱国主义这样的情感的培养不能也不应该是空洞的，而是需要具体的载体，应是切实的，是有深刻的体验和感受的。但与此同时，爱国主义等情感教育本身就是很大的话题且又是不可硬性灌输的。因此，必须增强情感的体验性，从真实的疫情故事出发，用战"疫"证明制度优势，用优势增强爱国情感，从而让学生发自内心地认同我国的基本经济制度，增强制度自信。结合疫情故事讲述中国基本经济制度优势，本身也是一种将知识与实际、将实际与情感相结合的体验方式。

（二）注重教学情感的共鸣性

教学活动不是单一的"教师教"与单一的"学生学"，而是教师与学生在课堂上心灵的相遇。在我国基本经济制度的优势发挥下，我国口罩日产量能超过3亿只，不再供不应求。不仅如此，我国还向日本、印度等几十个国家和地区捐赠了口罩及其他医疗物资，向多国派出我们的医疗专家团队进行援助，"岂曰无衣，与子同袍"，国家号召，举国行动，社会主义市场经济体制下的中国不仅有上下一心共战"疫"的优势和能力，更有泱泱大国的担当与气节；同时，像火神山医院建筑工人罗铭良这样的劳动者，闪耀出每个平凡中国人身上的中国精神，正是在这样的精神的激励下和我国分配制度的带动下，我们才能凝聚力量谋幸福，同我们伟大祖国一道，夺取一个又一个的胜利；火神山医院7000余名建设者日夜鏖战，数百台机械同时开工，数千万人民"云监工"，全国一盘棋，心往一处想，劲往一处使，仅用十天，火神山医院平地而起，这不仅体现了"中国速度"，更彰显了中国基本经济制度的独特优势。一节课下来，学生不仅获得了知识上的巩固，内心更是充满了感动与对祖国的热爱，引发了他们强烈的情感共鸣。学生深刻理解了为什么会有上下一心共战"疫"、凝聚奋斗谋幸福、集中力量办大事的优势凸显，深刻理解了中国基本经济制度在攻坚克难时展现出的强大执行力。

情系祖国，每个中华儿女都是战"疫"者；政治认同，每个中华儿女都是接班人。注重情感的体验性和共鸣性,让学生真实感受到我国基本经济制度的无比优越性。抗疫斗争是制度优势最直接的证明。这次战"疫"阻击战,充分凸显了中国基本经济制度的优势,也使制度的活力得到了更有效的释放。教师在"道德与法治"课程的复习课中用好战"疫"的故事,讲好中国制度优势,注意材料的合理性和实效性、内容的层次性和系统性、情感的体验性和共鸣性,让我们的复习课充满力量与温情,让学生为生于华夏而感到自豪和骄傲,让我们更加坚定制度自信,迈出自信中国的铿锵步伐。

重视危机事件　加强情绪管理

【导语】 新型冠状病毒肺炎疫情不仅是全球性的重大突发公共卫生事件，也是一起心理危机事件。面对长期居家隔离和疫情信息，不少学生存在一定的紧张、焦虑、恐惧、抑郁等心理健康问题，情绪低迷、压抑，需要教师重视此次危机事件，协同家长开展情绪疏导，培养学生积极向上的稳定情绪。

2020年年初的这个寒假，注定是个不寻常的寒假。受新型冠状病毒肺炎疫情的影响，教育部门以负责任的态度实施延期开学并进行线上学习的方法，保障师生安全。在疫情期间，学生可能会面临各种各样的情绪问题，如：亲友染病，伤心悲痛；长久居家，心情压抑；担忧疫情，过度焦虑；久不返校，担忧学业；开学复课，压力骤升……这些情绪问题如不及时解决，则会严重影响学生返校后的学习效果，甚至带来严重的心理问题，从而产生一系列异常行为。班主任作为班级最直接的组织者、管理者和协调者，承担着教育和教学的双重责任，疫情后班主任需要及时对返校学生的情绪进行观察、关注、引导和跟踪。班主任可以多角度观察、多途径减少或消除学生负面情绪，提升学生的情绪管理能力，使其保持积极健康的情绪状态和乐观向上的生活态度，以期能用良好的姿态投入新的学习和生活中。

一、做好情绪疏导，提高心理疏解能力

初中生处在生理、心理发育不成熟及成长阶段的特殊时期，情绪容易起伏不定，影响正常学习与生活。班主任在班级管理中的角色就包括管理者、引导者，虽然笔者在疫情期间为全班学生进行了线上心理健康疏导，但线上情绪辅导与实际情绪辅导还是具有较大的不同，且效果就有所区别。疫情返校后，班主任可以采取集体情绪疏导与个体情绪疏导两种方法进行，兼顾集体关注与个体关注。

（一）采取集体疏导的群育方式

这里的集体疏导群育方式包括全班集体疏导和小集体式集体疏导方式。如全班集体疏导可以开展与疫情相关的主题班会活动。有选择性、针对性、及时性的主题班会可以让学生正确地了解疫情，班主任多倾听学生的各种诉说，帮助学生树立科学的认知，对生命充满敬畏，传播正能量，高扬主旋律。同时，还可以开展以疫情为主题的相关班级活动，活动内容可以多元，发挥学生同辈群体的教育功能，给予学生积极正确引导，排解负面情绪，并帮助学生建立积极、自信心态，走出消沉负面情绪；小集体式集体疏导即根据学生不同情绪情况采取部分学生集体疏导，可以开展"情绪沙龙"，以圆桌座位方式入座，师生之间、学生之间自由平等交流，可以是自己的困惑、问题，也可以结合他人问题共同建议与鼓励。通过不同集体疏导方式，引导学生清晰认识和了解疫情，形成互帮互助、和谐温暖的班级氛围，让更多的学生情绪得到有效的疏导与释放。

（二）采取个体疏导的个育方式

班主任在跟班过程中，一方面自我观察，还可以请科任教师或班干部共同关注班级学生的情绪问题；另一方面可以鼓励学生主动交流。一旦发现有个别学生情绪异常，应及时给予学生关心，并与学生交流，让学生觉得自己是有人可倾诉和可依赖的。当然，若学生心理情绪比较严重，必要时可单独寻求学校专业心理老师的帮助。真正以生为本，为学生健康成长服务，为班级管理的智慧化进程助力。

二、培养积极情绪，提高身体免疫能力

初中生处于特殊的成长时期，其情绪更易受环境和他人的影响，且能互相传递，对学生的身心健康、人际交往等方面影响较大，因此培养学生积极情绪显得尤为重要。积极情绪给人希望、给人温暖和给人信心，能激活个体行为，能够不断积极暗示自己和他人疫情终将过去，提高学生之间对战胜疫情的情绪氛围。而负面情绪可能引起焦虑、沮丧、心慌、恐惧等心理，引起身体不适，严重者甚至会导致学生出现抑郁等现象，影响学生的正常学习和生活。

作为班主任，我们应该采取适合、有趣的方法培养学生的积极情绪，帮助学生在良好的精神状态下提升对学习与生活的积极性。其一，笔者以著名心理学家的一些实验作为课堂的引入，采用角色互换、预估评价等方法让学生主动参与其中。笔者选取著名心理学教授谢尔顿·科恩做过的一项心理研究，首先课堂展示谢尔顿·科恩教授给334名成年人的鼻子里滴入感冒病毒，并将其隔离一段时间，观察这些人的生理和心理变化。其次，笔者先后抛出问题："你认为可能会有多少人出现感冒症状？""如果你是其中一位参与实验者，你会有什么样的心理感受？你认为你会出现什么状况？""这个实验给了我们什么启示？"通过轻松有趣的实验交流，学生从该实验中发现积极情绪多的人更不容易感冒，认识到保持积极情绪可以提高身体免疫功能。其二，推出"抗疫情 我在行动""用心战'疫'""科学预防疫情 你我共同责任"等主题的黑板报、手抄报、宣传语等，让班级学生都真正动起来，让班级文化润泽学生心灵，引领学生用愉悦、积极的心态面对病毒，更加珍爱生命、善待生命。其三，开展个人"一日一句心'晴'语"，写出积极向上的正能量语，可以是名人名言，也可以是学生原创，用便利贴等形式贴在桌子上，给予自己正面心理暗示，微笑面对每天的生活与学习。

三、智慧方法引领，提升情绪管理能力

疫情后，班主任除了要做好学生的情绪疏导和培养学生的积极情绪，更重要的是提升学生自我管理情绪的能力，让学生学会自主减轻焦虑，学会自主控制和管理好情绪，争做情绪的主人。

（一）发掘自我的省察能力

自我省察情绪的能力对疫情后返校的学生尤为重要，这使得消极情绪在带给自己或他人不良影响之前便能得以调节。每个人都具有自我省察的能力，作为班主任，应尽量引导和鼓励学生去发掘自己的这种能力，要主动发觉和意识到当负面情绪到来时，应去深入剖析并理性分析，而不是被情绪牵着鼻子走。班主任可以教给学生"情绪 ABC 理论"。"情绪 ABC 理论"是美国心理学家埃利斯创建的理论，他认为，激发事件 A 只是引发情绪和行为后果 C 的间接原因，而引起 C 的直接原因则是个体对激发事件 A 的认知和评价而产生的信念 B。因此，当学生意识到 C 并不是 A 直接导致的，而是自己的错误信念引起的，就会激发他的自我省察的能力，理智剖析自己的错误信念。

（二）接纳自我的正常情绪

每个人都会有情绪，如果一味压制或责备自己，只会给自身带来更多的压力和痛苦，要让学生明白有情绪是正常的心理反应，尤其是在疫情后返校复课上，每个人都会有一个适应和调整的过程。烦闷、紧张、有压力等都是正常的现象，但如果因为这样的情绪而陷入自责或希望自己马上能消除这种情绪，反而效果不佳。班主任可以站在自身的角度，以自己在疫情期间的情绪变化为例，引导学生客观而理性地接纳自己的正常情绪，从而将不利情绪控制在合理的范围内。

（三）学会自我的排解情绪

其实，在疫情的影响下不管是教师还是学生可能都会有一些负面情绪，如果心里的负面情绪没有得到及时的排解，那么在返校复课后就容易成为暴发学习和生活问题的导火索。但是，排解不等于随意发泄情绪，不等于让自我的情绪如洪水般肆意暴发，让自我失去理智，甚至产生过激的言行而伤害自己及身边的人。班主任可以引导学生明白合理排解情绪对于每一个人的重要性，但更要教给学生一些合理排解情绪的方法。比如，行动转移法、倾诉法、合理发泄法、注意力转移法等都是常用的方法。在具体方法上，班主任可以列举具体的、可操作性较强的方法，因势利导，有效帮助学生排除负面情绪。

由此可见，班主任做好疫情后返校学生的情绪管理是十分有必要的，是班主任对学生负责的体现，更是班主任职责的体现。班主任应积极作为、开展工作，结合班级学生实情，多一些主动、多一些耐心、多一些方法，通过形式多

样的疏导，调整学生心态与情绪，从而理性看待疫情，科学应对疫情，架起沟通师生的桥梁，提升情绪处理能力，用心陪伴学生共同度过疫情艰难时期，做学生健康成长的疏导者、陪伴者和守护者。

树立榜样人物　引领学生前行

【导语】青少年时期正是世界观、价值观和人生观形成的关键时期，而榜样教育对青少年价值观的形成有着深远影响。中小学生在学校学习与生活的时间最长，而学校在每个人的成长中具有不可替代的作用。教师需要发挥榜样教育对道德发展的重要作用，重视榜样的示范与引领作用，这有利于培养学生正确的价值观和营造班级向上向善的精神面貌。

班主任是一个班级的灵魂，一个班级的可持续发展，需要班主任有意识地弘扬班级正能量，营造良好的环境，而树立"榜样人物"就是要发挥先进学生的激励作用，引导学生崇德向善，增强班级凝聚力、向心力，凝聚班级教育正能量，发挥班级不同学生的优秀品德与积极行为去影响同辈群体。经与学生、家长、科任教师商讨，班级特选取一面教室墙作为"榜样人物"宣传展示区，帮助学生树立目标，养成良好习惯与行为，明确努力方向，引领学生向上向善，对学生的教育起到了预期的效果。

一、让榜样人物来源民主

一个班级的可持续发展，需要公平、民主、和谐、竞争与合作。没有民主的推荐与表决，榜样人物就不太具有可信性与认同性，所谓"榜样"也就形同虚设。由班主任统筹协调，班级"榜样人物"智囊团具体组织，班级学生、家

长、科任教师、生活老师都可以作为推荐人。具体流程为：推荐人发现班级学生在不同方面有突出事例或长期表现出的优秀品质或行为，以文字形式描述推荐理由上交班主任；班主任了解相关信息后进行观察、了解和核实；核实后，班主任利用班会课进行组织，在全班实行不记名投票，对未通过但确实具有代表性的学生进行口头表扬与班级群表彰，对该学生进行鼓励；对入选的"榜样人物"的生活照片、类别、先进事迹等一一展示。这既是班级的民主管理，让榜样人物更具有群众性和说服力，也是引导推荐人用发现美的眼睛发现他人的美，并在无形中对自己的价值观进行正确自我导向。

二、让榜样人物类别多元

每个学生都是不同的生命个体，由于受不同主客观环境影响，每个人都有自己的优缺点。然而，在一线班主任工作中，笔者发现在班级中展示的更多的是学习成绩优异的各种表彰栏，包括单科优秀、单科进步、总分优秀、总分进步等，目的是希望全班形成"你追我赶"的学习氛围。然而，学生的成长不仅仅只有学习成绩这一方面，其他方面也是学生需要培养的核心素养。经过与班级学生、家长、科任教师等共同商议，我们一致认为应更大范围地表彰不同的典型人物，包括"孝老尊亲""助人友善""诚信守纪""勤奋好学""担当奉献""主动创新"等六类。在实际过程中，根据学生事迹实际情况，可以单独命名设立，不拘一格，丰富榜样人物类别，让榜样人物类别更加多元化，肯定在某一方面突出者，让不同学生找到属于自己的生命价值。

三、让榜样人物宣传多样

经过民主选出的不同类别的榜样人物，虽是小榜样，但力量大。为树立班级学生典型，表彰不同方面表现突出的学生，激励受表彰的典型人物继续发扬优秀品质，辐射其他学生模仿学习，在班级之中形成"争创榜样人物　弘扬榜样精神"的班级舆论氛围，其宣传可以多角度、多方式。班主任可以通过班级文化墙专区进行集中展示，让班级学生参与其中，设计与制作表彰栏，让班级文化墙成为一道亮丽的风景线。同时，对榜样人物先进事迹，班主任还可以通过"家长微信群""家长QQ群""班级微信公众号"发布，让榜样人物先进可贵品质唤醒更多人的内动力，引领更多人从认同榜样人物到践行其精神与行为，在班级中弘扬正气，激励班级学生人人争做"榜样人物"。

在班级可持续发展中，我们需要培养有爱心、有孝心、有善心的学生，才能让更多这样的学生成为有温度的人。班级树立榜样、标杆是班级发展需要，更是学生成长需要。通过民主选拔、类别多元、宣传多样等方式，选出学生心目中认同的"榜样人物"，为更多学生提供可行的行为示范，让榜样人物成为班级学生奋进的动力，让更多学生绽放青春，吸取榜样人物精神营养，努力学习身边先进人物，引导学生努力争做新时代好少年，积极践行社会主义核心价值观，并在生活和学习中践行，从而内化于心，外化于行。

情绪锦囊相助　青春时期无忧

【导语】青春期是学生成长中的关键阶段，也是每个人情绪发展的重要时期。教师需要站在青春期学生角度、医学角度、心理角度、外界影响角度等引导学生了解情绪来源与影响，帮助学生正确认识情绪，懂得青春期情绪特点，明白青春期情绪不稳定是正常的生理现象，从而帮助孩子顺利度过青春逆反期。

《中小学心理健康教育指导纲要（2012年修订）》中指出，"中小学生正处在身心发展的重要时期，随着生理、心理的发育和发展、社会阅历的扩展及思维方式的变化，特别是面对社会竞争的压力，他们在学习、生活、自我意识、情绪调适、人际交往和升学就业等方面，会遇到各种各样的心理困扰或问题。因此，在中小学开展心理健康教育，是学生身心健康成长的需要，是全面推进素质教育的必然要求"。由此可见，教师要特别关注学生的心理健康，尤其是青春期学生的情绪。

青春期学生的生理和心理发育不成熟，容易受多方面的影响，导致情绪变化较大，需要教师多一些理解、多一些包容和多一些引导，帮助学生培养积极情绪，学会和消极情绪相处。为帮助青春期学生平稳度过青春期，教师可以采取游戏、歌曲接龙、主题班会、画图、辩论赛、情景剧表演、心理测试等方法。

2020年8月，笔者担任了初一一班的班主任，在与学生相处的两个月中，

发现班级存在个别学生情绪暴躁，易发怒斗嘴，甚至还发生了打架事件。此时，教师最容易因学生问题产生愤怒的情绪，对学生进行责备或处罚。然而，若教师带有愤怒情绪处理学生问题，可能引发师生冲突，甚至加剧学生之间的矛盾。结合班级实际情况，我们开展了一次"情绪稳定是最高级的修养"主题班会，帮助学生客观认识情绪，从而培养学生正确看待事物的态度和行为取向。

教学流程如下：

师：我们班这两件事是这样发生的……

课下休息时，曾某某不小心踩到了陈某某的脚……二人发生了肢体冲突。曾某某情绪更加激动，还要拿扫帚等物品打架……

上周一早自习前，蹇某某和刘某某因前后座位距离有点窄发生矛盾，情绪激动……

师：这是发生在我们身边的事情，近期在一所学校，同样发生了一起同学之间因小事而情绪激动的打架事件。

在 2020 年 9 月 18 日 19 点左右，位于贵州的铜仁印江的某中学，一名初一学生杨某某对另一名学生实施殴打。

周五放学以后，四名学生一起前往约定地点打球。四个人来到学校后开始分散找桌子，刚好发现了一张没有人打的桌子，四人赶忙跑过去。但是令人没想到的是另一名学生也就是被害人辜某某也看到了这张桌子，想在这里玩。在看到辜某某与自己抢桌子后，杨某某感到自己丢了面子，非常气愤，加上杨某某的同伴在旁边怂恿，他上前殴打了辜某某。

师：同学们，你们认为班级里发生的这两起事件和贵州这所学校发生的事件，有什么共通性原因？（教师可使用 PPT 展示，对比本校与外校发生的学生矛盾事件。）

聂某某：情绪激动或情绪不佳。

师：是的，因为小事而出现愤怒的心理感受，在语言和行为上表现出来。这样的情绪过激，可能带来什么后果？

袁某某：伤害他人身体，产生医疗费。

周某某：与他人打架过程中，还可能伤害自己身体。

陈某某：还会造成心理上的伤害。

雷某某：会给父母带来影响，一方面自己受到伤害会很伤心，另一方面可能打伤他人会给父母带来一定的医疗费用开支。

夏某某：可能彼此之前友谊还很好，但这次事件后，彼此的情感受到一定影响。

唐某某：说不定还可能引发更多的矛盾。

师：从刚才同学们交流中可见，不控制好情绪给自己、他人都可能带来负面影响或危害。那是否会对集体产生什么影响呢？

杨某某：会，可能因自己的过激情绪产生的语言、行为导致他人对这个集体有负面评价。

师：那为什么同学们在这个时期易产生这样的情绪呢？如何更好地调控我们的情绪呢？同学们想知道其中的缘由和方法吗？

生：想。

师：其实，我们产生这样的情绪是有诸多原因的。其一，从青少年角度来看，同学们正处于青少年时期，情绪敏感、反应强烈、情感细腻等会影响我们的观念和行动。这说明现在我们有时出现类似的情绪是——

生：正常的。

师：其二，从心理学角度来看，当我们遇到一件事情，可能激发了自身某种强烈的负面情绪，比如说愤怒、焦虑等。这个时候，被一触即发的这个点，就像是一个"按钮"，一有人按到这个按钮，我们就可能会暴发。其实，心理学当中，有个"情绪ABC"理论。

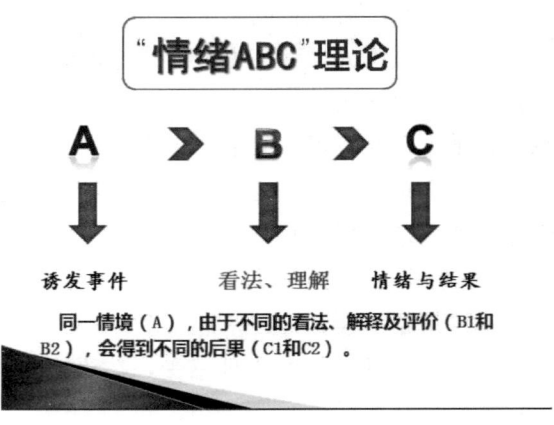

图1　PPT展示——"情绪ABC"理论

师：曾某某不小心踩到了陈某某一脚，这是A诱发事件。而陈某某很生气一掌推过去，激怒了曾某某，两人便动手打起来，这是C情绪后果。但是大家觉得他俩可以如何避免这样的结果？

杨某某：陈某某不能因曾某某踩了一脚就马上冒火，并且动手。

杨某某：其他人还可以对他们进行劝解。

屠某某：曾某某及时意识到自己的问题并道歉，并且询问对方是否受伤了，主动关心对方，获取对方原谅。

郑某某：课下大家玩耍可能真的是不小心踩到的，陈某某可以多些理解，没必要马上还击对方。

师：是的，其实 A 与 C 之间还有一个 B，就是对人对事的态度或看法。同一情境（A），由于不同的看法、解释及评价（B1 和 B2），会得到不同的后果（C1 和 C2）。所以，同学们遇到事情后的态度至关重要。

另外，大家有没有发现贵州铜仁印江某中学杨某某对另一名学生进行殴打，除了杨某某自身问题外，还有什么原因？

张某某：杨某某同学的怂恿。

雷某某：旁边同学不但不劝阻，还在旁边"挑拨"，让杨某某觉得没面子。

师：是的，这些都是常见的外在因素，也能造成同学之间矛盾加深。而我们要做的是劝阻而非成为怂恿者。

同学们，其实除了以上原因外，笔者还了解到医学方面的解释——如今，有不少人出现突发性疾病，但是平时人们也特别注重健康，是什么原因诱发的呢？其实，我们很多人不惜重金把精力花在养生上，重视自己的肉体生命，但却忽略了关键问题，即身和心应该是一体的。其实，当因为某些原因导致我们产生各种情绪时，人身体的免疫系统最先受到攻击，而 70% 以上的人会以攻击自己身体器官的方式来消化自己的情绪，这是导致出现病症的最大原因之一。不同情绪会攻击不同的器官，我国中医曾提出：喜伤心、怒伤肝、忧伤肺、思伤脾、恐伤肾。

由此可见，产生情绪的原因很多，也需要同学们在生活中重视情绪产生的影响，并运用各种方法调节自己的情绪。

其实，调控不好情绪不仅仅会对自己，甚至对他人或集体都会造成一定影响。

同学们，有人说："情绪就是心魔，你不控制它，它便吞噬你。"喜、怒、哀、惧是每个人与生俱来的天然情绪。比如：同学不小心把你的书或作业本打湿了，你可能会很生气；同学打饭时不小心把你的衣服弄上了油，还没道歉，你可能很愤怒；同学在寝室分享零食只给了其他人没有给你，你觉得很没面子，心中非常伤心、愤怒……然而，当你试着体谅、理解和宽容他人，学会控制情绪，接受自己和他人的错误或不足时，自身的情绪也会逐步稳定下来，心情变得平静。同学们，控制情绪需要从里到外的调节，学会做情绪的主人，而非被情绪掌控，是我们每个人一辈子都需要修行的一项重要课程。因为，情绪

稳定才是最高级的修养!

通过这节课的学习,学生明白了产生情绪的多种原因,也懂得了如何管理情绪,用正确的方式处理与他人的问题,努力做一个情绪稳定的人。

一直以来,笔者很关注青春期学生的情绪问题,也开展了丰富多样的课堂活动或班会活动调节学生情绪。

第四部分 做个会成长的青年教师

教育的发展必须全面深化教师队伍建设改革，发挥每位青年教师在"全员育人、全过程育人、全方位育人"中的积极性、主动性和创造性，促进其在"三全育人"理念下改变教育教学行为，增强其专业能力，成为一名会成长的新时代青年教师。

当今是一个高速发展的时代，社会在进步、知识在更新，需要我们每位教师与时俱进、创新发展。青年教师作为学校教育事业发展的中坚力量，为教师队伍注入了新鲜血液，具有自己的优势和劣势，需要善于认识自己、勇于改变自己、勤于更新自己，不断开展自我学习、自我反思和自我创造，才可能成为一名名师，进而成为有教育教学思想的"明师"。青年教师要学会自我成长，明白成长不是别人的事情，而是自己的事情，使自我成长成为一种习惯，争做有理想信念、有道德情操、有扎实学识、有仁爱之心的"四有"好老师。

本部分从青年教师会成长的角度出发，从做好职业规划、新教师成长路径、借力备课组缩短成长期、学会评课议课、反思课堂教学、正视表扬与批评、学会与家长沟通、正确对待考试考差等各个方面展现教师专业成长途径与方法。该部分引导青年教师要以自主发展为主要方式，增强自我发展的内驱力，保持积极进取心态，学会反思、升华经验、服务教学，不断提高自己的专业素养和教育能力，形成自己的教育教学特色，成长为科研型教师、学者型教师。

做好职业规划　突破职业瓶颈

【导语】青年教师是教师师资队伍建设中的主力军和后备力量，关系到学生的人才培养，也关系到一所学校的可持续发展。青年教师的职业生涯规划需要做好前期自我诊断，准确认识并了解自身优势、劣势等主观因素和机遇与挑战等外部因素后，采用适合自身的方法做好职业生涯规划，步入成长与发展的轨道，从而提升个人专业水平，努力成为新时代优秀青年教师。

随着经济社会的不断发展，未来教育充满各种挑战，对教师的要求也越来越高，全国各地教育部门采用各种方法提高教师专业能力。青年教师是师资队伍建设的重要群体，也是学生发展、社会发展、国家发展的一支重要教育力量，需要做好职业生涯规划，以实事求是的态度剖析自我的优势与劣势，以多种方式寻找改进和提高的方法，在实践中成长为更好的自己，以更好地适应不断变化的教育工作，不断提高教育教学工作的热情，促进专业发展，进而成为学生爱戴、家长放心、社会满意的优秀教师。

一、做好青年教师职业生涯规划的前期自我诊断

纵观一个优秀教师的成长，离不开对自身各方面优劣势的分析，发挥所

长,弥补短处,才能促进自我专业成长。可见,客观、准确、全面分析自己的优劣势对于教师专业成长具有重要作用。然而,青年教师缺乏主动自我规划的意识,常见的是完全没有自我职业生涯规划或在学校要求下比较敷衍、抽象地撰写,更有甚者则直接在网上随意下载,这样的自我职业生涯规划无法真正实现自我发展价值。

笔者在成长过程中,在专家指引下、师父指导下,自大学毕业起就认真思考个人职业生涯规划,运用SWOT分析法分析找出个人当前的自身优势、劣势及目前所处外在环境的机遇和挑战,从而做出有针对性、个性化且符合自身实际的教师个人生涯规划。笔者以三年为一个阶段做个人生涯规划,同时根据自身不同发展情况制定下一个三年规划,这样可以帮助青年教师目标清晰化、职业发展可持续化和职业热情激情化。

(一)分析教师个人优势

青年教师能成为教师,是经过各种考核并脱颖而出的,其本人或多或少具有不同的优势能力。青年教师需要对自己的优势自信,并在教育教学中充分发挥优势。比如,笔者刚大学毕业时分析自身优势,包括语言表达能力较强,精力充沛,肯吃苦、爱学习,专业知识较好,课堂教学能力较好,从内心喜欢教育行业等,这些优点都是做好教育教学的基础。在第二个三年分析时,教学取得了比较优异的成绩,与学生、家长沟通比较顺畅,教育教学赛课取得了区级一等奖,所带班级被评为区级优秀班集体等。这些分析让我能明确自身优势,并不断发挥优势。

(二)找出教师个人劣势

每个人都不是完美的,在不同的方面与别人有着不同程度的差距。青年教师不仅要看到自己的优势,也要发现自己的缺点,做到不骄不躁、不弃不馁。比如,笔者认识到在第一个三年分析时还存在劣势,包括对教材素材的选取、课堂预设、点拨与生成,对重点、难点、考点把握不到位,成绩分析不全面,家校沟通方式还缺乏艺术性等。在第二个三年分析时发现虽然教学取得了一定成绩,然而对教材的深度解读、教材前后单元联系、热点与考点融合等能力还较弱。在班主任的工作中,做好优生培养、后进生提高的方法还欠缺,班级文化建设还比较表层化,调动科任教师积极性能力比较欠缺等。在科研研究方面,教育教学都还停留在简单的教学和班级管理层面,缺乏理论研究,教研成果几乎为零。这些都是反思后对自己劣势的分析,也是教育教学工作中需要改进和完善的地方。

（三）把握外部环境机遇

任何职业的机会都不是等出来的，而是需要你争取、创造和抓住的。机遇对于我们每个人来说，是可遇而不可求的外部有利条件，青年教师更要善于把握机遇、抓住机遇，让机遇成为自我提高的助推器。笔者经过分析，从学校层面来讲，所属学校属于四川省一级示范学校，师资雄厚，团队精神强，教研氛围浓，身边优秀的学科教师或其他学科班主任甚多，可以成为自己主动学习、主动请教的对象，汲取众家之长，结合自身实际开发更好的方法；学校会采取教学或班主任"老带新"师徒结对，选取师德高尚、经验丰富、乐于分享的教师成为师父，举行正式拜师仪式，对师徒各自有着考核标准，引导师徒共同学习与共同成长。这大大减少了青年教师自身在教学和班主任工作中的误区与弯路，使其能学习到好的教学方法和德育管理方法，特别是师德修养、为人处世和团队意识。另外，学校经常承办各级教学与班主任教研活动，可以观摩和学习外来专家的课堂和讲座，汲取他人的经验和智慧，提高自身教育教学专业水平。

（四）直面外部环境挑战

教育环境也是不断变化的，青年教师更要主动观察身边外部环境存在哪些挑战，而不能只接受你喜欢的或擅长的，这样才能深知除了自身主观劣势还存在哪些外部环境挑战。笔者分析了校内和校外情况：校内主要包括同科任教师在教学研究、课堂管理、试题分析等不同方面优势明显，在班主任工作上与家长和学生沟通技巧、处理学生突发事件智慧、培养班干部能力等方面方法多样；校外主要包括其他学校同龄教师学习能力强，工作认真努力，善于抓住各种机会学习和提高自己，具有较强的专业研究能力等。

二、做好青年教师职业生涯规划的合理方法

（一）善抓优势机遇发展，合理定位

青年教师缺乏教学经历、德育管理经验，基本上是边实践、边学习、边反思和边改进。青年教师在做个人职业生涯规划时，首先就要树立职业生涯的规划意识，正确认识自我，从自身情况出发，本着实事求是的原则，对自己进行

全方位的剖析。

青年教师在制定职业生涯规划时，要发挥教师自我优势，抓住发展机遇，充分利用自己的优势，包括自身专业能力、语言表达能力、组织工作能力、教科研能力、人际交往能力等；也要抓住发展机遇，包括学校师培方式、搭建平台和硬件设施等，综合分析优势和机遇，确定合理的职业发展目标。在职业规划中，可以制定短期目标、中期目标和长远目标，根据自身条件和外部优势变化进行相应调整，从而实现不同时期的职业规划。

（二）正视劣势挑战问题，积极应对

世界上没有两片完全相同的树叶，每个人都不是完美无缺的。青年教师需要客观理性分析自我，一方面认识到自身存在的不足；另一方面积极应对来自外部环境的压力，找出办法克服，激发自身潜力，促进青年教师专业发展。

在一线青年教师中，可能存在课堂组织、教材解读、试题研究、团队教研等方面的短板，也还存在职业倦怠、上进心不强、自我满足感高等情况，这是缺乏自我规划意识、竞争意识和危机意识的表现。青年教师可以罗列问题、归类问题，可以通过自身改进、请教师父或他人或积极参加培训等方式，主动学习相关技能，慢慢完善自我，不断弱化劣势对自身专业发展的影响，促进自身全方面发展。

（三）做好职业发展规划，指引方向

青年教师在不同的时间节点有着不同的规划，在一定的年限中应有清晰的职业发展方向，将职业规划与教育梦想有效结合，努力实现内心想成为的教师样子。一般来说，第一个三年应站稳讲台，成为合格的教师。在第二个三年、第三个三年及之后，教师根据自身能力与水平，努力从合格教师逐步成为校级骨干教师、区级骨干教师、市级骨干教师等，并从参研课题到主持课题，从论文发表到论文评奖，从单一教学到教学科研，逐步成长为名优教师、特级教师、卓越教师乃至未来教育家。同时，青年教师还需要重视职称，在职业发展中，要主动了解当地职称评选条件，一般来说有年限、普通话、公开课、科研、德育工作等要求，需要在一定年限中有计划准备。笔者一直坚持"努力是一种习惯"的人生态度，积极申请上各级公开课，进行常态化反思与论文撰写，在不断勤奋努力下，各项成果丰硕，职称从初级到一级再到高级，将职业发展与自我人生价值有效结合。同时，笔者是一名科任教师和班主任，还主动将每届学生、家长和搭班科任教师评价作为职业发展的重要评价依据，在日常生活中提升师德修养、专业水平和团队精神，让自己成为有干劲、有激情和有活力的新时代青年教师。

（四）树立终身学习理念，适应发展

当前，青年教师的发展平台众多，机会众多，自然取得各种证书的机会较多。然而，青年教师要从内心明知，无论是公开课还是赛课，除了个人努力，还凝聚了所有教研组教师的共同智慧。因此，青年教师需要低调谦逊，树立终身学习理念，明白作为一名教师更需要不断学习与不断努力，努力接受新鲜事物，汲取他人优秀经验，学习新教育理念，这样才能紧跟时代发展的步伐，成为具有新思想的教师。

三、结语

教师是学生成长路上的引路人，教师的成长才能促进学生的成长。青年教师要有意识地制定不同时期的职业生涯规划，是自身专业发展的要求，更是适应教育环境可持续发展的应然之举。唯有这样，青年教师才能紧跟时代发展要求，不断学习与研究，努力成为有修养、有作为、有担当的新时代优秀青年教师。

运用"三抓三放" 助新教师成长

【导语】 教育大计，教师为本。教师的成长阶段包括新教师、成熟教师、骨干教师、教学名师和教育家型教师等，而新教师则是每位教师成长的第一道关。新教师作为学校发展的新动力，其教育教学水平关系到自身专业发展、学生发展、学校发展和整个社会发展。关注新教师成长，引领新教师转变角色，培养新教师成为合格教师，从站稳讲台到构建精彩课堂，是学校师资队伍建设的重要工作。

每年9月，一批新毕业大学生作为新教师即将走上工作岗位，面临新的身份和新的挑战，有兴奋、有喜悦也有疑惑、有焦虑。其实，在每个教师成长过程中，都会经历新教师这一角色。新教师第一次走上教育教学工作岗位，面临新的身份，如何转变角色并快速成长是新教师的最大困惑。结合一线教师成长规律和自身成长经验，我们提出了关于新教师快速成长的"三抓三放"的可行性建议，以期帮助更多新教师走出困惑，快速平稳过渡。

一、新教师快速成长的"三抓"

（一）首抓课堂管理，因规则而有序

曾经一个学生这样对我说："老师，你的课堂上大家表现最好，你不知道好多课上某些同学会说话、睡觉或者干别的。"为什么同一个班的学生在不同老师的课堂上会有截然不同的表现，这是让许多新老师困惑的地方。其实，学生的课堂纪律、学习状态等与授课教师的课堂管理有着密不可分的关系。比如，在课堂中若有个别学生讲话，一方面影响了周围学生听课效果，另一方面也打断了教师的教学思路，导致课堂效率低下。新教师缺乏经验，常常会出现课堂无秩序的现象，即使课上得再好也收效甚微。因此，新教师上岗后的第一件事情就是要做好课堂管理，制定相应的课堂细则，保证课堂纪律，必要时可以采用一些方式来辅助管理，比如设定个人操行分和小组操行分，根据分数进行奖惩，激发学生的自主管理意识与集体荣誉感。

同时，在课堂管理中应当注意以下几个原则：第一，严格执行，令行禁止。规定制定了就要严格执行，而且要始终如一，否则就没有任何意义，也会让学生觉得老师没有原则，反而不利于课堂的管理。第二，保持公正，一视同仁。对所有学生都要一视同仁，不能差别对待，更不能以成绩作为评价学生的唯一标准，无论是成绩优异的还是成绩落后的，在问题处理上需要讲究公平公正原则，引领班级学生共同遵守课堂规则。第三，严以律己，以身作则。教师的言行举止是学生自我要求的一面镜子，即要求学生的规则老师也应以身作则、树立榜样，用教师的言传身教引导学生从内心认同规则并遵守规则。

（二）巧抓学生心灵，因喜欢而认同

新教师想要站稳讲台，除了要做好课堂管理，努力提升自身教学水平，还得抓住学生的心，即培养学生对本学科的学习兴趣并喜欢该学科，从而喜欢该门科任教师，让学生因为喜欢自愿学习。师生之爱对教育有着莫大的推进作用，每个孩子都渴望得到老师的关怀，每个孩子都希望能得到老师的赞扬，因此新教师要善于发现不同学生的闪光点，努力成为学生喜爱的人，形成和谐友爱的师生关系。

其一，提前认识学生。新教师可以提前在班主任处领取班级花名册，熟悉学生姓名，找出姓名特点或特色，借助姓名亲近学生，让学生对老师也多一些

亲近感。其二，打造第一印象。新教师与学生初次见面时，一定要适当"打扮"，穿戴整洁，简单大方，以给学生留下较好的第一印象。其三，以生为本授课。新教师应该认真研究课堂教学，以学生为课堂主体进行教学设计，可在课堂中融入学生感兴趣的元素，也可举出更符合学生认知、更贴近学生实际的例子，从而打造出更生动有趣的课堂，让学生主动参与到课堂中。其四，多给正面鼓励。新教师在平时教育教学中，要多注意观察学生，捕捉学生的闪光点、进步点，及时给予鼓励和引导，让学生感受到教师对自己的关注和认可，从而让学生更亲近教师。其五，给予更多关爱。在关爱学生方面，青年教师不仅在课堂，还要在课后多关注学生的情绪和心理，与学生分享快乐、引导学生走出负面情绪等，真正成为学生的知心人和引领者。

（三）狠抓教学质量，因努力而优秀

教学质量是教师发展的生命线，也是一个教师能否真正征服学生的最重要原因之一。随着时代的不断进步，学生的视野不断扩大，具有很强的辨别能力。新教师需要高度重视教学工作，思考与研究每堂课教什么、怎么教和重点如何突出、难点如何突破等，这样才能真正地站稳讲台，实现角色的快速转化。

首先，多研究教材与教辅。新教师在备课前需通读教材，在了解教材内部联系与衔接基础上，参考《教师教学用书》，了解编写意图、教学目标及内容解读等，充分了解和认识后进行教学设计，采用有效教学素材和教学方法突破重难点。其次，多向成熟教师学习。新教师需主动多听成熟教师的随堂课，观察成熟教师在教学方法、教学素材、点拨引领、课堂管理等方面的做法，课后将自己的备课困惑或听课疑惑与成熟教师真诚交流，并及时对自己的备课进行修改完善。另外，多关注热点时事。新教师还应多关注国内外时事，了解社会热点，将新思想、新信息、新技术融入课堂，让课堂更贴近生活实际、更生动有趣。然后，认真研究中（高）考试题及课程标准。建议青年教师对近五年的中（高）考试题进行深入研究，对比课程标准列出详细的双向细目表，了解中（高）考到底考什么、怎么考和考到何种程度。新教师只有了解了教、学、考三者之间的联系，才能更好地进行教育教学，从而提高教育教学质量。最后，及时进行教学反思。新教师应该在每节课后，及时进行课后教学反思，分析成功和不足之处，及时对教学进行调整和完善。新教师只有在教学过程中及时反思、不断改进，才能逐步成长，从而提高专业教学水平。

二、新教师快速成长的"三放"

(一)放弃闲适,提高专业素养

教师工作是复杂烦琐的,既包括课内又包括课外,既包括校内又包括校外,既包括工作时间内又包括工作时间外。新教师作为年轻教师,教学经验不足,若不花更多的时间提升自我,可能导致教学质量不高,进而学生、家长、学校不满意其教学水平,影响师生关系、家校关系等,让自己处于被动局面。

新教师要想做好教育教学工作,实现角色的快速转化,就必须要把大量的时间和精力放在教育教学工作上,同时利用课余时间采用多种方式来提升个人综合能力,挖掘自身潜能,提高专业素养,以强大自己的内心。如,多花时间备课以提升对教材解读、教学授课、中(高)考考点把握等方面的能力,多花时间沟通以提升和学生、家长、科任教师之间彼此的交往、理解、协调等方面的能力,多花时间学习以提升对教育教学最新研究成果、教育教学艺术研究等方面的能力……笔者常常为了备好一节课,利用课余时间和休息时间解读教材、查找资料、剪辑音视频、精心制作课件、反复推敲问题、选取合适教学方法等,以适合班级学生学情,取得较好的教学效果。教师要经过磨炼,才能有所成就,新教师更是需要打破"温室效应",利用业余时间进行专业提升,方能让自身教育之路走得更稳、更踏实。

(二)放下权威,勇于面对质疑

在现实生活中,教师总会被认为应该是比学生知的多、懂得多和会的多的人。在这样的社会环境下,新教师很容易陷入其中的误区,认为答不上学生的问题就应该感到羞愧或自责。其实不然,随着经济水平的提高和科学技术的发展,学生可以通过各种途径获取更多的知识,自然在某些方面比教师知的多、懂得多,或能提出更深层次的问题,或能质疑教师教学内容的正确性等。

新教师一方面要以平常心看待,面对学生提出的问题回答不上时或当学生质疑教师讲解的内容是否正确时,要以坦然的心态面对,不随意、不敷衍回答,学会放下教师的架子,放下教师的权威,勇于承认自己不懂,并与学生一起查找资料、共同研究、得出结果。这便是教学相长的师生关系,师生共学,不仅不会让学生否定新教师的能力,反而会让学生更尊重、更喜欢教师。另一方面,新教师还可以借此机会鼓励和表扬学生勇于提出问题,积极与教师共同

研讨，培养学生的探索精神、质疑精神，以此引导学生形成主动探究学习的意识，不盲目相信权威。

（三）放下情绪，避免正面冲突

课堂并不总是完美的，偶尔也会出现一些课堂意外。遇到学生犯错，新教师往往因为缺乏教育艺术和教育经验而易动怒，甚至与学生发生正面冲突，导致师生关系紧张。比如：有学生在教师讲课的时候说话，教师可能就会当面提醒或批评，当学生否认时，教师就可能因被激怒而提高音量质问学生，导致课堂正常教学节奏被打乱，其他学生也无法静心学习。

面对课堂中的各种"意外"，新教师需要慎重处理问题，才能缩小事件对课堂的影响。首先，新教师平日要多观察学生，了解他们的性格特点、心理状态，为处理学生问题提供参考。面对课堂中的学生问题，可以采取眼神对视、走到学生旁边讲课或提问学生等多种方式给予学生暗示。若学生继续违纪甚至不承认自身问题时，新教师不可过于动怒而将事件推向更激烈的地步，一定要先稳定自己的情绪，避免与学生发生正面冲突，可以课后请教班主任或向其他有经验的教师请教教育方法后和学生单独沟通。其次，新教师平时要多关注学生上课状态、听课习惯，提前规划课堂问题的处理方案，有计划地避免问题的发生。这样，新教师在面对课堂中的学生问题时，让情绪多缓一缓、让方法多一点，不正面与学生发生各种冲突，既保护学生自尊心，又合法智慧处理，从而使教育效果更好。

新教师的成长需要时间、需要经历更需要学习，学会"三抓"和"三放"，改变自己的教育理念、改变自己的学生观念、改变自己的教学方式、改变自己的管理方式等，自觉承担教师的责任、使命和担当，不断自我学习、共同研究、学会反思，才能提升自身专业技能，从而紧跟教育发展步伐，努力成为一名合格的新时代青年教师。

主动寻找师父　榜样引领成长

【导语】教育兴则国家兴，教育强则国家强。党和国家历来高度重视教育、重视教师发展，教师是扣好学生人生第一粒扣子的重要人物，是一所学校实现可持续发展的动力和灵魂，是一个国家可持续发展的关键。可以说，教师的发展就是学校的发展。作为青年教师，要有职业认同感、归属感和责任感，要清晰明白教师这一职业的重要使命。因此，青年教师需要不断加强自我修养和教育教学研究，不断自我充电、自我充实和自我提升，成为集"教育、教学、科研"三者相结合的复合型人才。要想实现这一目标，除了自我努力，最好找位师德高尚、业务精湛、乐于分享的师父指引前行。

作为青年教师更应懂得年轻的资本，应鼓励自己抓住时光大步向前、努力攀爬，从而遇见更好的自己。人的成长有主动成长和被动成长。主动学习的效果远远超过被动学习的效果，正如美国学者埃德加·戴尔提出的"学习金字塔"一样。学生学习如此，教师专业成长亦是如此。

一个人遇到好老师是人生的幸运，教师是学生成长过程中重要的引路人，是教育可持续发展的重要力量，对于一所学校、一个民族的发展具有重要作用。因此，教师需要成长，而且必须成长。

在与袁成老师交流教师专业成长的话题时，他特别谈到了人生中有师父的引导和教诲是多么幸福的事情。他说："教师的成长不仅仅需要自我学习与自

我探索,还需要有师父的指引。"下面,我们一起来了解他的成长故事。

在与袁成老师谈话中,我了解到,刘平老师是袁老师大学毕业参加工作后的教学师父,也是袁老师重要的教学启蒙师父。袁老师在多本著作中或多种场合下,都提到工作前三年师父是如何要求他备课与上课的。袁老师回忆道,师父要求徒弟必须超周备课,备好课后及时找师父交流,说教学设计、教学意图及如何突破重难点。师父边听边指导,说优缺点,说改进建议,并把自己的教学经验和教学智慧无私分享给徒弟。同时,师徒互听课、互评课,或平日里随时请教师父。

袁老师说,在 2010 年参加双流区首届"新苗杯"教学大赛时,先是校内教研组初赛,选出一人代表学校参加区级比赛。在师父刘老师指导下,袁老师设计了一节关于认识情绪的课,在校内比赛中获得了特等奖。一晚,当时的初中思想品德教研组组长左晓华老师给袁老师打电话说他被推荐为代表参赛时,袁老师特别不敢相信,毕竟自己才工作不到两年。接完电话后,袁老师及时把这个好消息与师父分享,师父告诉他"接下来还要继续努力,不骄不躁"。最终,他在双流区首届新苗杯教学大赛中获得说课一等奖、现场决赛一等奖。2011 年 9 月,袁老师被推荐参加全国第九届信息技术与课程整合大赛,袁老师在师父刘平老师和教研组组长左晓华老师的指导下,一路披荆斩棘,最终获得全国一等奖。袁老师每次都感恩师父刘老师辛勤的指导,而师父刘老师总说"那是你自己努力的成果"。师父刘老师不仅仅关心徒弟的专业发展,还经常关心徒弟的生活。但师父也有严厉的一面,因为在师父心里希望徒弟越来越好。记得工作第一年时,袁老师在《法律初探》课上想着用之前比较了解的相关新闻作为案例,分析法律的特征。这本是没有问题的,也是符合教材内容的。但师父来听课,课后直说"案例是没问题,也能讲清楚法律的特征。但是,作为一名政治教师需要的是敏锐性,选取的素材应具有时效性,不能停留在过去,要贴近学生生活才能让学生更喜欢你的课堂、喜欢你"。就是这样一位师父,严厉与慈祥并存,让袁成老师清晰知道努力的目标,明白严格是一种关爱,懂得梦想是需要奋斗的。在师父这样的引领和"逼迫"下,袁老师一步一步成长起来,成为校级骨干教师、区级骨干教师、市级骨干教师。

在袁老师工作六年,即带了两届毕业班时,双流区有了第一个政治名师工作室和班主任工作室。袁老师开始思考一个问题:"自己发展方向是什么?"为何思考这个问题呢?工作六年,袁老师在教学师父和班主任师父的引领下,教学和班主任工作都取得了一定的成绩,但选择往哪个方向发展呢?当然,并不是说选择一种就放弃另一种,而是有所侧重。袁老师不断地问自己,难道获得全国赛课一等奖就证明自己的教学要达到了一定高度了吗？"不是！肯定不是！我自己在教学方面还存在很多不足，还没有自己的教学主张，教学深度还不够，还不能更好地研究教材、研究教学和研究命题等，我必须清楚知道自己的问题。"后来，袁老师选择了学科教学，但在班主任工作上依然做小课题研究。

2014年，袁老师加入了特级教师廖洪森政治名师工作室，成了廖老师的工作室的一名学员。2014年至2017年间，廖老师根据每个学员的特点，更新学员教育理念，聚焦学科本质，以课题引领下的教学实践为依托，以科研为引领，开展"常态教研与主题教研"，搭建展示平台，让每位学员发挥优势、形成教学特色。在一次次工作室磨课、一次次献课和一次次交流分享中"逼迫"自己深度学习和深度教研，不断优化课堂教学，在教学中反思、在反思中收获。袁老师特别感谢师父廖老师，因为在工作室里不仅仅学会了如何教学，更学会了如何做一名有理想的政治教师。2017年年初，是袁老师作为工作室学员毕业的时间，在做学员结业汇报中，袁老师总结了这三年的成长，其中包括以下突出成果。

荣誉方面：2014年获成都市优秀德育工作者荣誉称号、入选2014—2017年双流区初中道德与法治中心组成员

著作方面：出版一本教育专著《教者成于川——一位青年班主任的教育探索》，该著作获成都市人民政府社会科学优秀成果奖和四川省第十七次优秀教育科研成果奖一等奖

论文获奖方面：四川省一等奖5篇，四川省二等奖2篇，成都市一等奖5篇，成都市二等奖12篇，成都市三等奖7篇，共有31篇论文获奖

论文发表方面：全国中文核心期刊3篇（《思想政治课教学》2篇，《中学政治教学参考》1篇），其他报纸杂志57篇，共发表60篇

教学赛课方面：各级赛课一等奖5次

公开课、讲座方面：受省市区各级教科院、教育局、教师研培中心邀请开展示范课、专题讲座（辐射）共17次

课题研究方面：区级1项、省厅级3项

媒体宣传方面：共7次

教学成绩方面：个人教学成绩居年级前茅，所带年级成绩平均分居全区前三

就这样，袁老师以优异成绩结业，获得双流区教育局颁发的"优秀学员"证书。在结业后，袁老师依然继续跟着工作室学习，不忘师父恩情。

　　有的教师认为自己所找的师父是否必须年龄大，其实，真不一定！只要他在品行、学识、技能和能力等方面优于自身，无论年龄大小，都可以成为我们的师父。我们需要打破传统的择师观念，突破自己，寻找适合自己的师父。下面是本书作者林光辉老师新入职学校不到一年的感悟。

　　他，1986年出生，工作10年时就已经是中学高级教师了，已经在教学、班主任和科研方面硕果累累，并受全国各地学校邀请开展示范课教学和教育教学专题讲座，已经有一定的名气了。他就是袁成老师，也是我的师父。

　　2019年时，我想去成都发展，希望可以到成都棠湖外国语学校，能够成为袁老师的同事。那时，他33岁，我26岁。我不敢想象这样一位年轻教师的成长是如此飞速。很幸运的是，经过笔试、讲课、面试等层层选拔，我被学校录用了，成为成都棠湖外国语学校初中道德与法治教研组的一名新成员。从第一次和袁成老师见面到如今已经过去了一年多的时间，虽然时间不长，但带给了我巨大的成长。

　　初次相识是在2019年11月16日，这一天不仅是我应聘成都棠湖外国语学校教师被录用的日子，也是我农历的生日，遇见袁成老师可谓是上天送给我最特别的一个生日礼物。随后的日子里，我回到了之前的学校继续工作，等待着2020年8月份正式入职。原本以为和袁成老师在此期间不会有更多的交集，但未曾想到的是他是如此的乐于助人，哪怕我们只是见过一次面，他仍给予了我大量的帮助。以往的我总是很怕写作，怕麻烦、怕写不好等，但袁成老师鼓励我说："你大胆地写，写得不好我指导你，你放心，有我在没问题的。"正是有了这句话，我写出了工作以来的第一篇学科论文。现在再回过头去看这篇文章，虽然文笔很稚嫩，漏洞百出，但正是这一次的尝试，帮助我开启了一片新的天地，从此我开始热爱上写作。不仅如此，袁成老师还邀请我一起参与《中学生时事政治报》的原创试题编写、参与2020年中考特刊《热点考点模拟题》编写、撰写德育论文和为成都师范学院2020年民族地区三科教师进行教材培训等。每一次尝试对我而言不仅是一次成长，更是一份沉甸甸的信任。经历了这段网友时光，更加让我深信袁成老师的品行与担当，就如同他微信公众号的名字"与品格同行"，他是这样说的，也是这样做的。

　　2020年9月10日，我与袁成老师正式结为师徒。当我所有的教师朋友们都在朋友圈晒学生送的教师节礼物时，我也骄傲地晒了当天的教师节礼物，那就是收获了一位师父，这是教师节那天最好的礼物。此后的时光，我就像一个获得了宝藏的幸运儿，在师父的指引下开启了探索教学生涯之路。"原来开学第一课应该注意这些啊！政治课也可以这样生动！讲选择题这么多细节啊！PPT 课件制作这么讲究！板书设计太有艺术性了！"在师父的课堂上，我总能找到改善自己教学的灵感。不仅如此，在一学期的相处中，我亲眼见证了师父是如何热情且无私地帮助同学科、其他学科及其他学校的青年教师共同成长的。在如此繁忙的教学工作中，他不仅完成了自己的教学工作，还带着一群人不断成长，让我们遇见了更好的自己。

我知道，虽然师父是一个"80 后"，很年轻，但他有担当、有情怀。有年龄比他小的、和他相仿的，还有年龄比他大的都拜他为师，希望能在他的引领下成为更好的自己，而越来越多的教师确实是在师父的引领下越来越好。

"如果没有师父们的'逼迫'与严厉，或许自己的教学还在原地踏步，或许还没有更大的长进，不能看到自己的潜能。"每次袁老师在谈到专业成长时，都如是说道。由此可见，袁老师在不同阶段师父的引领下逐步成了教育教学能手和科研能手，并成为他人的师父，是很多教师成长中的贵人。袁老师常说："成长是自己的事儿，需要自己主动成长。当自己存在一定的惰性时，需要一位师父带领自己和要求自己，让自己从繁忙的工作中解脱出来，找到作为教师的乐趣和幸福，那么，你就会更加喜欢做教师，并把教师这一职业作为事业来做。"

每个人的潜能是无限的，而潜能的激发需要自己挖掘，也可以找位师父激发。这样，逼走惰性、逼走陈旧理念、逼走消极思想、逼走职业倦怠，与师父一起修行，让努力成为一种习惯，才能遇见美好。所以说，有人敦促你成长是一种幸福，更是一种幸运！

感恩师父，感恩遇见！

学会借备课组　缩短成长周期

【导语】 一个人独行可以走得很快，但一群人一起走会走得更远；一个人很难孕育出强大的能量源泉，然而一个团队却能创造无数奇迹、成就多人的梦想。备课组是学校教学研究的重要平台，是提高教学质量的有效途径，更是青年教师成长的摇篮与港湾。青年教师作为新加入的教学力量，应把握好备课组这一重要平台，积极投入备课组活动中，集众人智慧，把握丰富的备课资源，提高自身教学质量，逐步促进自身专业的快速成长，实现从合格到胜任的跨越。

青年教师是学校可持续发展的中坚力量，是学校可持续发展的力量之源。备课组作为青年教师成长的摇篮，为青年教师的学习与成长提供了丰富的教育教学资源，搭建了高质量的发展平台。然而，不同的备课组有各自的文化及价值取向，即使同一备课组中教师成员的专业背景、教学风格与特色和学习能力也可能不同。如何快速融入备课组？如何有效地利用备课组中的教育教学教研资源？这些都是青年教师参与备课活动时亟须思考的问题。

一、了解备课组的基本情况

（一）了解成员特点，明确学习对象

备课组中的所有成员都是青年教师学习的对象，教师要善于发现其他成员的特点，多学习与借鉴组内教师的优秀之处。这就要求青年教师在日常教学中多走进其他教师的课堂，观摩其他教师的教学，对组内教师的教学风格有所了解。通过主动观察与学习他人的优秀经验，根据自身特点，优化自己的教学模式。

在具体的实践操作中，青年教师先听课后上课，尽量多听几节其他教师的课，充分总结、反思与修正，再选择适合的班级进行模拟教学。青年教师在听课中，最重要的是对其他教师的教学特点进行归纳总结。如：A 老师擅长拓展知识，培养学生的思维创新能力；B 老师总是能用优美自然的语言进行不同知识版块的过渡；C 老师在调动学生学习积极性方面很有办法；D 老师对学生课后的指导落实得非常到位等。青年教师只有在充分了解备课组其他教师的授课特点与优势后，才能更清楚自己应该向谁学习、学习什么和怎么学习。

（二）了解教研氛围，创造学习机会

备课组是学校学科教学研究的基本单位，承担着培养青年教师、落实教学常规等工作。在实际工作中，不同地区、不同学校甚至不同学科的备课组活动开展情况不尽相同。青年教师在备课组中的学习效果很大一部分取决于备课组的文化与价值取向。若是所在备课组本身就具有一个良好的教学研讨氛围，青年教师则可以比较顺利地完成基本学习任务，实现自身专业成长；若是所在备课组成员间文化价值取向差异较大，那么青年教师就需要尽快调整，发挥自身特长，与成员建立良好的关系，找准学习对象，创造学习机会。

在一次跨校教研活动中，一位青年教师分享了一则小故事：教师小新刚入职时，多次跟同备课组一位中年教师表达了想随堂听课的想法，但是每次都被拒绝。两人同在一个办公室，小新每天都与该中年教师热情地打招呼，并长期主动帮助该中年教师做很多力所能及的事。突然有一天，当小新再次提出想听该中年教师课的时候，中年教师竟然同意了。从此，小新就经常搬着小板凳去听该中年教师的课，短短几年内小新就成了备课组中的佼佼者。可见，青年教师不能只等待学习机会，还需要主动为自己创造学习机会。

二、学会在备课组活动中学习

(一) 学会在听课中学习

听课是备课组常规的活动之一,青年教师可以听组内年轻教师的见面课、成熟教师的示范课及市区级公开课、赛课等。听课也是教师学习的重要途径之一,青年教师应着重从以下五个方面听课。

其一,"听"引入部分。听课时应首先关注授课教师的引入部分,一个好的引入便是一节优质课的开始,学习其他教师优质的引入是让教学更加出彩的起点。其二,"听"过渡语言。听课时应着重关注授课教师的过渡语言,自然流畅的过渡是课堂流畅的基本保障,也是教师教学能力的基本体现。其三,"听"教师点拨。点拨作为堂课生成的重要组成部分,是学生获取知识和反馈的重要方式,也是教师课堂应变能力的重要体现。教师在课堂上适时、适度的点拨不仅可以帮助学生从零散单一的理解生成整体全面的知识体系,还可以提升学生思维能力。其四,"听"课堂结构。听课时还应关注授课教师的课堂设计是否合理、逻辑是否清晰及结构是否完整,这些因素都对课堂教学成效起着至关重要的作用。其五,"听"课堂亮点。一节优质的公开课(赛课)中至少会有一两个亮点,可能是巧妙的设计思路,可能是新颖的学生活动,也可能是独特有效的提问方式。青年教师在听课时可以从授课教师教学中的亮点获取更多的教学灵感,结合自己教学实际有效融合其思想与方法。

另外,青年教师在听课的过程中一定要做好听课记录,最好能将授课教师说的每一句话都记录下来,以便在听课之后的议课评课中发挥作用。青年教师可以每次听课时写一份详细的听课记录,并利用授课的间隙针对各个部分进行斟酌与反思,随后用红笔在听课记录相应内容做好批注。比如,青年教师自己批注该授课教师哪里做得好(寻找授课亮点),哪里做得不够好,还可以怎样改进等。若有点评教师或专家,根据点评老师点评内容与自己的评价进行对比,找出自己与点评老师或专家的差距。

(二) 学会在磨课中学习

磨课是备课组活动中较为大型的一种,是针对大型公开课或赛课教师进行的持续周期较长的一种备课组活动。时间一般在一周以上一月以内,随着授课级别的不同,可能打磨时间也会随之适当增长。这样的磨课活动不仅能锻炼授课教师的能力,也能拉近学科备课组教师成员之间的距离,凝聚备课组成员智慧,推动备课组教师专业发展。

在磨课活动中,教师应从以下几个方面去提升自己的能力。其一,协调时间,有课多听。通常在磨课活动中,教研组长、备课组长及其他优秀教师都会全程参与。这些骨干教师会从头到尾给予授课教师指导,大到教学整体设计、教学内容编排、教学语言锤炼,小到教姿教态、语气表情等。因此,青年教师一定要把握机会,协调好自己的时间,做到有课多听,每听必有所学,在一次次的磨课中获得成长。其二,主动帮忙,做好保障。青年教师在磨课活动中应当积极给予授课教师帮助,做好后勤或其他保障工作。青年教师在磨课中对授课教师的帮助也是对自身能力的一种锻炼,还能收获更多的友谊。

笔者在一次省级公开课上《大气压强》一课,第一次试讲时采用了改进后的覆杯实验——"纱窗覆杯实验"进行新课引入。在磨课环节中,教师普遍认为该引入方式虽能引起学生的学习兴趣,但不能引发学生深入思考。经过激烈的讨论后,一致决定对演示实验进行再改进,将覆杯实验放进玻璃罩进行真空处理,让学生看到没有空气时水会从纱窗流出来,再次放入空气后水又被压入杯中。二次试讲时,大家觉得实验现象非常震撼,但可视度不高,于是又通过讨论决定利用直播的形式将实验现象最大化。随后,备课组内青年教师自发做起了准备工作,有的负责准备实验器材,有的负责调试直播设备,教研组组长、备课组组长则负责优化设计和打磨语言,在反复地推敲和不断地改进后,形成了最终的教学设计。在正式公开课当天,教师使用的引入实验不仅调动了学生的学习热情和思考,更是激起了所有参会教师及教研员的兴趣,大家给予了这堂课高度评价,也对学校教学给予了高度肯定。其实,在磨课环境中成长的不仅仅是一个人,备课组组内的青年教师都能在公开课或赛课活动中获得经验和启迪。

(三)学会在日常研讨中学习

教学研讨是备课组的常规活动,是备课组中最常开展的活动类型。该类活动与听课、磨课不同,是一种相对轻松愉悦的活动方式,通常是教师坐在一起"拉拉家常"。青年教师应学会主动从这种"拉家常"式的研讨活动中多听、多问、多思,从而提升自己。青年教师在参加研讨会之前,还应先行思考,确定自己的初步方案,对备课中存在疑惑的地方进行标记,以便在研讨会上重点关注这些问题。

其一,多听。有的教师属于分享型教师,在常规研讨中乐意发表自己的意

见。这时，青年教师可以多听这些老师的发言。值得注意的是，在听的时候要有侧重点并及时做好记录。其二，多问。有的能力较强的教师可能为人低调，不喜欢公开发言或谈不同意见。这时，青年教师可以就自己想要了解的问题私下单独请教，这也是上述提醒教师需要先了解备课组内其他教师风格的原因之一。其三，多思。研讨时，青年教师能获得很多议课的信息，甚至组内教师的意见还可能会产生冲突。这时，青年教师就要学会独立思考和自主判断，他人提供的意见仅仅是作为参考，不能机械套用，应将所有信息进行有效整合再利用。

青年教师的成长需要依托备课组成员智慧，坚持共商、共享、共赢的团队成长理念，形成尊重、互助、和谐的教研氛围，促进备课组每位教师的专业成长。合理利用备课组活动进行学习是青年教师专业成长的重要途径，是青年教师快速发展的有效载体。青年教师应当积极努力探究如何更好地在备课组中学习，实现在互促中进步，在交流中发展。

找准评课问题　助教研更实效

【导语】 评课是教学活动中重要的组成部分，是教师之间相互研究、相互交流与相互学习的有效方式，也是开展各级教研工作的重要途径。围绕一线评课实际情况，站在学校教研层面指出"评课敷衍现象严重，缺乏态度""评课套用常用语言，缺乏厚度""评课权威话语突出，缺乏广度""评课刻板印象明显，缺乏准度"等四种突出问题，并结合实际问题提出可行性的建议，这有利于帮助更多教师认识到评课的意义和价值，注意评课中的问题，共同为有效评课营造"有话说、敢说话、会说话"的氛围，促进教研工作顺利开展，打造教师研学的政治专业共同体。

教师的专业成长需要备好课、上好课，也更需要不断改进课，这样才能对所授内容有深入的思考，才会不断改进教学方法以适应核心素养课堂，从而提高教育教学质量。教师对所授课进行改进，前提是需要了解这堂课的成功之处和不足之处。通常情况下，教师了解自己的课堂情况的方式：一种是录制视频，课后通过观看自己授课视频进行自我诊断；另一种是听课者对授课教师所授内容进行评价，帮助授课教师真实了解本堂课的教师和学生各种情况，提出改进方法，从而帮助授课教师提高对教学内容研读、教学方法改进、教学管理策略等方面的能力。这样，评课成了教研组有效提高课堂研究教研的重要方式，是教研组成员共同搭建的反思平台，是教研组教师专业可持续成长的重要

途径。近几年中，我们在省内外进行实地学科培训或听课时，参加了当地学校教研组听评课活动，同时结合自身情况开展了一系列本校教研活动，站在发展的角度看当前评课中存在的问题及提出有效的改进方法。

一、评课敷衍现象严重，缺乏态度

　　一个民族的希望在教育，而教育的希望在教师。教师的成长离不开自我努力与外在培养。学校要为学生更好地终身发展负责，促进学校可持续发展，也要不断重视教师业务素质的提高，增加教育投入。学校通常会要求不同教师完成规定听课任务，以相互交流、相互交流、共同成长。一般来说，包括师徒各听节数、同学科教师相互听课节数、跨学科听课节数等，具有明确的"合格"节数要求，并要求对授课者进行评课并填写评课纪要。然而，在一线实际中不仅仅听课成为教师被动完成任务，评课也成了听课教师的"负担"，即"不想评""不会评""不愿评"。徒弟上完课后非常想听听师父对本节课的点评，然而一般回答就是"好""不错""比我上的好，没什么说的"。师父上完课，一方面不会主动去问徒弟本节课有哪些不足之处，仗着自身师父角色权威，认为没必要听徒弟意见；另一方面，徒弟也认为没必要对师父的课进行点评，或更多谈的就是本节课的亮点或自己的收获等，话语明显敷衍了事，但双方满意。同行之间听课更多是为填写学校听课本，敷衍几句评语，甚至还未听课就已把评价填好。当学校对听课本进行检查时，填写内容有模有样，从听课本中认为教师好听课、喜听课、乐听课，只看听课次数和内容是否填写完整，并对教师听课评等级，很多教师也就"听课过关"。

　　然而，教师为何专业成长慢？学科教学质量差异大？学生与家长反馈不佳？一系列问题就要回归到教师自我的学习态度，久而久之便形成了懈怠的学习心态，不能主动学习他人，无法改进教学行为，教学水平也就停滞不前。

　　我们知道，一个人的心态转变，态度也发生改变，其行为也会发生改变。态度是做好任何一件事情的关键，没有积极主动的态度，学习效果也会大打折扣。评课者首先要做一个用心的听课者，课前可以先对要听的授课内容进行解读，了解本课的重难点、学生易错点和自己教学本课的困惑点等，带着课前了解与问题走进课堂，认真听课、做好听课记录，有不同见解或者问题的地方做好标注，课后与授课教师进行坦诚交流。大家可以就本课有关问题的解读是否单一和科学，就材料选取是否恰当和可取，就问题设置是否合理和科学等方面进行深入探究，这样务实求真、独立思考、积极进取的态度对授课与评课教师都是教研的正能量，有利于营造一个有态度、有观点和有话说的教研氛围。

二、评课套用常用语言，缺乏厚度

"该教师普通话标准，亲和力强，板书书写工整""体现新课程理念，符合新课标，培育学生学科核心素养""设计思路清晰，层层推进，实现了预期目标""采用情境教学法、探究法等多种教学方法，体现以生为本，课堂气氛活跃""课件制作精美，多媒体使用娴熟""在一些细节上若能再调整下就更好了"……这些常用评课用语时常出现在各种评课场合，使用频率极高。笔者不是认为这些评课用语不能说、不能用，而是不同教师、不同时期、不同内容应该有所不同，而不是总用这几句"套话"进行常态表达，缺乏提出新思想、新问题、新方法的视野。评课内容"假""大""空"，重抽象轻具体，看似深却不明确，内容宏大却无感染力，站得高却落不到地，导致评语毫无价值可言。久而久之，评课成了走过场、做样子，教师之间无法真正在评课中得到指导、启发和收获。

缺乏厚度的背后是缺乏知识底蕴，体现在较少阅读教育教学理论。这里所讲的厚度，并非说评课要说出"高大上"的生涩理论，而是倡导教师要多阅读和了解基本的教育教学理论，把理论与课堂教学实际有效结合起来，以理论课，以论促研，有效将理论与实践结合，让教师群体感受到"看得到、摸得着"的教研成效。因此，一方面需要教师有自主阅读、自主学习、自主探究的求学态度，阅读大量教育教学理论，特别是与学科相关、相近的著作、文章等，增加知识储备，不断提高自身理论素养，成为又专又博又新的新时代思政教师，以适应不断发展的教育改革；另一方面还需要教师将理论与实践有效结合，把复杂问题简单化、把简单问题厚度化，才能更好地解读教材、重组教材和使用教材，才能更好地巧妙设计，有效地点评教学设计背后所蕴含的方法、思想及其价值导向等。综合而言，教师在评课中不可几句评语用终身，不可几句评语仅停留在表面而非分析具体实质的问题，也不可凭固有的经验做肤浅的点评，需要有先进的教育教学的理论做支撑，并在教学中研透课程标准、吃透教材、读透学生，带着问题走进课堂听课，才能从不同角度、不同标准看到不同结果，使得评价更有厚度、更加科学。

三、评课权威话语突出,缺乏广度

在教研组团队中,教师之间在年龄、教龄、职称、荣誉、职务及到校时间等诸多因素的不同,导致教师群体中无形之中存在个别权威角色,这种权威一方面可能是学校行政赋予的,另一方面可能是因阅历、时间等形成的且大家内心已认同的经验人物。近年来,我们听取各级研讨课、示范课、优质课等展示课或竞赛课,拥有评课权的基本上是学科专家、教研员、学科带头人、骨干教师、中心组成员、备课组组长或教研组组长等。站在学校的角度,学科教师中有行政职务的从高到低进行评课,然后是教研组组长、备课组组长等评课,他们是评课的主角,是评课的风向标,是一节课好坏的评判者。具体来说,以上评课者拥有诸多职务或阅历,也有自己的教学风格或认同的教学方式作为前提,授课者在这些方面与自己的相同之处成为"亮点""优点",不同之处则成了"不足""短处",这样的评价成为导向,而其他教师又缺乏自我思考与独立判断的能力,盲目跟随其观点。特别是农村偏远学校教研评课,受经验文化的影响,在以上谈到的评课导向上尤为突出,甚至一言堂现象贯穿始末,牢牢把握着优先权、话语权和主动权。基于此,更多教师便在课前了解评课者的教学风格、教学理念、教学方式等,开始"投其所好",上出评课者喜欢的课堂。

教研组成员之间既是学科交流的同事,又是相互扶持的朋友,在人格和地位上是平等的。诚然,以上评课现象其实是授课者与评课者之间、评课者与评课者之间地位不平等的体现。评课不是表现评课者的教学风格,也不是秀个人观点趋同,更不是与授课教师一较高下。在评课中,我们需要打破资历、打破职务层级、打破年龄,营造平等、民主、公平、和谐的评课氛围,坚持求真务实的学术教研导向,构建人人参与、人人尽力、人人享有的教研文化,把"话语权"还给教师。让每位教师都拥有话语权,才能增进团队成员互信、互助、互重。一方面,评课实行组内教师轮流主持,人人成为组织者、总结者和引导者,提高每位教师的综合评课组织能力;我们不仅仅听评课者的评价,也应倾听授课者对本节课的自我评价,比如预期目标是否达成、课堂生成效果如何、课堂评价是否得当等,让授课教师也有一个说话的机会,而非全部为他人评价。另一方面,评课不指定一个特定人评或先评,每次轮流先后发言,听不同教师的不同评价,让更多教师发出自己的声音,我们才会听到更多的"评课好声音"。这样,评课主体才不会"窄"而是"广",不会"狭小"而是"开阔",不会"单一"而是"总合",才能更好地打破评与被评的简单考核关系,才能服务教师、服务教学和服务学生，也才能促进教学改革和提高专业成长。

四、评课刻板印象明显，缺乏准度

在一线教学中，"一课第一印象""一课刻板印象"比较突出，即听课者第一次听授课者的课给出的结论，如果教师的第一节课表现突出，给他人的第一印象是水平高、能力强，反之，则认为其水平低、能力差，可能这样的看法还会影响其他教师，给某个教师"定型"，也就出现某些教师"一课成名""一课成为优秀教师"和某些教师"一课即败""一课成为翻不过去的坎"的真实现象，这样的判断过早，有失公正。实际上，每次听课可能受很多因素影响，比如所授内容有难有易、班情学情不同、教师当时主客观因素不同等，自然可能教学效果不同。评课中，我们一方面要了解内容、了解学生、了解教师，才能对当堂课情况有比较全面的了解和认识；另一方面，我们不仅要关注当堂课师生情况，更要了解教师在教学设计上为何这样设计，如何设计，设计与操作实际如何，设计背后蕴含了哪些教育教学理念。这样才能拓宽评课面，站在客观、公平的角度看问题，让授课教师感受到评课者的善意和温暖，才能发现问题所在，才能更好地帮助授课教师了解教学背后的教育原理，把握教育发展趋势，符合学生成长规律，才能有效提高教师群体的专业素养，也才能帮助教师们赢得学生爱戴、家长认同和社会满意。

另外，在一线评课中，还存在"说好不说坏""优点缺点失衡失真"等现象，评课内容不准确、不真实，评课成为虚假的过场，成为针锋相对的"战场"。如何把话说得让对方心悦诚服？一方面是听对方说他想说的，另一方面要站在对方的立场说他想听的。不管评课者是什么身份，但听课的受众群体是教师，同为成年人，更在乎自尊和公平。我们可以让授课教师说他（她）的成功之处、不足之处及困惑之处，让其也能看到不同的自己。同时，在任何场合评课者都应站在授课者的角度、立场谈该如何运用其优势解决其劣势，或一起探讨困惑之处等，评课者与授课者成为合作者，关系也就能得到有效缓解。

评课不是"炮台"，不必争个输赢，应是教师彼此打开视野的"窗台"，把问题看得高、看得远、看得清，让每个人在评课中共同看到更加广阔的空间；评课应是心与心对话的舞台，基于问题、基于研究、基于共享，打开心扉真诚交流，让每个人在评课中看到学术交流的价值；评课应是地位平等发言的"讲台"，人人有担当、人人有事做，让每个人都能成为评课的发言人。另外，我们认同当前一些专家提出的由"评课"向"议课"转变。"评"为"评论""评

判"的意思，是下结论、做评断。而"议"为"讨论""意见"的意思，是共同商量、提出建议。每个人的成长发展时期有快慢，每个人的成长教育环境有差异，每个人的擅长点有所不同，因此教师之间更需要相互研讨、相互学习，构建相互成长的共同体。从"评课"向"议课"转变，是教师之间理念的更新，是互相尊重与地位平等的体现，也是践行社会主义核心价值观的实践要求。这样，可以改变过去授课教师"被评价""被结论化"的现象，让教师群体可以围绕授课内容进行平等交流，更加深入研究问题，共享教育智慧，让不同教师在不同方面有所思、有所说、有所做、有所获。

"教师的成长和发展就是教育的发展"，教师之间更需要共同成长。在实际评课中教师之间把握好"态度""厚度""广度""准度"，才能有理、有据、有情，教师之间才能从内心接纳、认同，也才会真正提高教师之间评课的主动性和积极性，从而促进整个教师群体的专业发展，提高校本教研的时效性和有效性。

反思课堂教学　聚焦关键问题

【导语】作为新时代教师，更要重视学生德、智、体、美、劳全面发展，坚持五育并举，提升教育教学专业水平，减轻学生学业负担，营造良好的师生学习环境。要实现这一要求，教师需要从多角度去改进，特别是课堂教学。通过分析课堂教学中的问题，找出相应的改进方法与对策，有效干预课堂问题，从而解决课堂教学中存在的问题，才能真正提高教师教育教学水平。

课堂是师生共同学习与共同成长的地方，教师的教和学生的学共同构成了教学。然而，在一线教学课堂中，我们时常发现个别或部分学生处于游离状态，在课堂中做与本节课无关的事儿，导致其听课效率较低。学生对于教师的表扬并不期待，甚至并不在意。对于教师的批评不接受甚至在课堂之中与教师发生正面冲突；学生认为课堂收获不大，认为教师对重点问题没有更多时间讲解，课后作业偏多，而教师没有很好地抓住课堂时间给学生完成等。那么，我们不得不思考，出现这样的问题，作为教师，我们是否真正意识到了问题所在？是否做好了课堂细节工作？是否反思过课堂中的问题？结合一线实际情况，笔者梳理了几点在课堂中教师最容易忽略的问题，并提出了几点改进建议，帮助青年教师提高授课过程中课堂观察的能力，促进师生关系和谐，提高课堂教学效率。

一、分析教师课堂教学常见问题

（一）问题一：教师个人讲，学生随意听

课堂教学是教师传授知识与学生学习知识的载体，是需要师生互动的交往过程。然而，在听取青年教师课堂教学时，笔者常常发现在授课过程中教与学存在一定的分割状态，即授课教师按照自己的课堂预设唱独角戏，而未观察课堂中个别学生学习的问题。具体来说，部分学生在课堂之中无法集中精力参与其中，不听课、写纸条、聊天、看小说漫画等，不仅扰乱课堂，自己也未真正投入学习。越到后面，课堂就会出现教学秩序混乱，教师无法把控的局面，自然教学效果也就不尽如人意。教师讲课时在心中要有教学预设，更要把学生装在心中，让教和学真正有效融合。

（二）问题二：表扬形式化，批评随意化

在一线教学中，部分教师不能发现学生微小的进步，也就不能激励学生找到努力的方向。为鼓励和肯定学生的课堂表现，教师应寻找学生的闪光点，对学生或多或少进行一定的表扬。然而，在一些课堂中的表扬却变味了，出现为表扬而表扬，表扬流于形式，让学生慢慢产生不重视、易反感的心理状态，无法对学生做到实质性激励。比如，课堂中常出现"好""真棒""说得好"等习惯性语言。同时，对于课堂中某方面存在不足的学生，不顾实际情况和学生性格情况等而进行公开性批评、攻击性批评甚至羞辱性批评，批评较为随意，易伤害学生自尊心，导致学生厌学、厌师，师生之间存在隔阂。

（三）问题三：准备不充分，时间不合理

课堂教学中充满了未知，可能随时会出现一些意想不到的问题，但可能也会出现各种惊喜。因此，课堂教学需要教师提前做好教学预设，并做到心中有数。一般来说，青年教师工作量较多，备课时间有限，特别是对教学设计每个环节情境素材的选取、问题设计和各环节时间把控等方面不合理，导致重难点不突出。重点内容需要多花时间讲解或探究，但青年教师使用时间过少，教师未吃透，讲课就讲不清晰，学生就不易理解和内化；简单内容却花了很多时间，还可能东拉西扯无关话题，浪费了大量时间，导致课堂主题不聚焦，学生课堂收获偏少。

二、处理课堂中常见问题的方法

(一) 学会课堂中"察言观色"

所谓"教育",既有教,也有育。一方面,教师在课堂中的中心工作是教学,传授学生知识;另一方面,教师也要关注每个学生的学习状态,可以观察学生的面部表情、专注程度等,及时采用合适方法对学生进行教育引导。这样,教育就不只是冷冰冰的知识传授,而是师生有情感、有交流、有互动的生命交往过程。

教师在授课过程中,不要一直站在讲台上,可以在左右两边或最后一排走动,既关注坐在前面的学生也关心坐在后面的学生,让学生感受到教师在关注和观察自己,提高学生上课认真的程度;讲课过程中,要用眼神观察学生表情,看到部分班级学生存在疑惑的表情,或对该问题没有听懂,教师可以停下来,再讲一次,并将语速稍微放慢一点,讲完后再次主动了解学生对此问题是否明白;观察学生上课是否存在讲话、搞小动作等现象,教师不能置之不理或继续按照课堂预设上课,应采用合理方法提醒或制止,引导学生回归到听课与学习之中。

教师不仅要教给学生知识,更要培养学生良好的习惯。因此,青年教师在课堂组织中,要培养学生候课习惯、听课习惯、讨论习惯、记笔记习惯、回答问题习惯等,让学生清楚课堂规则并形成班级公约,共同监督。这样,青年教师既能上好课,又能关注学生、观察学生和引导学生,从而提高教育教学实效。

(二) 学会正确表扬与批评

我们知道,每个人的内心是希望被他人肯定和认可的,这样才能激发自己。无论是教师还是学生,内心都希望得到他人的认可和表扬。然而,一个人的成长并不是只有表扬,也会有善意的批评。每个人的成长都要经得住表扬,更要受得了批评,这样身心才会健康。

对于学生的成长而言,表扬是不可或缺的一部分,正确、科学的表扬会使学生更聪明。青年教师要有赏识意识,在课堂中根据不同学生情况,及时表扬,但表扬要具体,让学生明白为何表扬、表扬是否有意义。同时,表扬应按照实事求是原则,无论成绩好坏与平日表现如何,只要有突出或值得肯定的地

方,教师都要善于抓住机会,对学生进行多样化表扬,这样就拉近了师生关系,让学生从内心感受到教师的认可和欣赏,也更好发挥表扬榜样作用和带动作用。对于批评而言,批评学生是教师应有的权利,但不等于讽刺、挖苦乃至伤及人格。青年教师在课堂批评学生时,要注意事件大小、影响程度和学生性格等,采取更多智慧方式批评。如:课堂中有学生讲话时,教师可以突然停下,起到提醒作用;还可以教师边讲边走到说话学生附近,还可以采取让说话学生附近的同学回答问题等方法。这些方式都可以起到警示作用。另外,青年教师可以采取先扬后抑的方法,先说优点表达赞赏,再说缺点不足,这样既有表扬又有批评,大大减少了学生对教师批评的抵触心理,让学生明白教师的善意,接受教师善意的批评。

(三)学会管理与时间分配

青年教师在心里要深知一节课(40分钟)的重要性,要明白关于教学内容如何安排、需要多少时间完成,这些都应该提前有一定的预设。当然,这需要青年教师在备课上下大功夫,了解本课重难点是什么,采用什么方式突破,预设大概时间,并在教学环节上具有逻辑性和层次性。这样,教师合理安排好教学时间,能有效达成教学目标。

在具体操作中,要理清本节课有几个重点和难点,分清主次,灵活控制时间。对于班级学生确实难以理解的问题,教师应化繁为简,稍微倾斜一些时间,但应及时了解学生情况继续讲述,不能反反复复讲来讲去,否则就会出现学生已懂但教师仍继续讲解的现象,导致后面的课堂内容"草率收兵"。另外,当下课铃声响后,教师对于课堂未讲完的内容继续拖堂,学生已无心听课,既浪费了时间,又会使学生排斥教师这样的拖延行为。由此可见,课堂教学合理分配时间需要课堂预设和灵活安排,切勿出现前松后紧或前紧后松的教学状态,这样都会影响学生听课效果和教师教育教学效果。

青年教师的成长是一个需要时间的过程,在课堂教学中存在问题是在所难免的,需要青年教师勇敢面对和及时调整,让学生在教师的课堂中学有所获。青年教师要多主动观察和反思课堂教学中的问题,将问题课题化,多运用教育智慧,灵活处理课堂中存在的问题,及时了解学生、提醒学生、关爱学生,让学生更喜欢该学科和科任教师,学生也才会从内心愿学、好学和乐学,才能真正提高教师的专业水平和教学质量。

正视表扬批评　明确发展方向

【导语】青年教师在专业成长过程中不仅要提高教学水平，也要学会接受来自家长、学生和同行的表扬与批评。唯有正确认识和对待表扬与批评，才能不迷失自我，从而更好地全面发展。青年教师需要正视他人的表扬与批评，学会理性分析、及时反思和正确对待，从而不断认识自我、完善自我并超越自我，才能更好地激发自身潜能，做更好的自己。

在学生时代成长过程中，我们也曾因为一些事情受到父母、同学、教师等人的表扬和批评。我们因表扬知道自己的优点并加以强化，成为一种习惯和素养；我们因批评知道自己的不足并不断改进成为更好的自己。当我们走上教师的工作岗位后，我们的角色从大学生转为教师，正式承担了教书育人工作。在工作过程中，我们在校相处的对象就主要变为学生、家长、同事和领导，我们的工作情况自然也会受到这些人群的表扬或批评。作为青年教师要有干劲、有激情和有活力地开展教育教学工作，但在面对表扬或批评时应如何正确认识和面对？本文对一线青年教师工作中常见的现象进行分析，以期对更多青年教师有所帮助。

一、表扬中的问题与建议

（一）为表扬而做事，需常态化做好工作

我们每个人的言行需一致，养成一种工作习惯，成为一种生活方式。然而，在一线工作中，存在这样的现象：所做事情并不是自己真心愿意去做的，而是为了获得表扬。

在一次市外培训中途休息期间，一位年轻教师找到笔者请教有关教学的问题，谈到了关于工作态度的话题。我看该教师很积极请教新教材相关问题，于是当面表扬了她。此时，她直接告诉我："其实在教学工作中，很多工作并不是自己想去做的，但若你不做领导会说你不努力。所以，现在有时做了一点事儿，我要通过自己说、晒朋友圈等方式让他人看到自己的努力，身边就会有表扬的声音。但我内心很排斥，我就想简单教教书。"听完这位教师的话后，笔者与该教师交流自己的心得体会，认为我们做的事情不是做给别人看的，而应是为了自己真正成长。

由此可见，一方面该教师可能是为表扬而逼着自己去做一些不愿意做的事情，但并没有认识到成长是自己的事儿。然而，这样的表扬意义价值并不大，并不能真正展示出自己的努力与认真。不管是教学工作，还是德育工作，都是我们教师的本分工作。做好是本分工作，做到更好是发展自己。无论他人有没发现自己的努力，都应该做好才是，这是最起码的职业素养，而不是为了表扬故意表现，不是为了表扬刻意制造表现机会。青年教师要从内心热爱自己的工作。

（二）自我优越感浓，需低调做事懂感恩

当青年教师面对学生、学科同事称赞自己的课十分精彩时，在面对家长、学校领导肯定自己的教学成绩优异或班主任工作做得优秀时，青年教师的内心会很开心自己的工作被肯定，会把工作做得更好。但也常常出现肯定自我、忽视自我优秀的外在因素。

事件一：在参加一次校外教研活动中，某校 A 老师上了一节公开课。从课堂教学过程看，该教师应花了很多精力和时间去设计、去准备，对打磨一节优质课具有很好的示范作用。课后，教师们对本课给予了好评。而后，该教师在互动交流中基本上谈的都是自己如何选材、如何修改的，表

达了自己对一节课课前的用心准备。然而，坐在笔者旁边的是另外一位本校教师，悄悄地对笔者说："这节课集结了全组老师的心血，每个老师都帮忙不同的方面，有帮忙选取新闻案例的，有帮忙选图片的，有帮忙剪辑视频音乐的，有帮忙修改课件的……然而，她归功于自己的优秀，都没说感谢下教研组老师们的付出……"

事件二：笔者一次受邀到一所学校做关于班主任的培训，特别回顾了自大学毕业后三年班主任的经历，分享了班主任师父毫无保留分享经验的事儿，让自己懂得如何做好班级管理、如何与家长沟通、如何做好学生心理疏导工作等。培训结束后，一位老班主任主动和我交流，并送我到校门口。一路上，这位老班主任总说自己在班主任工作方面还有很多不足，说希望多向年轻人学习，为人非常低调谦逊。他说："我带了很多班主任徒弟，这些徒弟也取得了很多成绩。但像你这样随时都师父前师父后地说着他们如何指导你的，很少了。特别是已经取得了很大成绩或成就，乃至于超过了师父的成就的。为你这份感恩之心点赞。"笔者回答道："感恩师父是一辈子的事情，不管是教学师父还是班主任师父。一个人的成长有自己的努力，但也需要师父的指点才能少走弯路、成长更快、走得更远。"

由此可见，这位 A 老师认为自己的优秀与别人无关，将收获的赞扬声音归功于自己的能力，把团队中其他人为此付出的努力抛开。这样势必造成自我优越感上升，影响同事之间的关系，造成其他人不愿再帮忙，让其看到自己的真实情况。对这位老班主任的那番话，我们也能读懂他内心的声音，对培养的个别年轻班主任比较心寒，徒弟成长起来后忘记自己是如何成长的，没有学会感恩自己的师父。其实，不管是师父还是同事，我们都要用心去感受他人对我们的帮助，把别人对我们的指导牢记心间。正如有句话说得好——"感恩不一定要感谢大恩大德，感恩可以是一种生活态度，一种善于发现美并欣赏美的道德情操"。当我们正视自己的成长得到了他人的帮助时，坦然表达成长原因有何不可？

二、批评中的问题与建议

（一）认为他人故意挑刺，需调整心态

我们都知道世界上没有两片完全相同的树叶，也没有完美的人。教师也是普通人，工作中难免有不足之处，属于正常的情况。然而，面对批评时，一些

青年教师无法接受批评，容不下他人合理的批评，甚至认为他人的批评是对自己工作的挑刺，从内心排斥，不愿改进工作中的不足。

有一次，笔者打开微信，看到一位来自江苏的网友发来的信息，笔者和他进行了微信对话交流。具体内容如下：

网友："最近很郁闷，总是被领导批评。比如，上次通知交一个表格，说今天下午5点前上交。由于我下午有课，我就下课后交的，晚了一点点时间，结果被批评了。我特别郁闷，觉得是不是领导对我有意见，故意在挑刺，我又不是没完成交代的任务……"

笔者："什么时候说要交表格的呢？距离截止时间给了多少时间完成呢？"

网友："有2天时间。"

笔者："如果方便，可否说下什么表格？统计什么内容？"

网友："就是统计和核对学生身份证号码，开学时收了每个学生的户口本复印件。"

笔者："有几个问题：第一，班级学生人数多少？第二，这两天你的课多吗？第三，做这个事情时间是不是不够？还是自己没有安排好时间？"

网友：（停顿了一会，大概3分钟）是我自己没安排好……

笔者：有的问题，我们先从自己身上去找原因，问题也就明朗了。以后处理好教学与其他工作时间，这样避免给自己、给他人增添麻烦。

由此可见，如果面对自己被批评时，总往他人在挑刺的角度去想问题，自然你就觉得自己"没有问题"，问题就出在别人身上了。这样的思想，容易产生敌对他人、排斥他人的心态，无法真正看到问题的实质。

其实，这样的问题很简单，主要是自己做的工作未按时完成，在之前没有处理好各方面的时间分配。一般来说，学校各部门要求上交的资料，时间都比较充裕（除特别紧急的），教师应该及时按照要求完成和上交。我们知道，学校要求做的相关事情，一方面是学校本身需要，另一方面就是上级主管部门要求。教师支持学校工作，其实也是支持自己的工作。这样，各部门工作才会顺畅，按时按质完成。

（二）面对批评固执己见，需虚心思考

工作过程中难免会出现一些不足，可能对相关工作或单位造成一定影响，青年教师应对自己的言行承担责任。然而，有的青年教师从小就是家里的独生子女，若是重点名牌大学毕业生，内心有着很强的优越感，自然性格上也就有很大的自我感。

有一次，笔者与某地一所学校的副校长交流关于青年教师培养的话题时，这位副校长给我谈了他最近的一个困惑。B老师（青年教师，化名）是一所重点师范院校毕业生，来到学校一年多时间里，在教学上存在一些理论与一线实际脱离的问题，存在忽略了具体学情、校情等情况，教学效果较差。备课组组长与其交流问题时，B老师认为自己的教学理念、教学方法是没有问题的，只是自己带的学生太差而已，问题不在自身。当学校相关负责人几次与他交流最近半期和期末考试成绩时，B老师仍然非常固执，并不接受意见。后来，学校相关负责人就面对面批评B老师不爱听课和听取他人建议，B老师认为为什么要一定多听课，自己上的课比别人好……

在这件事情上，B老师最大的问题是面对自身问题的不足固执己见，不善于学习和听取意见，更不愿接受他人善意批评。其实，青年教师作为成年人，更应明白一个道理，一般来说备课组组长、教研组组长或学校相关负责人不会轻易批评他人，面对批评时应首先认真倾听他人指出的问题，而不是第一时间辩解和反驳。若是对的，可以探讨；如果是错的，切勿固执。当我们改变固执的性格，多一些倾听，多一些请教，才会发现他人善意的批评对自己成长的重要性。否则，当问题严重时才发现，可能学生和家长意见已经非常大，会影响青年教师能否继续带这个班的问题。

成长路上，青年教师要勇敢前行、敢于创新。当我们取得成绩被表扬时，要继续努力遇见更好的自己；当我们做错事被批评时，要坦然接受、积极承担，多些反思，成长更快。

沟通从心开始　构筑家校桥梁

【导语】青年教师不仅要会教书，还要会育人，更要在育人中促进自我成长。无论青年教师是只担任科任教师，还是也同时承担了班主任工作，都要全面了解学生，重视管理育人和协同育人，加强与家长之间的沟通，争取家长支持班级和学校德育工作，形成家校教育合力，实现真正的家校沟通与合作，从而构建和谐的家校关系。由此可见，为做好家校沟通工作，不仅是班主任的日常工作，也是科任教师共同协作的德育工作。这样，班主任、家长、科任教师才能紧密联系、有效沟通与合作，也才能更好地落实全员育人、全程育人和全方位育人的理念。

　　每学期开学，部分教师会承担教学和班主任工作，其余教师仅承担了教学工作。而在家校共育中，除了班主任要做好日常与家长沟通工作，科任教师也是做好家校工作的重要力量。然而，不少青年教师的角色始终定位为"我仅仅是一名科任教师，与家长沟通的事儿是班主任的事儿，与我无关"，常出现家长不了解科任教师、不信任科任教师和不支持科任教师，甚至出现对科任教师误解和不满的情况。其实，问题的根源就在于沟通不畅。青年教师常常出现教师角色定位不清，缺乏主动沟通意识；践行自我教育理念，缺乏家长价值引领；缺乏备课意识，折射欠缺专业能力等问题，导致与家长之间沟通不畅，不能形成家校联动合力，不能更好地促进学生在思想品质、行为习惯等方面的培养。笔者从一线青年教师作为科任教师角度，理性分析青年教师在与家长沟通中常出现的问题，以及提出相应的可行性建议，以期帮助青年教师走出困惑，找到更合适的沟通方法，与家长建立真诚、互信的和谐关系。

一、改变自身角色定位，培养主动沟通意识

一般来说，人际沟通分为主动沟通和被动沟通。被动沟通是他人主动找到自己进行交流，但可能导致自己处于被动局面，不利于解决问题。由于青年教师缺乏家校沟通意识，存在不主动与家长沟通学生各方面情况，导致出现一些问题时，家长并不了解、理解和支持青年教师，教师在处理学生问题时处于被动局面，既无法实现家校合育，又会让家长对教师产生怀疑、不信任的心理状态。

一次，一位成都某校的青年教师小李（化名）与笔者交流，他内心非常气愤。一问才知道，原来是家长向学校相关部门投诉她，说小李老师罚抄作业，对孩子批评过度，导致孩子不敢去学校。小李老师觉得特别委屈，当学校领导找到小李老师沟通时，小李老师一头雾水，心里认为自己那么费心费力管教学生，居然家长还投诉自己。后来，小李老师主动和这位家长沟通，但沟通并不顺利。原因是家长认为是自己投诉了小李老师，她才来解释，平时根本没有主动沟通孩子情况。小李老师沟通完之后，心里更是又气愤又难受，又找到班主任和相关领导请求帮忙。后来在班主任和相关领导沟通下，家长才了解了事情的原委，没有继续追究小李老师的责任。小李老师问笔者，到底哪里出了问题？

从小李老师的描述中，我们或许能看出一些问题。小李老师平时基本没有主动和家长沟通的习惯，没有把该学生平日里的相关情况和家长进行交流，可能与班主任沟通过，导致家长不知道小李老师的善意和用意。

一个孩子的健康成长需要家长和学校展开有效合作，形成有效的家校合力。青年教师应主动在班主任处要一份班级学生家长联系电话表，或保存家长电话，或单独加其QQ或微信，或加入班级家长群。根据学生平日表现，可以时不时主动给家长单独发孩子该学科的各种情况，包括举手、回答问题、作业、听写、背诵等方面的反馈，可以提出问题与家长共同沟通对策，增加彼此情感基础，增加家长对青年教师的了解和信任，这样也就增强了沟通效度，一些误会或不满也就化解了。因此，青年教师要改变认识，明白自己的责任不仅

是教书和教育学生,还包括积极与家长沟通,培养自己主动沟通的意识,在沟通中让彼此关系更和谐。

二、加强正确价值引领,趋同管理教育理念

思想是行动的先导,在很大程度上影响着行动的方向。因此,这里的理念指一个人的观念或思想。青年教师接受的大学教育思想有国内的,也有国外著名教育专家、心理专家等人的,而这些思想是经过实践、反思和论证的结果,具有很好的指导作用和引领作用。然而,青年教师在具体开展教育教学过程中,会发现与个别家长在教育观念上存在比较大的分歧。

小张(化名)老师曾遇到这样的一个情况,他认为孩子是不同的生命个体,每个人的知识水平和学习能力是有区别的,不能完全统一要求,需要根据孩子的阶段学习情况选择合适的方法。在初一时,经过半学期后,小张老师在平时布置的作业和周末作业中,不同的学生作业有所区别,比如基础比较薄弱的学生主要完成基础题。然而,A同学的妈妈得知作业不一致后,与张老师进行了电话交流。小张老师把自己的初衷和这样做的用意与A同学的妈妈进行了沟通,但A同学的妈妈认为不应这样,应坚持班级统一要求、统一标准和统一评价,让孩子也能与其他学生一样,哪怕跟不上也没关系。二人因教育理念不同产生了较大分歧。

小张老师基于A同学学习能力、思维水平等实际情况,采取因材施教、分层教学的方式,以便更好地实现教学基础学习目标,让学生对所学知识体验到获得感和成就感,提高学生对该学科的学习信心,这点值得肯定。但青年教师要得到相应学生家长的理解与认同才能顺利开展工作。青年教师视野广、思维新,能积极思考和探索适合学生的学习方法,是一种积极的教研态度,也是希望能够帮助到每一位学生,这一点非常值得肯定。然而,关键在于如何更好地让家长接纳和认同自己的教育理念,这一点是处理问题的前提。青年教师在具体实践教育理念过程中,应利用家长会、网络沟通或面对面沟通等多种方式,提出自己的教育理念,并与家长具体交流教育理念背后的教育原理、心理学依据和班级学生实际情况等,既有理论支撑,又有实际需求,让家长进一步认识和了解,促进彼此观念的融合,并进一步得到家长对自己教育理念的接纳、支持和响应,尽可能与教师教育理念趋于一致。当然,受出生年代、家庭教育背景、个人知识与认知水平等不同的影响,难免达不成完全一致。青年教

师本着一切对学生负责的态度积极主动与家长沟通，避免产生正面冲突和对抗，可以多一些耐心和等待，让家长感受到教师的教育理念是为了学生的成长，是尊重教育规律和学生认知规律而设计的，从而争取家长的支持和配合，也帮助家长树立符合时代发展的教育观念。

三、精心备课沟通内容，提升沟通能力素养

教师为上好一节课会从各个方面精心准备。然而，青年教师却忽略了与家长沟通前，也需要做好"沟通备课"。但因缺乏准备意识，没有对需要沟通的内容进行分析、整理和思考，加上可能因为学生某些事情产生不良情绪，不仅不能达到处理学生问题的效果，反而与家长之间沟通低效、无效，甚至引发更多的家校矛盾。

一次培训中，笔者和小罗老师（化名）成了朋友。小罗老师给笔者讲述了她在入职第二年中曾遇到一个问题，导致家长与她在电话里争吵起来。现在想起来，她说是一次难忘的教训，让她和家长之间的沟通出现了裂痕。

原来，小罗老师任教的班级中，B同学（化名，男生）经常上课说话，小罗老师在课堂点名批评了他，并让他罚站了一会。没想到，课后，B同学在班级里给小罗老师取绰号，并说小罗老师长得丑。当天下午，有同学将此事告诉小罗老师后，小罗老师非常生气。后来，小罗老师问了其他同学，都说他确实说了。下午第三节课刚上课不久，小罗老师气冲冲地走进教室让B同学去办公室，而此时B同学正在上其他学科的课。到了办公室，小罗老师当着B同学的面给他妈妈打电话，并开的免提功能。电话一通，小罗老师没忍住，当场说出B同学在教室说的话，并且还说道自己如何用心教这个孩子。小罗老师说："B同学非常不尊重老师，这是没有家教的表现，希望家长多教教孩子如何做人。"这时，B同学的妈妈非常生气，"怎么从孩子这件事情扯到家教了？难道我们做父母的也是这样的人？"小罗老师连忙解释，我没有那意思，是你误解了。但B同学的妈妈已经非常有情绪了，两人的交流沟通无法继续……

面对问题，教师与家长的沟通是为了让彼此了解事件发生的缘由，双方共同交流教育方法，帮助孩子正确认识问题和改正不足。当教师面对学生给自己取绰号及其他羞辱性语言时，教师出现生气等情绪是出于本能反应。然而，小

罗老师应明白，教师是成年人，而学生是未成年人，面对未成年人的错误，教师需要理性地控制情绪，需要大度的宽容心态，需要智慧的处理艺术。同时，在需要家长共同参与教育时，青年教师在沟通前就要做好相关"备课"工作，比如了解事情原因、事件是否属实、如何与家长交流寻求家长支持、需要家长共同做些什么……当教师做好了沟通的充分准备，再与家长进行沟通时，才会心中有数、富有逻辑、言辞得当。这样，教师既能与家长有效沟通并得到家长支持，又渐渐地提高了自己的专业素养。

家校教育的效果不仅需要班主任主要参与，也离不开科任教师的主动融入。当然，教师与家长之间要想达到思想观念完全一致、教育水平完全一致、行为方式完全一致等是不太现实的，或多或少会存在一些不同频、不同步的现象。作为青年教师要意识到自己承担的责任不仅是做好教书育人工作，还应与家长有效沟通形成教育合力，共同做好学生管理工作。唯有真正改变角色定位，积极做好沟通前的"有效备课"，化被动沟通为主动沟通，沉着冷静、分析问题、耐心倾听、换位思考，必要时借助外力，站在对学生负责、对家长负责的角度，以自己的说话艺术、专业素养和处世态度赢得家长的理解与支持，从而与家长达成沟通共识，提升教育的有效性与实效性。

分析考差原因　提高学习效果

【导语】青年教师作为学校教育教学发展的主力军，常常面临着更多的压力。青年教师没有足够的教育教学经验，缺少教育教学的艺术，可能导致所带班级学生考试成绩在同类班级中处于较低水平，使得学生和家长不满意，让教师陷于被动、尴尬状态。教师应在学生考差后及时反思，或调整教学进度或改进教学模式，以提高课堂教学效率。

一线教学中，每当学校大考时，教师们都很关注学生考试成绩，毕竟学生成绩是评价教师教学水平的重要标准之一。当教师授课班级考试成绩不理想、学生总体分数较低或出现大幅下滑时，教师的教学"危机"也随之而来。一方面，教师自身会感到自责和怀疑自身的教学能力；另一方面，教师也可能会受到来自学生、家长、学校与同行的质疑。然而，面对考试成绩不理想这一既定事实，如何在考试成绩出来后反思并积极改进将是教师渡过"危机"的关键。

一、教师及时自我反思

考试是检验教师教学质量与学生学习质量的有效手段之一，当考试成绩不理想时，可能是教师的"教"出了问题，也可能是学生的"学"出了问题。教师在考试成绩不理想时应当首先反思自身的问题，先从自身寻找原因，从而有

效解决问题。

(一) 反思自身敬业精神

敬业精神是我们每位劳动者都应有的职业道德，也是践行社会主义核心价值观的重要体现。作为教师，不仅要把教师这份工作当作生存的职业，更应把教育作为自己的人生事业。"教育无小事，事事皆教育"，当学生考差了，教师应反思自身是否存在敬业精神不足的问题，这是教师成长的基本要求。比如：在要求学生认真学习时，教师是否仅安排其他学生帮忙指导？教师是否及时给予学习能力弱的学生课后辅导？教师是否主动关心学生并与学生谈心交流？教师是否在规定的坐班时间内按时坐班？

纵观身边的优秀教师，不难发现，这些老师每天按时到班，甚至很多时候提前到班自主备课和学科讨论；课下与学生谈心交流，分析学生问题并提出修改建议；自习时间或下午饭后时间，老师主动到班辅导，对于个别学习能力较弱的同学，还在办公室单独耐心辅导……最让我们感动的是，在去校园路上、食堂吃饭时，当学生有问题请教老师时，老师都会非常积极和细心地给予指导。这样的敬业精神深深感动了学生，这些老师也深受学生的尊敬和喜爱。所以，一般来说，具有敬业精神与耐心的教师所教班级的考试成绩不低于同年级其他班级。

(二) 反思自身专业能力

部分青年教师在经历过新教师阶段后，有了一定的教育教学经验，能比较顺利地完成教育教学工作。然而，此时教师可能会有些懈怠，对自己的要求会降低，或不再努力学习，或没有明确的努力方向。不难发现，这些教师在之后的教育教学中总是根据以往积累的教学经验，使用旧的教案、旧的课件完成教学任务，应付了事。殊不知，时代在提升、科技在进步和学生的认知水平也在提升，教师只有在教育教学中时常学习新理念、新方法，才能紧跟时代的步伐，而不被时代淘汰，成为一名符合新时代要求的教师。

在一线教师群体中，有部分教师自身教学水平不差，平时也努力认真钻研教学方法，却没有更为具体的个人发展规划，与同龄的优秀教师相比，缺少科研研究意识和研究行为，自身专业水平发展相对缓慢。教师应该积极主动了解学科发展动态和学科前沿，主动向身边的优秀教师及骨干教师学习，努力提高自身专业水平及教育教学能力。

（三）反思自身教学方法

面对不同层次的班级、不同的学生，教师采用相同的教学方法就容易出现学生无法有效学习的情况。当班级考试成绩较差时，教师应当反思自身的教学方法是否恰当，是否适合所教班级的学生。最好的方式是教师常常与学生交流沟通，了解学生问题所在，主动在学生处获取学习反馈。

在与一位外校教师QQ聊天时，他分享了这样一个故事：一个自身业务水平很高，每天兢兢业业工作到很晚的教师，班上的学生却越来越不喜欢上他的课。该教师与学生交流后得知，原来是这位教师讲课过于细致，总是不断强调同一知识点，甚至遇到全班都会的题型时还要不停地讲。学生还告诉他，同学们从没质疑过他的能力，但由于这个班是全年级层次最好的班级，班上的学生普遍能较快接受新的知识，建议教师改变授课方式和选取合适试题。可见，适合班级学生的教学方法才是最好的，教师要主动积极向学生要反馈，及时调整教学方法与教学内容。

二、全面进行成绩分析

教师应学会成绩分析，找出考试成绩不理想背后存在的问题，制定相应的改进措施。成绩分析绝不是对学生考试成绩的单方面分析，而是涵盖了试卷分析、学生答题情况分析、失分原因分析等多种角度的深入分析，从中反思教学中存在的不足之处，总结学生易错、易混之处，使用科学合理的方法帮助学生纠错。

（一）试卷分析

教师在拿到试卷后的第一时间，需要对试卷进行一个全面分析。在试卷分析时应从考试内容和考试难度两个方面着手分析。其一，考试内容。教师在拿到试卷后，先从头到尾浏览一遍试卷，初步了解本次考试的内容（范围），以便了解考试内容（范围）与授课内容之间是否存在差异。其二，考试难度。教师需要认真地做一遍考卷，以便了解本次考试的难易程度、分值分配等情况，从而判断出试卷难度是否适中、分值分配是否合理、是否存在超纲现象等。

（二）考情分析

教师在成绩分析时应该在完全掌握了试卷情况后，再进行考情分析。考情

分析包含了学生答题情况及失分原因,建议同时分析这两个方面。

虽然现在大部分学校都采用了大数据阅卷平台,很多平台也能将班级学生优秀率、及格率,各题的得分率或错误率等情况直接展示给教师,但始终无法呈现学生错误的原因。教师可自行设计相应的学生错因记录表(如表1),要求学生针对自己的错题写出错因,以便教师能掌握班级学生考试情况,从而更好地分析出学生存在的问题。在此基础上,教师再对各种错因汇总归类,从而分析教学中存在的问题。比如,可能是教师在教学时对知识点的讲解不到位,也可能是学生在学习时掌握不到位或没有及时理解概念,从而导致学生在考试中出现盲区或失误。教师只有通过认真全面的考情分析,才能针对不同的问题制定不同的措施来进行后期的教学改进。

表1　学生错因记录表

错题号	得分	考查知识点	错因归纳

三、确定后期改进方向

(一)提高课堂效率

课堂作为教师教育教学工作的主阵地,是师生活动的重要场所。教师应敬畏课堂,认真备课、按时上课,用心上好每一堂课,掌握每一个学生的学习情况并进行有针对性的课后辅导。教师应在课堂中注意观察学生,通过细微观察了解每一个学生的课堂表现,以此了解自己授课的方式是否能吸引学生的注意力,是否能激发学生的学习兴趣,并根据学生的表现调整教学方式与教学进度。另外,在课堂练习时,教师可以在教室里来回走动,关注每一个学生的解题过程。这样，教师便能了解学生是否掌握当堂知识，掌握到何种程度，再根据学生反馈的情况做出相应的调整，以此来提高课堂教学效率。

（二）提升专业素养

学生需要自我管理与自我教育，教师同样需要，才能反观问题所在，积极寻找解决办法，从而在教学过程中提升专业水平，以适应教育不断发展变化的新要求。可以说，自我教育是教师能在教育教学工作中做出有创造性、有价值的成绩的基础和前提。青年教师应在平时的教育教学工作中认真研究课堂教学，努力提升教育教学水平，提高课堂效果。另外，青年教师还应该利用课余时间通过多种渠道进行自我提升，如：利用课余时间研究教材、教辅、优秀课例，以便提高自己对教材内容及教学重难点的掌握能力；利用课余时间阅读专业书籍、热点新闻、优秀论文等，借助他人的智慧来提高自己的课堂管理能力和突发事件的处理能力等。

（三）学会艺术交流

教师在面对家长或者学生质疑时要学会勇敢接受质疑，并及时与家长和学生进行有效沟通，协调处理可能出现的矛盾。教师在处理学生或家长的问题时，要掌握沟通的艺术，将自己的优点展示在家长或学生面前。其一，分析学科特点。有些学生或家长并不真正了解学科教学，仅仅是自己片面的认识或道听途说，就对教师能力产生误解或质疑。这时，教师可以与家长、学生分析学科特点及教学中可能会出现的正常"挫败"现象。其二，分析学生特点。家长对授课教师的质疑通常来自学生的反馈或学生的考试成绩。这时，教师最好能与家长进行面对面交流，为家长全面分析学生的学习情况，既要肯定学生的闪光点，也要指出学生存在的问题，并针对学生问题给出合理的改进意见。教师要懂得与家长沟通的艺术，不与家长发生正面冲突，做好家长的沟通工作。

教育是国之大计、党之大计。在新时代的社会需要下，教师是学校发展的核心竞争力，教师的教学水平能在一定程度上反映一个学校的教学质量。教师需要正确面对教学中存在的"危机"，冷静分析、沉着应对，找准解决问题的方式方法。另外，教师也应居安思危，克服"高原现象"，在平时的教育教学中注重提高自身的教育教学水平，提升自己的专业素养，从而促进教师发展、学生发展和学校发展。

拥抱美好生活　追求职业幸福

【导语】学校是学生和教师共同学习与成长的地方，是心灵的家园，是成长的园地。作为一名青年教师，我们既要热爱本职工作，争做有理想信念、有道德情操、有扎实学识和有仁爱之心的"四有"好老师，又要能劳逸结合、身体健康和满足精神需求。这样，教师的工作和生活才会幸福，而幸福的教师才有可能培养出幸福的学生。

在谈论教师行业优势的时候，很多人总会说这么一句话，即"教师有寒暑假，假期多"。网上也曾有过关于教师一年有多少天假期的数据统计，基本上就是说教师的假期时间占了全年时间的一半左右。平日里我们也偶然会听旁人说起教师的"清闲"，认为教师是休假最多的行业，比如"每周双休""每天只用上两三节课""一周的课堂上课时间加起来不到10小时"等。听到诸如此类的话，作为教师常常感叹他人不体谅教师背后的艰辛，只看事物的表面，或一笑而过或据理力争。

俗话说，教师是阳光下最光辉的职业。教师承担着教书和育人的工作，每天工作繁忙，工作时间长、工作量大及压力大等，缺乏职业归属感和幸福感。其实，每位教师可以思考两个问题——是否真正热爱教师的工作？我们每一天除了工作还可以有什么？

一、当前青年教师工作的几点现象

（一）对工作丧失热情

每一个初入教育行业的青年教师对未来都满怀憧憬，想要在教育这片天空下有属于自己的一片天地。而作为一名青年教师，或在某个时刻憧憬过自己五年、十年后的教师生涯。刚踏入教育行业的我们，或认为教师这一职业假期多、时间多，工作比较轻松；或认为只要教好书就能获得学生和家长的认可；或认为只要努力就能在教育领域中有所建树。

但是，当我们踏入一线教学后，就会发现当前对教师的要求越来越高。教师不仅要能站稳讲台，还要教好学生；教师不仅要会教书，还要会管理学生；教师不仅教学成绩要好，还要会做科研；教师不仅要带好学生，还要会和家长沟通交流……有教师认为自己每天面对重复的工作，甚至认为这个职业是一眼就能望到头的，未来的几十年都是以同样的方式度过，带完一届又一届的学生，重复着一次又一次的教学内容，在很短的时间内就出现丧失热情、职业倦怠的现象。

（二）要工作不要生活

大多数行业是有明显的上班和下班的时间界定，工作和闲暇时间比较容易区分，所以人们也比较容易感受到闲暇时间带来的放松。但教师平日里的工作和闲暇时间并不容易区分，具有变化性、突发性等特点。

比如，一名教师一天只有两节课堂教学，那么除了这两节课堂教学的时间是否能算作闲暇时间呢？其实，教师为了能教好学生、带好班级及在自己的学科领域有所建树，在不上课的时间需要加强备课、批改作业、辅导学生、与学生谈话交流、举办班级活动、主动与家长沟通交流、参加各种培训以及教育教学研究等。这些情况使得教师在平日里很难有效地将自己的工作和生活区分开来，所以平日里很难真正做到放松，导致部分多角色的青年教师长期处于高负荷的工作状态。

教育是一门奉献的职业，更是每个教师的事业。做好教育教学工作，是每位教师的职责所在。但是，教师除了工作，还应有自己的幸福生活，这是一名教师能在教育岗位上长期坚持下去的可靠保障。一名优秀的人民教师不仅应该有精湛的业务能力，还应该是一个充满活力、热情洋溢、善于表达的人。作为

一名青年教师，除了要钻研业务能力，还应该活出自我，关爱身体、修养身心，从而养成健康的生活方式，拥有良好的精神风貌。

二、让青年教师工作充满阳光

（一）运动——让你充满活力

我们知道，健康好比数字1，事业、家庭、地位、钱财都是0，一个人有了1，后面的0越多就越富有。反之，如果一个人没有这个1，后面有再多0都毫无意义。这些年，随着国民健康及运动意识的提高，运动消费市场的活力与潜力正在不断释放，越来越多的人加入运动健身的行列。但是，你如果去观察身边的教师群体你会发现，经常运动的教师并不多，甚至可以用"罕见"来形容。为什么教师不常锻炼身体呢？在与一线教师交流中了解了原因，主要集中在下面三个方面。

其一，亚健康状态。如果是一名民办学校中学班主任，从早上6：30起床工作到晚上9：00左右，下班后回到家及洗漱后等可能已经晚上10：00左右。这样长期下去就会逐渐形成亚健康状态，导致自己无法有充沛的精力投入到运动当中。其二，时间不确定状态。教师除了上课，还要备课、改作业、教学研讨等。如果是班主任还要处理班级事务，导致锻炼时间无规律乃至临时取消。其三，较大压力状态。教师工作比较复杂，面对的压力较多，每天忙于教学和各种事务。俗话说，身体是革命的本钱。教书不仅是脑力活，更是体力活。没有健康的身体，就无法保证自己的教学可持续顺利开展。我们知道运动可以产生多巴胺，它能够有效缓解精神疲劳，有利于我们的身体健康。

那么，怎样才能做好运动锻炼呢？第一，不要拘泥于运动的形式。在办公室里，不要长时间坐着或低头做事，隔一段时间站起来走动走动；课间休息时，去办公室外走一走并看看绿色植物；放学后，去操场小跑两圈、去踢足球或打一场篮球、去打羽毛球或乒乓球等，运动方式不限，其运动强度不一定很高，重要的是让自己先动起来。第二，要充分利用身边的运动资源。当前，很多学校都有健身器材或各种运动俱乐部，教师可以选择喜欢的项目进行锻炼。第三，要学会培养一项自己喜爱的运动爱好，唯有如此，才能长久坚持下去。第四，发挥学校师生共同的力量。可以邀请同事共同相互监督，可以与学生在课余时间共同锻炼等，大家相互督促、共同锻炼。

（二）读书——让你远离喧嚣

当今社会比较喧嚣和浮躁，许多人忙于工作而忽视静下来读书，甚至连读书的时间都没有，更别说坚持阅读了。其实，我们经常看到网络上人们对读书的评价，比如"读书，是最廉价的高贵""读书，是人生最廉价的投资"等。这些都是在强调读书对一个人一生会产生重要影响。

教师更应明白其作为学生学习的指导者和成长的引领者，需要不断读书才能适应时代发展和学生发展之需。2020年3月，新东方创始人俞敏洪在直播中指出，有很多中小学教师在一年中都读不到三五本书，而且一辈子都是教教科书上的那点东西，不断地重复，最后自己就被掏空了。他认为，这样的教师到最后变得知识面很狭窄，远远没有能力把当代的中国学生教好。

新东方创始人俞敏洪的这番言论一时间引起了广大网友的声讨，纷纷谴责俞敏洪只看到事物的表面，不了解中小学教育，没有体谅教师的艰辛。但作为教师的我们，若静下心来思考俞敏洪的言论，或许也能从中明白许多。其实，教师不会否定读书的重要性，因为自身都是通过读书慢慢成为教师的，但可能因各种主客观原因，读书总是被搁置。"我想我能列举出一百种搁置读书这件事的理由，却没有一条能够真正说服自己就这样心安理得的做一个不愿意读书的人。"一位身边的名优教师说道。

如何在繁重的教学中找到阅读的时间，我想教师只要仔细捋一捋自己的日常工作总能找到些许阅读的时间。就像我们告诉学生那样，平日里要学会利用零散的时间，积少成多。那么，在有限的时间里我们应该读些什么书呢？首先，读些和自己专业教学相关的书籍，它能帮助教师更好地站稳课堂。其次，读些和教育相关的书籍，从教育学的维度去更好地了解学生群体。最后，读些看似离我们很远的书籍，例如哲学、文学、艺术等。这类书籍不仅可以开阔眼界，提高思辨能力，在很大程度上还可以达到放松身心的作用。

（三）写作——让你超出想象

相比读书，更让教师疑惑的可能还是为什么要写作这件事。在一线教学中，我们常常听到这样的回答——"为了评职称""为了获奖""学校硬性要求""可以获得科研经费"……本书作者林光辉之前与一位入职五年的青年教师沟通关于做科研的话题时，有这么一段对话：

> A老师："你又不以文字为生，又不是语文老师，为什么要去写作？"
> 林光辉："起初为了评职称，但现在完全不是。"

林光辉老师自认识袁成老师后,开始真正学会科研,发现写作是一种习惯,是一个人反思与改进教学的有效方法,是为教育教学服务的,而不是功利的。可见,每个人在不同时期对写作都有不同的感受。其实,写作是把所看、所听、所想、所触记录下来,形成文字,既是对自己教育教学的总结,也能帮助到他人。

首先,它可以锻炼人的思维能力。不习惯于写作的人,很难把日常的思考系统化,这样认识就很浅薄,而拿起笔写作,就可以让自己的思维更有张力,可以说,学而不写则浅,思而不写则乱。其次,它可以强化一个人的语言表达能力。而语言是教师传播知识、与学生沟通的媒介,教师特别需要提高语言的表达能力。良好的语言表达能让你的观点更鲜明、思维更深刻。正如网上有段话这么说道:"同样是看到夕阳美景,文字表达能力较差的人只能说'真好看',而善于写作的人却可以吟诵'落霞与孤鹜齐飞,秋水共长天一色'。"最后,写作可以锤炼一个人的意志力。因为写作本身就是体力和脑力结合的产物,能够长期坚持写作的人,必定也会练就一股滴水穿石的韧劲。

那么,作为并不以写作为生的教师,可以怎样去锻炼自己的写作能力呢?其一,多阅读,特别是专业书籍和文学经典。通过阅读学科专业书籍,我们可以更好地表达自己的教学观点;通过阅读文学经典,我们可以扩大自己的词汇量,通过吸收新的语料而提升语言素养。其二,勤动笔。不管写得好与不好,定期地记录下自己的所见所闻,后期加以修改完善。其三,多向他人学习。青年教师要多向周围能写、会写的教师学习,可以跨学科、跨校、跨地区,主动积极寻求指导。

近几年时间里,我在袁成老师的鼓励和指导下,自己把曾经对德育的一些思考进行了整理,形成了一些粗浅文字。袁老师不辞辛苦地给我一遍遍地看、一次次地打磨,而我也在一点点进步。在自己想要放弃的时候,是袁老师一次又一次地鼓励我;在自己松懈的时候,是袁老师一次又一次地鞭策我;在自己困惑的时候,是袁老师牺牲休息时间给我想点子、出主意。当一篇粗浅的文字在打磨中渐渐成型,变成一篇既有理论又有实践的高质量论文时,我觉得论文不再那么高高在上了,是可以通过努力实现的。"论文"可以很生活,"论文"素材近在咫尺,"论文"变得触手可及。在和袁老师的探讨交流中,我也感受到了科研的魅力,感受到了科研对教师实际工作的指导性,越是思考越是觉得处处都是教育智慧。在袁老师的鼓励下,我还和其他同事进行相互探讨,取长补短,共同分享德育经验,共同将实际工作撰写成文。在感受着同伴温暖的同时,又督促自己在科研上前进。一个人前行变成了一群人前进。感谢袁老师，让我们走上了一群人共同前行的温暖教研之路。

——成都棠湖外国语学校初中语文教师　周小舒

2019年9月，我搬进了袁成老师所在的办公室。第二天，我就看到他在办公室为一位英语教师指导论文的写作思路，于是我悄悄地站到旁边听了很久。之后在袁老师的指导下我写出了职业生涯中第一篇高质量的论文。袁老师总是督促和指导我将自己的所思所感转化成教育教学科研论文并取得了不错的成绩。其中，2020年过年期间，袁老师联系我，让我和他共同就疫情背景下如何有效实现在线教育进行探究与梳理。在袁老师的带领和指导下，我们共同创作的《疫情背景下的在线教育之策》一文发表在由教育部主管、中国教育家学会主办的教育类综合月刊《未来教育家》上，这是我从教八年来正式公开发表的第一篇论文！此后，在袁老师的鼓励与指导下，我又陆续在其他期刊上发表了多篇论文。

在与他共事的那段时间里，我开始尝试做科研，主动参与课题研究，逐步学会了研究问题的基本方法。更重要的是，在这样的学习中我具有了科学思维及对科研的主动态度，更明白了要积极主动向他人学习，让教育教学更上一个新台阶。

——成都棠湖外国语学校初中物理教师　王慧茹

原来科研就在身边，从怕到试，从被动到主动，共同研讨、主动学习，发现其实科研只要静下心在平常的教学中寻求教育的智慧，将教育的智慧转化为科研成果即可。科研让我以研究者的眼光反思教学，以研究的态度审视教学，科学地总结自己和其他优秀教师的经验，使之上升为理论，从而克服经验的局限性和片面性。科研让我在工作中学会交往，学会合作，与同事相识、相知并结下友谊。可以说在科研中，我得到了很大的成长，有效突破了成长的瓶颈期。

——成都棠湖外国语学校初中英语教师　钟宇

人生得一知己足矣，斯世当以同怀视之。虽然我是2020年8月才入职成都棠湖外国语学校，但与袁老师的初次相识可以追溯到2019年11月16日的成都棠湖外国语学校教师招聘现场。随后的日子里，我和袁老师做了整整九个月的网友，其间我们都未曾谋面，袁老师指导我做了许多我

从未尝试过的科研工作，而这一切的背后没有任何的功利心，仅凭招聘时的一面之缘，目的是帮助一个想要成长的年轻教师。我还清楚地记得袁老师指导我写下的人生中第一篇论文，虽然这篇论文最终没有选择公开发表，但消除了我对写论文的畏惧心理，让自己真正敢于尝试去做教育科研这件事。此后，在袁老师的帮助下我开始逐渐参与公开刊物的试题编写、教学设计编写、中考复习资料编写及德育论文、教学论文的撰写。

特别是2020年8月正式和袁老师成为同事以来，在他的带动下我开始更多地接触到科研相关的工作，也更多地感受到了科研所带来的独特魅力。而在这四个月的线下相处中，我不仅见识到了袁老师深厚的教学功底和优秀的科研能力，更被他勇于担当、甘于奉献的优秀共产党员品质深深折服。接近一年的相知和引领，袁老师带着我发表了中考方面的复习试题和教育教学相关论文，而且有多篇教育教学论文获了奖，这是我从未想过可以达成的科研成果。他还不断给我们搭建展示平台，指导我们如何上课，让我感受到成都棠湖外国语学校浓浓的学术氛围和无私分享的精神。

——成都棠湖外国语学校初中道德与法治教师 林光辉

青年教师们，让我们从现在开始，认真思考职业发展方向，清晰地规划自己的人生吧！教师不仅要工作，也要从繁忙的工作之中解脱出来，让我们的身体越来越健康，让我们的生活充满阳光，让我们的教育教学充满期待。

附录　专家及同行评价

　　本书系袁成老师带领研究团队完成的科研成果，是集体智慧的结晶。成果聚焦青年教师成长困境，根据青年教师工作的基本要求和工作实际，坚持在问题导向中找准发展方向，在理论上进行深入探讨，在实践上解决真实问题。全书视角新颖、内容丰富，较好地回答了青年教师如何进行自我修炼，成为合格教师、优秀教师乃至名师的问题，将为青年教师职业发展提供全新视界，为他们专业成长提供有效的密码。

　　——《西华师范大学学报》编辑部主任、教授、法学博士　张思军

　　本书从促进青年教师专业成长的视角出发，系统、客观、真实地从会备课、会教学、会育人、会成长四个方面分析了青年教师在备课、上课、教育和发展等方面的困惑，为一线青年教师专业成长诊断并提供多元参考。该书既有理论研究，也有一线典型个案和宝贵经验，并结合自身实际，探索符合青年教师专业化发展的途径，为促进青年教师成长提供了切实帮助。

　　——重庆市教育评估研究会教师教育发展评估专委会秘书长，《中国好老师》杂志主编、副编审　王黎

　　本书立足于青年教师专业成长的现实场景，围绕青年教师专业发展的诸多要素进行探讨。同时，结合一线教师发展过程中的实践案例，将理论分析与案例研究相结合，深入浅出、信息广博，可读性强，有助于广大青年教师和师范生了解如何成为一名全方面发展的优秀青年教师的成长方法，对广大教师具有较强的理论指导性、实践指导性作用和借鉴意义。

　　——《青年教师》杂志主编　赵淼石

　　教育的本质是一棵树摇动另一棵树，一朵云推动另一朵云，一个灵魂唤醒另一个灵魂。青年教师是等待摇动的大树，学生是等待唤醒的巨人。袁成老师

坚持教育教学研究，致力于把想法变成说法，不但触及学生心灵，也激发青年教师的教研意识，给青年教师做了很好的示范。这本青年教师专业成长著作，是袁成老师带领两位青年教师一起长期教学研究的成果，给青年教师专业发展之路提供了很好的参考。

——四川师范大学马克思主义学院教授　胡燕

立德树人是教育的根本任务，树人是核心、立德是根本。自己作为一名青年教师很荣幸提前拜读了袁成、林光辉、王慧茹老师的著作，该著作诠释了青年教师选择并承担教书育人、立德树人的责任，并把这种责任体现到平凡、普通、细微的教学与管理之中。该著作案例翔实、内容丰富，折射出作者专业成长的自我修炼及对青年教师专业成长的深度思考，为我们青年教师专业成长提供了借鉴和参考。推荐该著作与大家分享、品阅。

——成都师范学院马克思主义学院副教授　张小发

青年教师专业成长一直是教育界非常关注的热点话题。袁成老师带领的团队倾心完成的这本专业著作，一定会帮助、促进、指导他们快速成长起来。

——黑龙江省特级教师、《黑龙江教育》特约编辑　徐永晨

袁成老师总是不断给人惊喜。《青年教师专业成长的自我修炼》即将出版。与他以往的专著有所不同的是，这是他带领两位年轻教师学会更新教育理念、学会反思和学会提炼的行与思。这就赋予了本专著不一样的意义——既蕴含了青年教师自我修炼的秘密，更透露出以老带新的智慧，读者们必然会在阅读中收获双重惊喜。

——《福建教育（德育版）》编辑部副主任　李武

《青年教师专业成长的自我修炼》记述了作者扎根一线的成长轨迹，也是新时代青年教师专业成长的指南针。一个会学习和会反思的教师，才能适应教育的要求。青年教师主动加强自我修炼，既是教师成长的需要，也是学生发展的福音！

——西藏日喀则市教育局思想政治工作科副科长　王威

《青年教师专业成长的自我修炼》一书围绕青年教师备课的实际问题、教学的实战问题、育人的关键问题、成长的核心问题四个方面为青年教师专业化

发展提供翔实指导，是青年教师自我觉醒、自我反思、自我提升、自我突围、自我成长的指导用书。阅读该书有益于突破备课难点、释疑教学盲点、化解育人痛点、打通成长的关键节点。

——成都市特级教师、成都市第二批未来教育家培养对象、成都市武侯高级中学副校长　陈默

教书是一门艺术。教师在其中扮演多种角色：既是编剧、导演，也是演员、观众。在今天这样一个全新的时代，青年教师要扮演好角色，特别需要与时俱进，从各方面完善自我。尽管当一个优秀教师没有捷径，但可以少走一点弯路。通过阅读这本书，我们可以看得更远，走得更快。

——成都市特级教师、四川师范大学附属中学教师　黄万红

有幸拜读了由袁成、林光辉、王慧茹三位老师撰写的《青年教师专业成长的自我修炼》一书，我受益匪浅。每一位青年教师在专业成长的过程中，难免会遇到这样或那样的问题，或困惑，或迷茫，需要"指路明灯"来答疑解惑。而这本著作通过作者在工作中的经验积累、大胆探索、锐意进取，解决了诸多教育问题，实属难得的实践指导著作。在阅读这些案例时，我经常对这些精妙的解决问题方法感到惊讶，感受到了青年教师成长于教育教学实践中的快乐。

——成都师范学院校团委社会实践部部长　秦大伟

青年教师初出茅庐，激情澎湃，但同时也不免经常会陷入成长困境。与志同者同向，与道同者同行，才能走出困境，走向卓越和成熟。细品此书，我在青年教师们孜孜以求的态度、不断探索的精神、细腻独到的情感中，产生思想共鸣与情感的寄托；在青年教师们对先进的专业理念、扎实的专业知识、突出的专业能力的探索中备受启发，收获知识与成长。

——成都师范学院马克思主义学院思政课教师　周兰

细心品读此书，有太多的感动。使我对其中涉及教育智慧、人格魅力与促进自身成长的行动研究内容不仅有所了解，且有些见解犹如温度计般悄然升温。每一项修炼都让我受到启发和深思，它像一面镜子照出了我自己在日常的教学和教育工作中的细节，引领着我去追逐、去领会、去反思、去品悟。

——成都市双流区黄龙溪学校教师　温超

  青年教师大都满怀教育热情，有自觉的进德修业的意识，但仍会发现在工作中遇到的难题和烦恼大多是师范教学中没有描述的。基于青年教师专业成长中的实际问题，此书应运而生。反复品读此书，我越来越深切地感到仅仅关注教学技术层面上的发展远远不能解决问题，比之教育技术，形成正确的教育观念更为重要——有正确的教育观，教师的专业发展才可能有正确的方向。本书不仅展现了青年教师丰富的情感，指导青年教师会备课、会教学、会育人和会成长，也用行动证明自我修炼能使教师的职业生命绽放出更绚烂的光辉。

——成都七中初中学校教师 张雅妮

  从事教师工作已有七个年头，在这过程中我学习了很多、收获了很多，但伴随而来的也有更多的迷茫和疑惑。初看此书，里面教育的温度、教师的魅力和细腻的语言深深地吸引了我，唤醒了我沉睡多年前刚入职时的点点滴滴，那时连续听课、熬夜备课、随时收集素材……是的，看完此书心中豁然开朗，环绕我心头很久的愁云也烟消云散，不忘初心，方得始终。

——巴中棠湖外语实验学校教师 李坤

  教师并非一项单一的教授知识的工作，而是集合了与学生沟通、与家长沟通和与同事沟通及平衡教师工作和自身生活等全方位综合性的工作。此书真实细致地考虑到一名青年教师专业成长所需，从会备课、会教学、会育人和会成长等方面构思，几乎涵盖了教师将面临的各方面问题。"一书在手，新手即刻可上手！"本书不是生涩枯燥的理论，而是以鲜活生动的教学案例为青年教师的自我修炼成长曲折之路指明方向。

——成都棠湖外国语学校教师 周小舒

  教育需要思想。用思想武装我们的行为，用思想陶冶学子的心灵。认真品读本书，我为作者明确的教育梦想和教育追求而叹服。在教育新形势下，做一个与时俱进的教育者，需要不断地学习。以平常心对待学习，在合作中学习，在探究中学习。书中所有的知识和经验都来源于教育教学实践，同时也是我们新的教育教学实践的学习资源。

——成都经开区实验中学教科室副主任 冉洪

人生最好的摆渡人，就是自己
（代后记）

  因为有梦，人类社会拥有了灿烂的文明；因为有梦，国家有了一次次历史性飞跃并取得了举世瞩目的辉煌成就；因为有梦，我们每个人为之而努力和拼搏。

  说到梦想，很多新入职教师会对自己的未来充满期待，希望尽快努力成为一名合格教师，进而成长为成熟教师、骨干教师、名优教师甚至教育家型教师。有的青年教师勇于追梦，直到梦想成为现实。然而，梦想并非简单地就能实现，需要心动和行动，需要坚定的教育信念、深深的教育情怀和坚持的教育探索。因为，没有人生下来就是教师，更不是成为新教师后就能成为受学生欢迎的教师乃至名师、良师。可见，每一位教师的成长都需要一个过程，需要脚踏实地的追寻星空。

  "我如何备课才能有效呢？""教学目标如何才能达成呢？""为什么我的课堂总是不能更好管理呢？""我的课堂为何学生不喜欢呢？""怎么处理课堂突发状况呢？""科任教师是否需要主动与家长保持沟通呢？""如何应对危机事件呢？""为什么我的成长比别人慢呢？""我该如何保持对工作的新鲜感？"……这是不是作为青年教师的你常常面对的困惑？自己是否也曾坚持一段时间热情后，因为没有很好的方法和他人的引领而逐步选择了"走一步，继续走这一步"的消极工作状态？其实，每个人成长的路上或多或少都有一些崎岖，也可能有低谷，有的人积极面对从而走出困境与危机，有的人却不敢面对、缺乏勇气、消极对待而失去了对教育的热情和初衷。

  《青年教师专业成长的自我修炼》一书是我们三位青年教师自大学毕业以来聚焦青年教师专业成长的探索与实践，是我们分别走过了13年（袁成）、5年（林光辉）、10年（王慧茹）的教育教学智慧的结晶。这本书我们从初稿到终稿修改了十余次，每一次的修改都体现了我们想用心做好这本书的初衷。

  "我是谁？我为谁？我该如何做？"或许很多教师都该思考这些问题。作为

新时代教师，我们的使命是为党育人、为国育才，必须清楚自己的站位。袁成老师一直坚持"抱团成长"理念，希望带动更多教师成长与发展，实现人生价值。

袁成老师是这本书的发起者、策划者和组织者，希望带领更多的青年教师学会更新教育理念、学会反思和提炼，让教师回归"我是教师"的主体意识，进一步在工作中找到自己的幸福感和归属感，从而与更多教师一起成长和发展，让更多老师可以带领更多学生健康成长、快乐成长。

在撰写这本书的过程中，我们有困惑、有胆怯、有振奋、有期待。困惑的是我们这本书的价值大不大，对一线教师，特别是对青年教师有无更多的帮助？当我们三人一起讨论时，我们坚定地说："很有价值！因为我们希望青年教师少走弯路！"当我们与中小学教师交流时，他（她）们特别期待这本书的出版，希望从中找到成长的方法；但我们三人资历较浅、学识不足，不敢代表所有青年教师提供成长中的优秀方法，也不敢说我们三人就已经做得很好或成就很大，我们三人是一直行走在教育路上不断探索的教育人，我们希望大胆分享更多的成长故事供大家参考；振奋的是在我们一次又一次讨论、修改、完善的过程中，那种自我提升的收获感和价值感，以及越来越希望更多教师少走弯路、走好下一步，让更多教师阅读后能开始思考教育、思考人生；期待的是我们希望读者提出更多合适的方法，让我们共同聚焦教师专业成长路径，从而培养一群拥有积极的人生态度和正确的价值选择的好教师，自觉承担新时代重任，坚守课堂、坚守育人初心，落实立德树人根本任务，促进师生教学相长、全面发展。

感谢成都棠湖外国语学校多路径、高品质地引领我们每位教师专业发展，感谢学校黄波理事长、初中部姚平校长和初中部校长助理、正高级教师刘勇老师等领导一直以来的鼓励、指导和帮助，感谢各位专家和师父的辛勤指导和培养，感谢同事、朋友的关怀，感谢出版社编辑的辛苦工作，更感谢家人给予我们的莫大支持和关心……

"让明天更好的自己感激今天努力的自己！"这既是我们对学生们所说的话，也是对我们自己所说的。我们三位青年教师会不断与时俱进、不断学习和不断淬炼，突破心理舒适区，厚积薄发，遇见闪闪发光发热的自己，努力成为自己想要的模样，追寻属于我们每个人的教育梦想。"不忘初心，方得始终；持之以恒，使命必达。"我们将不忘初心，坚定自己的内心，昂首挺胸、大步向前走。我们更加相信，会有更多的青年教师成为学生喜爱的教师，成为令家长信赖的教师，成为学校的骄傲，更让教师真正成为最受社会尊重和令人羡慕的职业之一。

  只有越努力才会越幸运，才会成为更好的自己。这本书是我们成长足迹的见证，更是未来梦想的起航。我们会在未来的教育路上，与更多希望成长的伙伴们共同学习、共同努力、共同成长和共享发展，我们期待您的加入。

  在编写本书过程中，我们引用了一些知名专家、教师的话语或者观点，在此向以上专家、教师致以衷心的感谢！因我们水平有限，书中如有不妥之处，敬请各位读者不吝赐教，以便修订完善。

袁成 林光辉 王慧茹
2021 年 5 月